普通高等学校电气类一流本科专业建设系列教材

电 力 市 场

刘 敏 编著

科学出版社

北 京

内 容 简 介

本书系统地介绍了电力市场的基础知识，包括电力市场的基本结构、交易模式、交易品种、交易类型、交易市场、定价原理等；详细阐述了电力网络的物理约束对电力交易的影响及市场应对方法；特别综述了中国、美国、英国以及北欧电力市场的建设与实践工作；最后介绍了自主研发的电力交易虚拟仿真实验系统。

本书可作为高等院校电气工程及其自动化、市场营销、工商管理等专业的教学用书，也可供从事电力系统规划、运行的工程技术人员以及从事电力市场交易、运行、管理的工作人员参考。

图书在版编目(CIP)数据

电力市场 / 刘敏编著. -- 北京：科学出版社，2024.6. -- (普通高等学校电气类一流本科专业建设系列教材). -- ISBN 978-7-03-078945-7

Ⅰ.F407.61

中国国家版本馆 CIP 数据核字第 2024T9M318 号

责任编辑：余　江　陈　琪/责任校对：王　瑞
责任印制：师艳茹/封面设计：马晓敏

科学出版社 出版
北京东黄城根北街 16 号
邮政编码：100717
http://www.sciencep.com

三河市骏杰印刷有限公司印刷
科学出版社发行　各地新华书店经销
*
2024 年 6 月第 一 版　　开本：787×1092　1/16
2024 年 6 月第一次印刷　　印张：14 3/4
字数：350 000

定价：69.00 元
(如有印装质量问题，我社负责调换)

前　言

党的二十大报告指出："深入推进能源革命，加强煤炭清洁高效利用，加大油气资源勘探开发和增储上产力度，加快规划建设新型能源体系，统筹水电开发和生态保护，积极安全有序发展核电，加强能源产供储销体系建设，确保能源安全。"电力市场建设可以推动能源结构转型，促进新能源发展，提升新型电力系统的柔性灵活、智慧融合能力，提高电力市场对高比例新能源的适应性，构建新能源占比逐渐提高的新型电力系统，从而为国家能源安全的保障提供有力支撑。

在我国电力市场格局发生深刻变革的背景下，急需一本理论体系完整，与经济社会发展、电力市场改革现状和发展趋势相符的，融入立德树人全新教学理念与方法的《电力市场》教材，指导学生根据现状深刻理解及掌握电力市场的相关知识、技能，培养学生服务于现代电力市场的专业素养。为此，根据我国电力市场建设的最新进展，本书拓展了电力市场基本理论体系中的相关内容，并增加了电力需求响应、多国电力市场建设与实践、电力交易虚拟仿真实验等内容的介绍。在编写过程中，注重理论与实践相结合，将国内外主要电力市场的建设实践融入书中；同时，注重可读性和实用性，通过简洁清晰的算例分析让读者更容易理解和掌握电力市场的基本理论知识。

全书共 8 章。第 1 章介绍电力产业的运行与电力体制的模式，分析电力产业与电力交易的特点，阐述电力市场的基本结构与交易模式；第 2 章阐述电力工业市场化运营的经济学原理，包括能源和资源的稀缺性及其有效配置、市场供求规律、生产决策、成本利润分析以及市场竞争类型与博弈论基础；第 3 章忽略输电系统的物理约束，从原理上对电力交易体系进行系统阐述，具体包括交易商品、交易类型、交易市场以及定价原理；第 4 章阐述输电系统的物理约束对电力交易的影响及对应的市场处理方法；第 5 章阐述辅助服务的基本概念，介绍各种辅助服务的功能、市场交易和运作模式；第 6 章介绍电力需求响应的基本概念、市场机制、商业模式和关键技术；第 7 章从电力市场的发展历程、运营模式、交易模式三个方面介绍中国、美国、英国和北欧电力市场的建设与实践情况；第 8 章介绍贵州大学电气工程学院自主开发的电力市场课程配套虚拟仿真实验系统——基于电力系统运行约束的电力交易虚拟仿真。

本书编写分工如下：刘敏编写全书大纲及第 1、4、7 章，杜娟编写第 2 章，刘艳编写第 3 章，刘燕编写第 5 章，赵菁编写第 6 章，唐晓玲编写第 8 章。全书由刘敏统稿、审阅和校对。

在本书编写过程中参考了同行和前辈编写的专著、教材和其他文献资料，在此向他们表示衷心感谢！限于作者水平，书中难免存在疏漏与不妥之处，请读者批评指正。

作　者
2024 年 1 月

目　　录

第 1 章　绪　论

电力市场是电力生产、输送、销售和使用关系的总和。电力市场的基本结构、交易模式和交易内容与电力产业的运行、电力体制的模式紧密相关。

本章首先介绍电力产业运行的 6 个环节、4 种基本的电力体制模式；在此基础上，基于对电力产业与电力交易特点的分析介绍电力市场的基本结构和交易模式。

1.1　电力产业与电力体制

1.1.1　电力产业的运行

电力是以电能作为动力的能源。电力产业的运行基于复杂的系统——电力系统而展开。电力系统由发电、输电、配电和用电 4 部分组成。从物理系统运行的角度，电力产业的运行包括发电、输电、系统运行调度、配电 4 个环节；从商业系统运行的角度，电力产业的运行包括面向最终用户(Consumers)的电力零售和批发性的电力趸售 2 个环节。

1. 发电环节

发电即电力生产，其成本占最终供电成本的 35%～50%。发电厂是电能的生产者，它将化石能源(煤、石油、天然气)、自然能源(水能、风能、太阳能等)以及核能等一次能源转换为易于传输、便于使用的电能。20 世纪 80 年代末以前，一般电厂的热效率为 18%～36%，而且存在规模效益，即电厂越大、效率越高。正是出于规模效益的考虑，电厂建得越来越大，规划和建设一个电厂都要历经好多年。

20 世纪 80 年代出现的燃气蒸汽联合循环技术将电厂的热效率提高到 60%～65%。新的燃气蒸汽联合循环机组(Combined Cycle Gas Turbine, CCGT)以天然气为燃料，占地少、运行洁净，比传统电厂更容易建设。这一技术进步和其他因素一起，改变了世界电力工业的格局，因为它表明规模效益并非电力生产所必须遵循的规律，可以将竞争机制引入发电环节。

2. 输电环节

输电环节的成本占最终供电成本的 5%～15%。发电厂生产的电通过输电网输送到地区配电网，然后由配电网配送到电力用户。输电网由变电站和输电线路组成，其主体是交流系统，电在输电网的流动不以人的主观意志为转移，而是遵循基尔霍夫定律。同时输电网的稳定性相当脆弱，一旦设备发生故障或过载就有可能失去稳定并造成大范围的停电故障。因此必须对输电网的电流进行连续实时的控制以避免设备过载以及其他异常情况。完成这一实时调度功能的是电力系统的运行调度机构。

3. 系统运行调度环节

系统运行调度机构的职责是协调发电厂的出力(每一瞬间所有发电厂的发电量)与负荷需求(每一瞬间所有用户的用电量)取得平衡,从而保持电力系统的稳定。电力一经从发电厂产生,便以光速(约 3×10^8 m/s)传输,并在微秒级的瞬间被消耗。一方面大多数的电力用户的用电情况是不受控制的,另一方面部分发电厂(如风电厂、光伏电站等)的出力也是随机的,调度机构必须通过调整发电厂的出力和可控负荷的用电量来保持电力供需的实时平衡。

此外,调度机构还需要保证任何一条输电线路都不过载。因为每条线路都有其能安全承受的极限负荷,一旦过载(即线路阻塞)将直接威胁系统的稳定,必须事先做出运行调度计划,以防止过载发生。同时,在运行中实时增减发电厂出力和/或用户负荷以防止阻塞现象的出现。

4. 配电环节

配电环节的成本占最终供电成本的 30%～50%。配电的基本业务是把电力从输电系统进一步传送到用户端,在运行中保持设备运行状态良好、电能质量符合要求。虽然配电环节也有电力传输的性质,但相对运行电压高、传输线路长、呈网状结构的输电系统,配电系统的电压低、线路短、多为放射状结构。特别是配电属于本地终端业务,除了电力配送还涉及客户服务、计量、收费和零售等业务。

5. 电力零售环节

电力零售属于商业环节,它直接面向最终用户,包括采购、定价、售电、计量、计费、收费等商业业务。20 世纪 90 年代以前,在传统的电力体制中,零售并不是一项单独的业务,而是配电环节的一个组成部分。20 世纪 90 年代以后,随着电力体制改革的深入,电力零售逐渐从配电环节中脱离出来成为一项独立的商业业务。

6. 电力趸售环节

趸售在日常用语中称为批发。批发指"销售给再销售者",也可以指"生产者成批量销售"。在不同的电力体制下,电力趸售的内涵也不同。有时指发电商或电力公司把电能销售给面向用户销售的电力公司,如配电公司(Distribution Companies)、售电公司等;有时指发电商成批量销售电能,销售对象可能是电力公司或终端用户甚至是发电厂。

1.1.2 电力体制的模式

自 1878 年电力成为商品以来,基本上是一个地区只有一个电力公司生产、输送、销售电能并负责系统运行调度。这种纵向一体化垄断经营体制的根源是电力产业的某些环节存在自然垄断特性以及交易成本过高的问题。电力产业的自然垄断特性主要体现在输电和配电环节,以现有技术水平来看,输配电系统均具有规模效益,同时考虑到占地限制以及网络性质的特点,一个地区只由一套输配电系统供电才是最经济的。另外,在电厂规模越来越大、电价越来越低的年代,发电环节也存在规模效益,具有自然垄断特性。至于交易成本过高的问题主要体现在发电和输电环节在规划和运行中均需要及时沟通协调，以确保电力供应的可靠性。

　　进入 20 世纪 80 年代，随着技术的进步，发电环节的规模效益已不足以保证其垄断地位；发电和输电系统之间实时协调的技术复杂性已能解决；同时垄断行业普遍存在的过度投资、效率低下、定价不合理等问题也日益凸显。在这个背景下，迫切需要在电力行业引入市场机制，通过竞争发现合理的电价水平，提高整体经济效益，引导合理投资。根据市场的竞争程度，亨特(Hunt)和舍特尔沃斯(Shuttleworth)定义了 4 种电力体制模式，这些模式在世界上不同的地区被采纳，它们各有优劣。

1. 纵向一体化的垄断模式

　　在纵向一体化的垄断模式下，一个地区的发电、输电、配电业务全部由一家公司垄断经营(图 1-1(a))，或者一家公司垄断一个地区的发电、输电业务并向其区域内各子区域的垄断配电公司销售电能，配电公司在其区域内垄断售电业务(图 1-1(b))。不同地区的电力公司之间也会开展电能交易，一般是批发层面上的双边交易。电力产业采用这种模式长达百年之久，现在还有很多国家和地区仍在沿用。

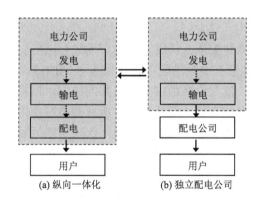

图 1-1　纵向一体化的垄断模式

　→ 电能销售流向　　⋯⋯▶ 企业内部电能流向

2. 单一买方模式

　　单一买方模式指在一个地区的电力市场中只有一个买方，即在该地区实行垄断经营的电力公司。根据竞争程度的不同，单一买方模式有两种形式：一体化形式(图 1-2(a))和分散形式(图 1-2(b))。

　　一体化形式的单一买方模式下，电力公司从各个独立发电商(Independent Power Plant，IPP)(指只拥有电厂没有电网的发电企业)收购电能，然后销售给其特许经营范围内的用户。这种电能收购一般是通过签订长期合同的形式实现的，在发电厂的建设和运营方面引入了一定的竞争机制。中国在 20 世纪 80 年代迫切需要电力建设资金，为鼓励外商投资建设电厂，采用的就是这种一体化形式的单一买方模式。这种模式下的竞争仅限于独立发电商间的竞争。

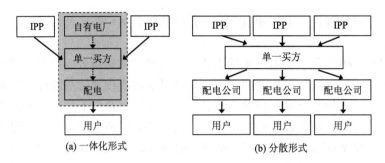

(a) 一体化形式　　　　　　　　　(b) 分散形式

图 1-2　单一买方模式

⟶ 电能销售流向　　······▶ 企业内部电能流向

　　分散形式的单一买方模式下，发电厂从原来的电力公司中脱离出来成为独立发电商；原电力公司成为只拥有输配电网的电网公司，并作为唯一的买方从各个独立发电商购买电能，然后通过配电公司销售给终端用户。这种电能购买是通过竞价方式完成的，即在发电环节全面引入了竞争机制。2002 年中国全面启动电力市场建设，确立了"厂网分开、主辅分离、输配分开、竞价上网"4 个改革任务，采用的就是这种单一买方模式。

3. 批发竞争模式

　　批发竞争模式指发电商和配电公司通过批发市场进行电能交易，大用户也可以从批发市场购电，而普通用户则从所在地区的配电公司处购电(图 1-3)。批发市场可以采用集中交易或双边交易的组织形式，批发价格由供需双方共同决定。该模式下，输电环节只是承担电能输送的任务，不参与电能交易，但要保证对所有输电网使用者提供无歧视的输电服务并收取相应的费用。配电公司拥有自己的配电网，代表所辖区域的用户从批发市场购电，然后以零售价格销售给终端用户。由于普通用户不能选择配电公司，因此零售价格仍然受到监管。

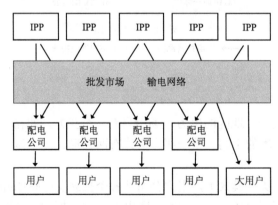

图 1-3　批发竞争模式

⟶ 电能销售流向

4. 零售竞争模式

　　如图 1-4 所示，零售竞争模式下所有的电力用户可以自由选择供电商，大用户可以在

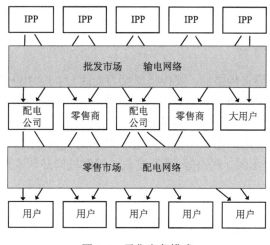

图 1-4　零售竞争模式

⟶　电能销售流向

批发市场直接从发电商处购电，也可以在零售市场从零售商(Retailer)、配电公司处购电；小用户可以自由选择零售商、配电公司从零售市场购电。同样，发电商可以自由选择通过批发市场或零售市场向配电公司、零售商和用户销售电能。

在该模式下，配电公司不再对其网络覆盖范围内的电能供应业务实施区域性垄断，其网络运行业务和零售业务一般是分开的，以保证零售市场的公平竞争。跟输电网络一样，配电网络的运行依旧保持垄断经营、受到严格的监管。

零售竞争模式在发电、趸售、零售三个环节均引入了竞争机制，而在输电和配电环节仍然保持垄断，这是目前的技术水平下竞争性电力市场的最终形式，批发和零售电价完全由市场竞争决定，而输电和配电环节的输配电价由政府监管核定。该模式存在的主要问题是零售市场的构建需要相当多的计量、通信、调度、控制设施，相关费用巨大。

1.2　电力产业与电力交易的特点

1.2.1　电力产业的特点

1. 电能不能大量储存

现有的储能技术还不能实现经济、高效、大容量地储存电能，所有的电能必须在需要时才能生产，即电能的生产、输送、分配和使用必须同时完成。发电厂任意时刻发出的电量取决于电力用户在同一时刻的用电量和传输过程中的电能损耗，而电力需求(用电量)在一天或一年中的不同时段内都是变化不定的。一般晚上用电少，白天用电多，在下午达到用电高峰；有的地区(如热带地区)夏季是用电高峰季节，有的地区(如寒带地区)需要采暖的冬季是用电高峰季节。因此，电能不能储存就导致趸售电价随供需平衡状况而剧烈波动。在竞争性市场中，在平常季节一天之内单位小时的批发价一般相差 2 倍，而高峰季节可能相差 10 倍甚至更高。

2. 电能传播速度非常快

电能是以电磁波的形式传播的,其传播速度为光速(约 $3 \times 10^8 \mathrm{m/s}$)。因此,电能的输出和使用必须时刻保持完全平衡,否则频率会上下波动,引起时钟变慢或变快,精密设备就可能失效,情况严重时引起大量负荷故障,还会触发连锁反应并导致停电。系统运行调度机构必须在几秒内调度发电厂增减出力,以适应负荷的变化,从而保持系统的稳定运行。此外,输电设备(包括变压器、线路等)不能过载,调度机构必须事先制定相应的预防措施。

3. 电力传输路径不受控

电力在电网中的流动路径不以人的主观意志为转移,电力的传输完全遵从物理规律(基尔霍夫定律)。这意味着不存在规定的传输路径,终端用户只不过接受恰好流经的电力,也不知道该电力来自哪个发电厂。系统调度的作用在于安排发电厂的出力大小及网络布局,使电力"选择性"地流向需要的用户。

4. 电力传输限制复杂

电力在电网上的传输受到一系列复杂物理效应的制约。电力系统某一部分发生的变化将很快波及数千米甚至更远的地方。用电量变化、设备故障等多种因素都可能影响电能质量甚至使电网失去稳定的运行,为此需要由调度机构统一调度、协调运行电力系统。

电力产业有其重要的技术特点,导致电力作为一种商品进行交易时不得不设计复杂的交易制度。

1.2.2 电力交易的特点

由于电力产业的特殊性导致电力不同于普通的商品,不能按普遍的交易规则来进行交易,即在设计电力交易规则时,要充分考虑并反映电力产业运行的特殊要求。电力交易具有以下基本特点。

1. 需要计划和调度

电力以光速传输、传输路径不能人为指定、传输容量又有限制且制约因素复杂,需要系统运行调度机构在商品交割前,即系统实际运行前,做好发电计划(即确定各个发电机组的启停时间和发电出力),商品交割中,即系统实际运行中,实时调整发电机的出力大小,这就是(事前)计划和(实时)调度。计划和调度工作分别在日前市场和实时市场开展,具体内容将在第 3 章介绍。

2. 处理不平衡电量

由于电力的生产和使用必须同时完成,因此电力交易必须在电力生产之前进行,而电力的生产、输送和使用又有一定的不确定性,从而导致电力的交易量与实际的生产和使用量不完全一致,即存在不平衡电量。不平衡电量的出现,小则影响电能质量,大则影响电力系统的稳定运行，需要及时处理，即需要系统运行调度机构随时准备弥补不足的电量或消纳多余的电量，这项工作一般通过调度机构在实时市场(有的称为平衡市场)购买不平衡电量来实现。关于实时市场的具体内容将在第 3 章介绍。

3. 管理输电阻塞

电力网络的传输容量有限，不一定能满足所有交易的需求。当电力交易导致某些线路过载，即发生系统阻塞时，需要调整发电机出力和/或用户的用电需求以消除线路的阻塞，即阻塞管理。由于电力在网络中的传输路径由基尔霍夫定律决定，不能人为指定，所以需要有一个机构，即系统运行调度机构来进行阻塞管理。阻塞管理的具体方法将在第 4 章介绍。

4. 提供辅助服务

电力市场的电能质量取决于电力系统的运行水平，保证电力系统安全、优质运行的特殊资源，如快速响应、无功支持、备用、黑启动等，在电力市场中称为"辅助服务"。开展辅助服务交易的市场称为辅助服务市场，该市场为这些服务定价，以使系统运行调度人员能根据需要获得想要的服务，同时使提供辅助服务的市场主体获得相应的收益。辅助服务的具体内容将在第 5 章介绍。

1.3 电力市场的基本结构与交易模式

1.3.1 基本结构

市场的基本结构包括市场主体、市场客体、市场载体、市场价格、市场规则和市场监管机构六个部分。市场主体指商品的生产者、消费者、经营者和市场管理者等；市场客体指市场中交易的商品；市场载体指传输商品的物体，电力市场的载体即是电网，包括输电网和配电网。

1. 市场主体

不同的电力体制下，电力市场主体的划分和名称可能不同，以下主要从功能的角度介绍普遍存在的市场主体。当然，这些主体不一定会同时出现在一个市场中，也有可能一个市场主体会同时具有多个市场主体的功能。

(1)纵向一体化电力公司(Vertically Integrated Utilities)：拥有发电厂和输配电网，在一定地理区域内从事发电、输电、配电和售电业务。在垄断的电力体制下，该公司垄断所辖区域的电力供应业务；在引入竞争的电力体制下(如单一买方模式)，这种类型的公司可作为一个市场成员参与竞争。

(2)发电公司(Generation Companies)：生产并出售电力和辅助服务的公司。发电公司可以拥有一个或多个不同类型的发电厂，并根据系统运行机构的调度指令进行生产。

(3)输电公司(Transmission Companies)：拥有输变电设备(包括变电站、输电线路上的相关设备，如变压器、无功补偿设备等)，并根据系统运行机构的调度指令运行输变电设备。

(4)配电公司：拥有并运营配电网的公司。在零售环节没有引入竞争的电力体制下(如垄断模式、单一买方模式)，配电公司不但规划、运行、维护配电网，还对其辖区内的用户具有供电垄断权；在零售环节引入竞争的电力体制下(如零售竞争模式)，配电公司仍然可以从事售电业务，但要与具有销售资质的售电公司一起进行竞争。

(5)售电公司/零售商：从批发市场购买电力并销售给不愿意或不能在批发市场购电的用户。售电公司不一定拥有配电网，可为接入不同配电网的用户提供售电服务。

(6)电力交易中心/市场运营机构(Power Exchange/Market Operator)：负责组织实施电力及相关交易的市场机构。主要职责是根据买方和卖方的投标，匹配合适的交易量并对成交的交易进行决算。交易中心运行的市场一般为非实时市场，实时市场由独立的系统运行机构负责运营。

(7)独立系统运行机构(Independent System Operator, ISO)：负责电力系统的安全稳定运行和最终市场的运营。最终市场的运营指所有交易必须经 ISO 确认才能最终成交。

(8)用户：根据用电规模的大小可以将用户划分为大用户和小用户。小用户一般接入当地的配电网络，以零售价从配电公司或售电公司处购买电力；大用户除了可以从配电公司或售电公司购电外，还可以从发电厂直接购电。

2. 市场客体

电力市场的主要商品是电量。此外，为了保证电力系统运行的安全性和电能质量符合要求，市场提供辅助服务交易，具体交易商品包括调峰、调频、备用、无功和电压支持、黑启动等；为了保证电力系统运行的充裕性，有的市场提供容量交易。以上商品在交易时均需实物交割，因此相应的交易市场称为物理市场。而为了规避商品的交易价格风险，有的市场开展期货、期权(Option)、输电权等金融衍生品交易，这些市场称为金融市场。当然，多数商品均有不同时长的交易周期，如年度交易、月度交易、日前交易、实时交易等。以上商品及其交易周期和交易属性构成了复杂的电力市场交易体系(图 1-5)，具体内容将在第 3 章介绍。

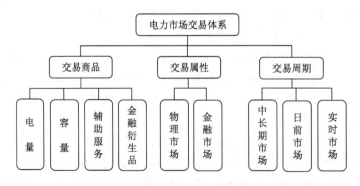

图 1-5　电力市场交易体系

1.3.2　交易模式

1. 过网交易

在过网交易模式下，输电网由纵向一体化电力公司负责运行调度。该公司首先安排自己的负荷需求和发电资源，然后安排其他独立发电商的合约计划。电力公司按照管制价格使用自己的发电资源提供平衡电量、阻塞管理和辅助服务。该模式下没有实时市场。

当输电网无法容纳所有的过网交易计划时，电力公司下属的系统运行调度机构重新调整自己电厂的出力，以满足交易正常进行或中止独立发电商的交易进程。因此，该模式的主要缺点是系统调度机构没有独立于所有的市场参与者，从而导致市场竞争不充分、市场规模发展受限。

过网交易模式一般作为电力体制从垄断走向竞争的第一步，美国、欧洲的大部分地区都采取了这一做法。

2. 集中交易

集中交易指市场主体在统一的交易平台进行交易，成交量和成交价由交易平台按交易规则集中确定。在集中交易模式下，系统运行调度机构是独立的，称为独立系统运行机构（ISO）。ISO 负责运营实时市场、购买平衡电量和辅助服务，其他市场由交易中心负责运营。在实际交付电力之前，发电公司向 ISO 通告当前机组情况，为履行交易合约而准备上网送出或从网上接受的电量，准备在日前市场及实时市场进行竞买或竞卖的电量和价格；在实际交割电力时，ISO 根据市场规则调度发电机组并计算实时电价（Real Time Pricing, RTP）。

集中交易模式将市场交易与电力系统运行紧密结合，市场组织效率高，但也存在交易结果不透明的问题。目前国际上多数电力市场采用这种模式，如美国的 PJM 电力市场（Pennsylvania, New Jersey, Maryland, PJM，即宾夕法尼亚州、新泽西州、马里兰州联合电力市场）、澳大利亚电力市场、新西兰电力市场、我国南方区域电力市场等。

3. 分散交易

分散交易指市场主体自由选择交易平台或直接进行双边交易。双边交易指没有第三方介入的交易，即交易双方（买方和卖方）直接协商交易商品的数量、价格、交付方式等交易内容。在分散交易模式下，系统运行调度机构也是独立的，但与集中交易模式不同的是：ISO 不负责市场的运营，只是通过平衡机制（Balancing Mechanism，BM）来确保电力的供需平衡。由于电力系统运行的特殊性，ISO 必须对每个交易时段的交易量进行安全校核以确保电力系统运行的安全，所以分散交易达成的交易合同必须经过 ISO 审核通过才能有效。发电公司则按照审核通过的交易合同自行安排机组出力计划。

分散交易模式的组织简单，但需要对电力交易和电力系统运行的衔接与协调进行缜密的设计。目前英国和多数欧盟成员国的电力市场采用这种模式。

从国际电力市场建设的经验看，目前电力市场主要采用分散式和集中式这两种模式。分散式电力市场的市场流动性好、市场规则简单，但对于电网电源结构和市场主体的成熟度要求非常高；而集中式电力市场的资源配置效率更高，但市场规则较复杂、市场监控难度大。两种模式各有优劣，各国都在根据国情和电力系统的建设情况探索适合自己的模式。例如，美国加利福尼亚电力市场初期采用的就是分散交易模式，2000 年加利福尼亚电力危机后，逐步修改为集中交易模式；而英国则由初期的集中交易模式（Pool 模式）修改为目前的分散交易模式（新电力交易机制（New Electricity Trading Arrangement, NETA）模式）。

小　结

电力产业的运行基于复杂的系统——电力系统而展开，包括发电、输电、系统运行调度、配电 4 个物理运行环节以及电力零售、电力趸售（批发）2 个商业运行环节。随着科技的进步、社会的发展，电力体制逐渐从传统的纵向一体化垄断模式向单一买方、批发竞争、零售竞争等竞争模式转变。

由于电能不能大量存储、在电力网络中的传送速度快、传输路径不受控且传输限制复杂，电力交易需要提前计划并实时调度以处理不平衡电量和阻塞问题。同时，市场还需开展辅助服务交易以确保电能质量和电力系统运行的安全。

电力市场的主体包括纵向一体化电力公司、发电公司、输电公司、配电公司、售电公司/零售商、电力交易中心/市场运营机构、独立系统运行机构（ISO）以及用户等，它们可以在电力市场中开展电量、容量、辅助服务等商品交易，并通过金融衍生品（如输电权、差价合同等）规避价格风险。具体的交易模式则因国情而异，主要有过网交易、集中交易和分散交易 3 种模式。

思 考 题

1-1　你所在国家和地区的电力市场监管机构有哪些？监管对象是谁？为什么要对其进行监管？具体监管内容是什么？

1-2　根据亨特和舍特尔沃斯的划分标准，电力体制有哪 4 种基本模式？各有何特点？你所在地区的电力体制模式与哪个基本模式比较接近？有何特点？

1-3　过网交易、集中交易和分散交易 3 种交易模式各有何优缺点？你所在地区的电力市场采用何种交易模式？为什么要采用这种模式？

第2章 电力工业市场化运营的经济学原理

第一位美籍诺贝尔经济学奖获得者保罗·萨缪尔森作为当代凯恩斯主义的集大成者，被誉为"经济学的最后一个通才"，他的名言"如果教会鹦鹉供给和需求，鹦鹉也能成为经济学家"其实反映了经济学最基本的市场规律。在市场经济条件下，企业的一切经营活动都必须面向市场。因此电力行业从业者也需要对市场运行规律进行了解，使自己的管理决策能够随时适应市场的变化。本章主要探讨经济学的一些基本原理，从均衡价格的形成、市场的供求关系、生产决策方法、成本利润分析以及四种竞争类型的市场运行规律等方面进行管理决策的经济学分析，目的是让读者了解经济学基本原理，以便更好地掌握市场的变化，正确地进行企业决策。

2.1 能源、资源的稀缺性及其有效配置

经济学的研究对象主要是经济资源的配置和利用。人类的经济活动主要是为了满足自身的欲望以及由这些欲望引起的对各种产品和劳务的需求，人的欲望和需求是无穷无尽的，而满足这些需要的经济资源在一定时期内是有限的，因此产生了选择的问题。

2.1.1 能源与资源

凡是能够提供某种形式能量的物质或是物质的运动，统称为能源，它是人类活动的物质基础。能源按转换利用的次数可以分为一次能源和二次能源(表2-1)，而经济学上主要讨论的是资源，即一国或一定地区内拥有的物力、财力、人力等各种物质要素的总称。资源按其来源可以分为自然资源和社会资源两类。自然资源包括空气、阳光、水、土地、矿藏、森林、动物等；社会资源主要指人力资源、信息资源以及经过劳动创造的各种物质财富等。

表 2-1 能源分类图

能源	一次能源	可再生能源：水力
		非可再生能源：煤、石油、天然气、核能
	二次能源	电力、焦炭、煤气、汽油、煤油、柴油、沼气、蒸汽

2.1.2 资源稀缺性及其有效配置

人类在经济活动中都面临一个基本的事实，那就是资源的稀缺性。稀缺性是指一个经济社会拥有的资源是有限的，因此不能生产人们希望拥有的所有产品和劳务。稀缺性一方面源于自然禀赋、要素投入、技术水平及其所决定的生产出来的产品和劳务的数量是有限的，另一方面源于人类对自身欲望的追求是无限的，任何欲望的实现都离不开对经济资源

的耗费，而相对于人类的欲望而言，经济资源总是有限的。由于资源的稀缺性，每一经济个体都必然会面临选择以及如何选择的问题。例如，张同学努力学习获得了一笔奖学金，他既可以将这笔钱全部用来购买自己心仪很久的运动装备，也可以将其全部用于报名驾驶培训班，而资金有限使得他只能从中选择一个而放弃另一个。再如，小美想外出旅游几天，但必须放弃这几天的工作与相应的收入，因为时间是稀缺的，所以需要在旅行享受快乐与工作获取收入之间做出选择。

既然经济资源的稀缺性使得必须进行选择，那么应该如何进行选择呢？在西方经济学中有一个基本的假设条件，即"合乎理性的人"的假设条件，亦简称为"理性人"或"经济人"的假设条件，指每一个从事经济活动的人都是利己的。也可以说，每一个从事经济活动的人所采取的行为都是力图以自己最小的经济代价去获取自己最大的经济利益。据此，当资源稀缺性使得每一个人都必须在各种可能的生产或消费活动中做出取舍时，每一个人的选择行为便都是理性的，需要对其可能从事的各种经济活动进行成本-收益比较，从机会成本的角度来计算成本。因为资源的稀缺性使得任何一种产品的生产总是以放弃其他产品的生产为代价，这种放弃或代价就是机会成本，而且，机会成本是以放弃在其他各种可能的产品生产中所获得的最高收入来衡量的。以机会成本来考量成本，是经济个体实现自身利益最大化的基础。古典政治经济学家亚当·斯密在其1776年出版的著作《国富论》中提出了著名的被称为"看不见的手"的原理，人们在追逐自己的利益的时候，被一只"看不见的手"引导着，每个人的理性选择都只是追逐他自己的最大利益，并在买卖交易活动中实现各自的最大利益目标。

在市场经济中，消费者和企业进行经济选择依靠的是价格信号。资源和产品的价格是其相对稀缺程度的指示器。一种资源越稀缺，它的价格就越高。价格机制作用就会使消费者少使用稀缺的产品，多使用不太稀缺的产品，使生产者多生产稀缺的产品，少生产不太稀缺的产品。这样社会资源就会趋向于合理配置。社会资源的优化配置的基本标志是社会上各种商品的供给量等于需求量，即供求平衡。此时人们对各种商品的有效需求都能得到满足，同时又没有造成生产能力的过剩和资源的浪费，资源的分配获得了最大的社会经济效益。价格机制之所以能够在社会资源的合理配置方面起决定性作用，就是因为在市场经济中不仅需求和供给决定价格，而且价格对供给和需求有反作用。涨价能刺激生产、抑制消费，降价则能抑制生产、鼓励消费。正是这个作用使价格对经济起调节作用，当供大于求时，价格就会下跌，从而抑制生产、鼓励消费；当求大于供时，价格就会上涨，从而鼓励生产、抑制消费。这样通过价格的波动最终使供求趋于平衡，实现社会资源的合理配置。市场价格机制的自发调节引导着买者和卖者的行为，在竞争性市场条件下促进了社会利益的增长，实现了社会福利的最大化。

2.1.3 帕累托最优

如何判断不同的资源配置的优劣，以及确定所有可能的资源配置中的最优资源配置呢？如果既定的资源配置状态的改变使得至少有一个人的状况变好，而没有使任何人的状况变坏，则认为这种资源配置状态的变化是"好"的，将其称为帕累托改进。利用帕累托改进可以定义"最优"资源配置，如果对于某种既定的资源配置状态，所有的帕累托改进均不存在，即在该状态上，任意改变都不可能使至少一个人的状况变好而又不使任何人的状况变坏，而一方利益的增加必然以另一方利益的减少为代价，称这种资源配置状态为帕累托效率(Pareto Efficiency)状态。换言之，如果对于某种既定的资源配置状态，还存在帕累托改进，即在该状态上，还存在某种(或某些)改变可以使至少一个人的状况变好而不使任何人的状况变坏，则这种状态就不是帕累托最优状态。帕累托最优状态被认为是经济最有效率的状态。

假定有两名水手在航海途中遇险，漂流到一个荒岛，甲的包里有 5 包辣条，乙带着 10 盒饼干。而偏偏甲讨厌辣条而喜欢吃饼干，乙则恰恰相反，喜欢吃辣条讨厌饼干。当两人皱眉吃着自己不喜欢的东西时，忽然发现：为什么不试试交换呢？于是他们开始交换辣条与饼干，这样甲和乙都变得比原来更开心了，同时这样的转移并不会使得任何一方的利益受损。这就是帕累托改进。直到交换完毕，甲和乙不再因为交换而开心时，实现了资源配置的最佳效率，就达到了帕累托最优。

2.2　市场供求规律

2.2.1　需求与供给

在市场经济中，需求和供给是价格机制运行的重要力量。任何商品的价格都是在需求和供给的相互作用下形成的，需求、供给和价格影响着每一个经济个体的决策行为，进而影响着经济社会的资源配置。

1. 需求、需求函数和需求价格弹性

1) 需求量

需求量是指在一定时期内，在各种可能的价格水平下，消费者愿意购买且能够买得起的某种产品或劳务的数量。在这里"一定时期"一般指一年。"愿意购买且能够买得起"指消费者不但要有购买欲望，而且要有支付(Payoff)能力。只有购买欲望表明消费者有一种需要和要求，但还不能成为需求，要成为需求，消费者还必须具有支付得起一定费用的能力。

2) 影响需求量的因素

在市场上一种产品的需求量并不是固定不变的，要受很多因素的影响。对不同的产品，其影响因素也是不同的。概括起来主要有以下几种。

(1) 产品的价格。

这是影响需求量的一个最重要、最灵敏的因素。通常情况下，需求量随价格的变化而呈相反方向的变化。产品的价格上涨，其需求量就会减少；产品的价格下跌，其需求量就会增加。在经济学上，这一现象称作需求法则。

(2) 消费者的收入。

这里指的是消费者的平均收入水平。一般地，需求量与消费者收入呈相同方向的变化。消费者的收入水平提高，需求量就增加；消费者的收入水平下降，需求量也就减少。但对某些特定商品来说，消费者收入的增加反而会导致需求量的减少。例如，低端商品，如非

智能手机，它的需求量就随人们收入的增加而减少。

(3)相关产品的价格。

相关产品包括替代品和互补品。如果产品和产品互为替代品，说明它们对消费者有相似的用途，可以相互代替使用，如羊肉和牛肉、咖啡和茶叶等。替代品之间具有正相关关系。当某种产品的价格上涨时，人们就会把需求转移到其替代品上，从而使替代品的需求量增加；反过来，某种产品的价格下跌会引起替代品的需求量减少。因此一种产品的需求量与其替代品的价格是呈相同方向变化的。如果产品和产品是互补品，说明它们共同使用才能更好地发挥各自的效用，如手机和充电线、眼镜框和眼镜片等。互补品之间具有负相关关系。某种产品的价格上涨，会引起本产品的需求量减少，从而也会使互补产品的需求量减少；反过来，产品的价格下跌，会引起互补品的需求量增加。因此一种产品的需求量与其互补品的价格是呈相反方向变化的。总之，某产品的相关产品，不论是替代品还是互补品，价格发生变化会影响该产品的需求量。

(4)消费者的偏好。

这主要是指人们对产品的爱好、选择和习惯。例如，对流行产品的偏好使得人们不愿意购买其他外观陈旧的同类产品。人们的爱好和选择不是固定不变的，因此需要经常研究其变化，并据此改进老产品，开发新产品，保持人们对产品的高需求。

(5)消费者对未来价格变化的期望。

人们对一种产品将来的价格期望也会影响该产品的需求量。一般来说，如果价格看涨，需求量就会增加，如果价格看跌，需求量就会减少。

以上只是影响产品需求量的一般因素，不同的产品往往还涉及影响需求量的特殊因素。

3)需求函数和需求曲线

产品的需求量受许多因素的影响，从数学上说，需求量就是影响它的诸因素的函数。需求函数就是需求量与影响这一数量的诸因素之间关系的一种数学表达式，可记为

$$Q_d = f(P_x, P_y, T, I, E, \cdots)$$

式中，Q_d 为对某产品的需求量；P_x 为某产品的价格；P_y 为相关产品价格；T 为消费者偏好；I 为消费者个人收入；E 为对价格的期望。这是需求函数的一般表达式。

在影响需求量的因素中，价格是最为重要的因素，因此，在假定其他因素保持不变的条件下，将需求量与价格之间的关系用函数表示出来，可得

$$Q_d = f(P)$$

以冰激凌为例，假设某市场上冰激凌的价格和需求量之间的函数关系可以归纳为以下的需求表(表 2-2)。

表 2-2　冰激凌的需求表

需求量-价格组合	A	B	C	D	E	F
价格/元	1	3	6	10	15	20
需求量/支	135	125	110	90	65	40

将冰激凌的价格和需求量的函数关系用坐标图展示出来，如图 2-1 所示，横轴表示冰激凌的需求量，纵轴表示冰激凌的价格①。在平面坐标图中描绘相应的各点 A、B、C、D、E、F，顺次连接这些点，便得到需求曲线 $Q_d = f(P)$，它表示在不同价格水平上消费者愿意且能够购买的冰淇淋数量。需求曲线以几何图形来表示产品的价格和需求量之间的函数关系。

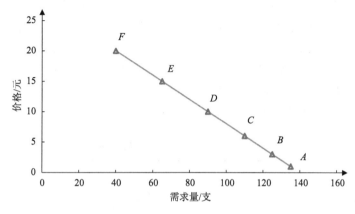

图 2-1 冰激凌需求曲线图

建立在需求函数 $Q_d = f(P)$ 基础上的需求表(表 2-2)和需求曲线(图 2-1)都反映了产品市场的价格变动与所引起的需求量变动两者之间的关系。产品的需求量随着产品价格的上升而减少，需求曲线是向右下方倾斜的，它都表示产品的价格和需求量呈反方向变动的关系。由此，得到需求定理：在其他因素保持不变的条件下，一种产品的价格上升，则对该产品的需求量减少；一种产品的价格下降，则对该产品的需求量增加。简言之，产品的价格和需求量呈反方向变动。

4) 需求价格弹性

需求量受许多因素的影响。例如，价格上涨，需求量就会减少，但是不同的产品受影响的程度有很大的不同。消毒洗手液价格下降 50%而引起的需求量变化肯定远远小于电视机价格下降 50%而引起的需求量变化。为了比较不同产品的需求量因某种因素的变化而受到影响的程度，使用"需求弹性"工具。需求弹性说明需求量对某种影响因素变化的反应程度。在诸多影响因素中，价格变动对需求量影响较为显著，因此，重点讨论需求价格弹性。

需求价格弹性 ε 反映需求量对价格变动的反应程度，或者说，价格变动 1%引起的需求量变动的百分比。其计算公式为

$$价格弹性\varepsilon = \frac{需求量变动百分比}{价格变动百分比} = \frac{\Delta Q / Q}{\Delta P / P}$$

式中，Q 为需求量；ΔQ 为需求量变动的绝对数量；P 为价格；ΔP 为价格变动的绝对数量。

引入需求价格弹性的概念有助于了解不同种类产品在使用降价的方式进行促销时效果

---

① 通常在微观经济学在分析需求曲线和供给曲线时，以纵轴表示自变量 P，以横轴表示因变量 Q，与数学上的习惯相反。

是截然不同的。下面用价格弹性与销售收入的关系来说明。销售收入(Total Revenue，TR，也称为总收入)等于产品价格乘销售量，即 $P \times Q$。其中，价格和销售量是呈相反方向变动的，即如果 P 提高了，Q 就会减少。所以提高 P 不一定总能增加 $P \times Q$ 之值，要视价格弹性的大小而定。如果 P 提高 10%将使 Q 减少 10%(在单元弹性需求的情况下)，那么两者大体抵消，$P \times Q$ 的值就基本保持不变。如果 P 提高 10%将使 Q 减少 20%(在弹性需求的情况下)，那么 $P \times Q$ 的值就会变小。如果 P 提高 10%只使 Q 减少 5%(在非弹性需求的情况下)，那么 $P \times Q$ 的值就会变大。总之，在价格弹性与销售收入之间存在一种简单而又很有用的相互关系。这种关系可以表述如下：如果需求是弹性的($|\varepsilon_P|>1$)，那么提高价格会使销售收入减少；如果需求是单元弹性的($|\varepsilon_P|=1$)，那么变动价格不会影响销售收入；如果需求是非弹性的($|\varepsilon_P|<1$)，那么提高价格会使销售收入增加。

归纳起来，价格和销售收入之间的关系如表 2-3 所示。

表 2-3 价格与销售收入相互关系

价格变化	弹性需求($|\varepsilon_P|>1$)	单元弹性需求($|\varepsilon_P|=1$)	非弹性需求($|\varepsilon_P|<1$)
上涨	销售收入减少	销售收入不变	销售收入增加
下降	销售收入增加	销售收入不变	销售收入减少

2. 供给量与供给函数

1)供给量

供给量是指在一定时期内，在各种可能的价格水平下，生产者愿意且有能力提供某种产品或劳务的数量。在这里，"一定时期"一般指一年，"愿意且有能力提供"指生产者既要有向市场提供产品或劳务的愿望，又要有生产这种产品或劳务的能力，二者缺一不可。

2)影响供给量的因素

影响企业或行业供给量的因素很多，主要有以下两个。

(1)产品的价格。

一般情况下，产品价格上涨后，产品的供给量就会随之增加。这是由于价格上涨后，原有的生产者更有利可图，会进一步扩大生产，同时又会吸引新的企业加入这个行业来投资生产，使得企业和行业的供给量有所增加。反之，产品价格下降后，供给量随之减少。

(2)产品的成本。

一般来讲，产品成本越低，供给量就会越大。这是因为在产品价格既定的情况下，成本降低，单位产品的利润就会增加，因而企业愿意提供产品的数量也会增加，这样企业就能获得更多的利润。反之，产品成本提高，供给量就会减少。企业产品成本的高低是由企业的生产技术水平、原材料价格和工资水平等因素决定的。如果技术水平提高或原材料降价或工人工资水平下降，都将使产品成本降低。如果原材料涨价或工人工资水平提高，就会使产品成本提高。因此，这些因素的变动都会通过成本的变动影响供给量。

以上是影响供给量的主要因素。此外，诸如政府的税收、补贴等因素也会影响产品的供给量。

3）供给函数和供给曲线

与需求类似，用供给函数表达供给量与影响供给量的诸因素之间的关系，可以表示为

$$Q_s = f(P, P_s, C, \cdots)$$

式中，Q_s 为某产品的供给量；P 为某产品的价格；P_s 为生产中可替代产品的价格；C 为某产品的成本。

在影响供给量的因素中，价格是最灵敏、最重要的因素。如果假定其他因素不变，仅研究价格与供给量之间的关系，就要使用供给曲线。供给曲线是反映价格与供给量之间关系的表达式，可以表示为

$$Q_s = f(P)$$

以冰激凌为例，价格与供给量的一一对应关系如表 2-4 所示。

表 2-4　冰激凌供给表

供给量-价格组合	A	B	C	D	E	F
价格/元	1	3	6	10	15	20
供给量/支	54	62	74	90	110	130

它也可以用图形来表示。图 2-2 是一条供给曲线，横轴表示供给量，纵轴表示价格。供给曲线上任一点的坐标都说明在某一特定价格水平上的供给量。

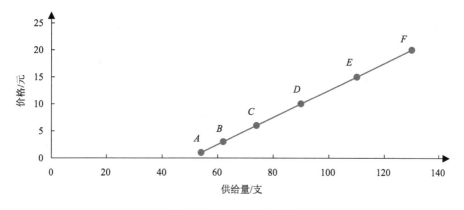

图 2-2　冰激凌供给曲线图

供给曲线有自己的规律，它总是一条从左到右向上倾斜，斜率为正的曲线。这也是因为供给量的变化有自己的规律，价格上涨，供给量就增加；价格下跌，供给量就减少，两者呈相同方向变化。同样得到供给定理：在其他因素保持不变的条件下，一种产品的价格上升，则该产品的供给量增加；一种产品的价格下降，则该产品的供给量减少。简言之，产品的价格和供给量呈同方向变动。

2.2.2　市场均衡

需求曲线说明了消费者对某种商品在每一价格水平的需求量是多少，供给曲线说明了生产者对某种商品在每一价格水平的供给量是多少。那么，商品的价格是如何决定的呢？

1. 均衡价格的含义

在西方经济学中，均衡是一个被广泛运用的重要的概念。均衡的最一般的含义是指经济事物中有关的变量在一定条件的相互作用下所达到的一种相对静止的状态。经济事物之所以能够处于这样一种静止状态，是因为在此状态中有关该经济事物的各参与者的力量能够相互制约和相互抵消，也因为在此状态中有关该经济事物的各方面的经济行为者的愿望在一定条件下都能得到满足。在微观经济分析中，市场均衡可以分为局部均衡和一般均衡。局部均衡是就单个市场或部分市场的供求与价格之间的关系和均衡状态进行分析。一般均衡是就一个经济社会中的所有市场的供求与价格之间的关系和均衡状态进行分析。一般均衡假定各种商品的供求和价格都是相互影响的，一个市场的均衡只有在其他所有市场都达到均衡状态的条件下才能实现。

一种商品的均衡价格是指该种商品的市场需求量和市场供给量相等时的价格。在均衡价格水平上相等的供求数量称为均衡数量。从几何意义上说，一种商品市场的均衡出现在该商品的市场需求曲线和市场供给曲线的交点上，该交点称为均衡点。均衡点上的价格和相等的供求量分别称为均衡价格和均衡数量。在市场的均衡价格水平上，需求量和供给量相等的状态，也称为市场出清的状态。

2. 均衡价格的形成

商品的均衡价格是如何形成的呢？商品的均衡价格表现为商品市场上需求和供给这两种相反的力量共同作用的结果，它是在市场供求力量的自发调节下形成的。把前面图 2-1 中的需求曲线和图 2-2 中的供给曲线结合在一起，用图 2-3 说明一种商品的市场均衡价格的决定。D 曲线为冰激凌市场的需求曲线，S 曲线为冰激凌市场的供给曲线。需求曲线 D 和供给曲线 S 相交于 E 点，E 点为均衡点。在均衡点 E，均衡价格 $P=10$ 元，均衡数量 $Q=90$

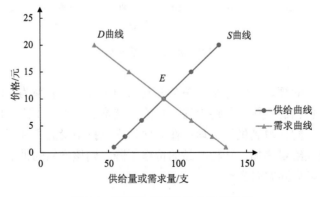

图 2-3　冰激凌市场均衡价格的确定

支。在均衡价格 10 元的水平，消费者的购买量和生产者的销售量是相等的。这样一种状态便是一种使买卖双方都感到满意并愿意持续下去的均衡状态。当市场价格偏离均衡价格时，市场上会出现需求量和供给量不相等的非均衡状态。一般来说，在市场机制的作用下，这种供求不相等的非均衡状态会逐步消失，实际的市场价格会自动地恢复到均衡价格水平。

当市场的实际价格高于均衡价格，例如，为 15 元时，冰激凌的需求量为 65 支，供给量为 110 支。这种供给量大于需求量的商品过剩或超额供给的市场状况，一方面会使需求者压低价格来购买冰激凌，另一方面又会使供给者减少冰激凌的供给量。这样，冰激凌的市场价格必然下降，一直下降到均衡价格 10 元的水平。与此同时，随着价格由 15 元下降为 10 元，冰激凌的需求量逐步增加，供给量逐步减少，从而达到供求量相等的均衡数量90 支。相反地，当市场的实际价格低于均衡价格 10 元时，冰激凌需求量大于供给量的商品短缺或超额需求的市场状况，一方面使需求者提高价格来得到他所要购买的冰激凌量，另一方面会使供给者增加冰激凌的供给量。这样，冰激凌的市场价格必然上升，一直上升到均衡价格 10 元的水平。综上所述，当市场上的实际价格偏离均衡价格时，市场上总存在着变化的力量，使买卖双方各自做出调整，最终达到市场均衡或市场出清。

价格这一信号自发地引导着经济个体的行为和经济社会的资源配置。对于一个经济社会来说，在竞争性商品市场上，无数的买者和卖者各自追求个人利益的经济决策是分散的，而价格机制协调与引导着市场趋向需求量和供给量相等的均衡状态，实现稀缺资源的有效配置。

2.2.3　电力市场均衡

1. 电力资源的特点

电力资源与其他资源一样具有稀缺性，但是在供求关系规律上有一些自身的特点，主要表现为以下几点。

(1) 需求价格弹性小。对于大部分的电力用户来说，电价的变化对需求的影响不太大，电力商品的需求弹性较小。

(2) 不同用户需求差异较大。不同用户在用电可靠性上有不同的需求，有的用户，如医院，军事政治指挥中心，冶金、矿山部门对供电可靠性要求十分严格，任何时候都不许停电。对这类用户，电力企业就要靠增加足够的生产供应设施、可靠的保护系统，来保证对这些用户供电的高可靠性；另一类用户则不需要类似前者那样高的可靠性保证，如农业生产、居民生活等，备用的设施也就不要求那样的严格。用户在消费电能的时间、方式、用电类别等上的差异，都直接制约着电力的生产和供应。供求在时间上、总量上要严格地保持平衡，否则会给生产者带来全局性的风险。电力市场的卖方只能根据用户的时间类别特性自动、及时、有效地调控生产总量，达到供求的严格平衡。具体地说，在时间上不仅一年四季有变化，一个月内有不同日期的变化，即使在一天内，也会有高峰、平段、低谷的时段变化。生产者必须通过及时的调度指令，适应用户的需求变化，决定启、停不同数量的机组实现这种平衡。

(3) 不同电力产品定价有差异。用户有的使用高压电，有的使用低压电，前者可以从配电网上直接购电，后者则必须从输配电网上经过多级变压，才可以获得满足需要的电能。对这种不同类别的电力用户，供电企业(卖方)所付出的设备费用、维护费用是不一样的，由此构成了不同价格的电力供应。用户距离电源的远近不同，在获得相同需要的电能供应时，供电企业所付出的供电费用是不一样的，因此，这类不同的用户在使用同量的电能时，会支付不同价格的电费。这种供求关系的公平，只能通过价格机制才可以有效地表现出来，单靠供求机制是表现不出来的。供给及时调整反应能力有限。电力行业资金密集、技术密集的特点，决定了在市场进入方面存在壁垒，在市场退出方面存在较大的障碍，因此，在竞争机制和实现供求机制的转换上，就不可能同其他行业那样，通过在短期内追加生产要素来提升生产供应能力，以解决供应不足的问题，也不可能用转移资产的形式实现供应能力的下降，只能通过前期工程的科学的准确有效的市场需求预测，人为地在投资上做到超前和规模上的适度扩大，将产品的储备转化为生产能力的适当储备。因此电力市场中一个突出的特点，就是根据国际惯例，一般都有 20%左右的备用生产能力，以保证电网安全可靠地运行。这种备用生产能力主要用于市场需求发生变化时，调节供求平衡。

(4)以销定产，储能困难。生产者只能依据用户需求，电能不能大量储存，不能像其他行业那样，通过建立足够的仓储设施，储存一定量的制成品来及时准确地向市场投放商品，调节供求以解决供需平衡问题。

电力市场上供需情况和普通商品相比有着自身的特点，电力需求和供给的均衡条件受到更多复杂因素的影响。

2. 电力市场的均衡

电力市场的均衡要求电力供给与电力需求实时保持动态平衡，即

$$需电量 = 供电量 = 发电量 - 厂用电量 - 供电线损$$

在电力市场运营过程中，电力市场的供求机制通过供需双方的有效调节实现供求均衡状态。供求双方的价格谈判，事实上是在进行有利于双方的价格调整和数量调整，通过这些调整去实现电能交易的供求平衡。电力市场必须具备能够充分发挥供求机制、价格机制和竞争机制作用的条件，才能有效地调节市场主体之间的关系。

(1)企业拥有生产经营自主权方面，在电力市场中，电力企业不存在生产什么的问题，主要是生产多少的问题，然而这些问题却不是企业自己可以解决的，即尽管电力企业可以根据市场提供的需求信号做出自己的竞价决策，但是，其电能能否交易和交易能否实现，还将受到电网运营的实际情况的限制。

(2)生产经营者对产品自主定价权方面，电力企业没有能够按市场供求状况的变化灵活地调价的权力。只有企业对其生产的产品按照市场供求状况灵活地确定其价格水平，并且不断地改善经营管理，才能使价格机制起到调节供求的作用。企业如果没有对自己生产的产品定价和调价的权力，对市场的供求信号缺少灵活反应的能力，就不能适应市场需求以改变自身的生产经营状况，也就不可能使市场机制发挥资源配置的有效作用。

(3)市场宏观环境使企业和客户具有自身选择供需双方的权利，双方能够根据各自的利益取向决定双方交易的成败。只有这样，市场的竞争机制才能够有效地发挥作用，从而使

价格机制和供求机制起到有效的调节作用，市场功能得以实现。如果市场环境不允许买卖双方进行充分的竞争或者双方没有或缺少自由选择对方的权利，那么他们就不可能在市场上进行有效的竞争，对价格起不到抑制或提升作用，从而对供求也就不可能起到调节作用。

（4）买卖双方对市场信号具备灵敏接受和反应的条件与能力。作为市场主体的双方，如果不能及时得到市场信号或得到了市场信号不能及时做出反应，那么他们必然会对供求关系、价格机制、竞争机制起阻碍作用，限制或影响市场功能的实现。

2.3　生　产　决　策

从供需曲线可以推导出市场均衡实现的条件，而站在生产者的角度来看，如何组织生产才能使生产效率最高，也是需要深入思考的问题。

2.3.1　生产函数

厂商的生产过程可以看成是从投入生产要素到生产出产品的过程。生产要素一般划分为四个类型：劳动（L）、土地、资本（K）和企业家才能。劳动是人类在生产活动中提供的体力和智力的总和。土地不仅指土地本身，还包括地上和地下的一切自然资源，如森林、江河湖泊、海洋、矿藏等。资本可以是货币形态的，也可以是实物形态的。资本的实物形态，又称为资本品或投资品，如厂房、机器设备、动力燃料、原材料等。企业家才能指企业家经营管理企业的才能以及为具备这种能力而进行的学习和经验积累。通过对几种生产要素的综合运用，厂商可以为市场供给各种实物产品，也可以提供各种劳务和服务。

生产函数表示在一定时期内在给定的技术条件下，生产中所使用的各种生产要素的数量与所能生产的最大产量之间的关系。假定 $X_1, X_2, \cdots, X_n$ 顺次表示某产品生产过程中所使用的 n 种生产要素的投入数量，Q 表示所能生产的最大产量，则生产函数为

$$Q = f(L, K)$$

该生产函数表示在一定时期内在既定的生产技术下的生产要素组合（$X_1, X_2, \cdots, X_n$）所能生产的最大产量为 Q。通常假定在生产中只使用劳动和资本两种生产要素，以 L 表示劳动投入数量，以 K 表示资本投入数量，则生产函数为

$$STC(Q) = w \cdot L(Q) + r$$

式中，STC 表示短期总成本（Short-run Total Cost）。

在描述生产函数时，有一个前提条件是"在一定时期内"，这个生产的"时期"在分析厂商生产决策过程中通常将其分为短期和长期，它们各自的生产技术特征和规律是不相同的。如何区分生产的短期和长期呢？

生产的短期指生产者来不及调整全部生产要素的数量，至少有一种生产要素的数量是固定不变的生产周期。由此，短期生产的要素投入分为固定要素投入和可变要素投入。如机器设备、厂房等在短期内无法进行数量调整的要素为固定要素投入；如劳动、原材料、燃料等在短期内可以进行数量调整的要素为可变要素投入。

生产的长期指生产者可以调整全部生产要素的生产周期。例如，生产者在长期生产中

可以通过对全部要素投入量的调整，来缩小或扩大生产规模，甚至进入或退出一个行业的生产。由于在长期生产中每种要素投入数量都是可以调整的，因此也就不存在可变要素投入与固定要素投入的区分。生产的短期和长期的区分是以能否变动全部要素投入数量为标准的。

在生产过程中，生产函数中各个生产要素的投入如何进行配比才能让生产效率达到最高呢？下面将从短期和长期两方面寻找最优的投入产出关系，确定最优的要素投入组合。

2.3.2 产量水平

对短期生产函数来说，生产函数中至少有一种生产要素的投入是固定的。假定其他要素投入量固定，只有一种要素投入量是可变的，研究这种可变要素的最优投入量就可以得出短期生产的最优产出。在分析之前，先明确几个有关产量的基本概念。

1. 总产量、平均产量和边际产量

在描述一个经济体的产量水平时常常会运用三个指标：总产量、平均产量和边际产量。下面举例来说明三者的关系。

假设学校周边的复印店有三台复印机，(情况一)刚开始只有老板老胡一人在店里工作，经常忙不过来，既要操作复印机，又要收银、搬物料，甚至还要打扫卫生，每天产量约 1000 页。(情况二)一个月后，他的妻子也来到店里帮忙，负责收银和打扫卫生，两个人分工合作后，每天产量约 3000 页，但老胡一个人无法同时操作三台复印机，所以总有复印机闲置。(情况三)于是老胡招聘了一名员工小李，每天产量约 9000 页。(情况四)之后老胡又招聘了一名会排版、会修理复印机的员工小张，这样可以应对更多的客户需求，三台复印机也都利用起来了，每天产量达 20000 页。(情况五)一个月后，老胡家乡的侄子小胡来到店里打工，但由于没有学过相关技术，总是出错，还影响了员工小李、小张的积极性，每天的产量下降到 15000 页。五种情况下产量指标如表 2-5 所示，每天的产量之和就是总产量(Total Product，TP)，将总产量除以劳动人数就得到平均产量(Average Product，AP)，而每次增加一名工作人员所引起的总产量的增加值就称为边际产量(Marginal Product，MP)。

表 2-5　复印店不同规模情况表

情况	工作人数/人	TP/页	AP/页	MP/页
情况一	1	1000	1000	1000
情况二	2	3000	1500	2000
情况三	3	9000	3000	6000
情况四	4	20000	5000	11000
情况五	5	15000	3000	−5000

总结上述概念之间的关系可以看到：总产量(TP)指一定时期内工人所能生产的全部产能；平均产量(AP)指每名工人平均的产量，等于总产量除以总人数 Q/L；相比平均产量，我们更关心的是边际产量(MP)，即增加的一名工人所引起的总产量的变化($\Delta Q/\Delta L$)。将数

据在图形中展示，可以表示为图 2-4。

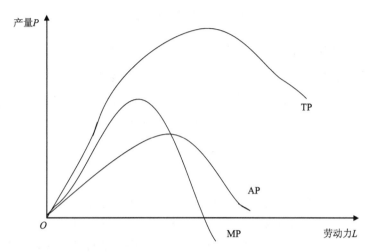

图 2-4　总产量、平均产量、边际产量的关系图

总产量、平均产量和边际产量三者存在以下关系：

（1）劳动力人数取某值时边际产量等于总产量曲线上该点的切线的斜率，边际产量为零时总产量达到最大。

（2）劳动力人数取某值时，平均产量等于总产量曲线上该点与原点的连线的斜率。

（3）边际产量大于平均产量时，平均产量出现上升趋势；边际产量小于平均产量时，平均产量出现下降趋势。边际产量线与平均产量线相交于平均产量的最高点。

2. 边际收益递减规律

通过以上例子发现，只要生产设备、厂房等要素固定不变，最初随着劳动力的增加，劳动力不断与丰富的固定要素结合，边际产量逐渐增加，但随着劳动力的持续增加，能与新增劳动力结合的固定要素越来越少，边际产量会出现递减的情况。这个规律在大量的经济社会现象中均可观察到，称为边际收益递减规律（The Law of Diminishing Marginal Utility），即在短期的生产过程中，在其他条件（如技术水平）不变的前提下，增加一种生产要素的投入，当该生产要素投入数量增加到一定程度后，增加一单位该要素所带来的效益增加量是递减的。边际收益（Marginal Revenue，MR）递减规律是以技术水平和其他生产要素的投入数量保持不变为条件进行讨论的一种规律。

中国古代三个和尚的故事就用朴素生动的语言描述了这一普遍经济学原理。"一个和尚挑水喝，两个和尚抬水喝，三个和尚没水喝"说明了随着单一生产要素（人力）投入的增加，开始阶段产量会逐渐增加，但超过一定量后，产量反而会出现下降。这个规律揭示了并非生产要素投入越多越有产出，而同时，在做企业生产决策时不仅仅要考虑要素投入之后的产出，还要考虑要素投入的成本，达到产量和成本的最优组合，实现企业利润最大化。

2.4 成本利润分析

2.4.1 成本的基本概念

任何管理决策都要对成本和利润进行分析，只有能降低成本和增加利润的方案才是可接受的方案。成本是企业为获得所需的各项资源而付出的代价，但它的具体内涵的确定取决于是会计目的还是决策目的。从决策的需要出发探讨必须弄清以下几个基本的成本和利润概念。

1. 机会成本和会计成本

企业的机会成本是指生产者所放弃的使用相同的生产要素在其他生产用途中所能获得的最高收入。机会成本是由资源的稀缺性引起的，资源的稀缺性决定了资源如果用于甲用途，就不能再用于乙用途，两者只能选择其一。因此资源的稀缺性决定了对资源的用途要有所选择，这就是资源的优化配置问题。资源的优化配置是指将有限的资源使用在最有价值的地方，或者说将有限的资源使用在企业为此所付代价即所作出的牺牲最小的地方。因此如果一项资源既能用于甲用途又能用于其他用途，那么资源用于甲用途的机会成本就是资源用于次好的、被放弃的其他用途本来可以得到的净收入。几种特殊情况下机会成本的计算方法：①业主用自己的资金办企业的机会成本等于如果他把这笔资金借给别人可能得到的利息；②业主自任经理，自己管理企业的机会成本等于如果他在别处从事其他工作可能得到的薪酬收入；③机器如果原来是闲置的，现在用来生产某种产品的机会成本是零；④机器如果原来用来生产产品 A，可得到一笔利润收入，现在改用来生产产品 B 的机会成本就是它生产产品 A 可能得到的利润收入；⑤过去买进的物料，现在市价变了，其机会成本就应当按现在的市价，即这批物料不用于生产而用于出售可能得到的收入来计算；⑥使用按目前市价购进的物料、按目前市场工资水平雇用的员工以及按目前市场利率借入的资金的机会成本与其会计成本是一致的；⑦机器设备折旧的机会成本是该机器设备期初与期末可变卖价值之差。

会计成本是会计师在账簿上记录下来的成本。会计成本不能用于决策，原因有二：一是它属于历史成本，而决策总是面向未来的；二是它只反映使用企业资源的实际货币支出，没有反映企业为使用这些资源而付出的总代价。

会计成本虽不直接用于决策，但它是确定机会成本的基础。决策所用的机会成本往往要通过对会计数据的调整来求得，所以会计数据的准确性也很重要。机会成本是一种机会损失，这种损失是企业在选择资源用途也就是决策时所必须考虑的。对经济学家来说，只有机会成本才是真正的成本。

2. 增量成本和沉没成本

增量成本是指因做出某一特定的决策而引起的全部成本的变化。例如，决策前的成本为 C_1，决策后的成本为 C_2，那么增量成本 ΔC 等于 $C_2 - C_1$。这里强调的是 "因做出某一特定决策而引起的"成本变化。与此相对应,如果有的成本不因决策而变化,决策对它没有影响,即与决策无关,那么这种成本就是沉没成本。

沉没成本是指已经支付而且无法回收的成本,如专用设备的成本支出、埋在地底下的自来水管道的成本支出等。这类成本一旦支出,便无法回收。或者说,即便厂商退出生产也无法使沉没成本消失,所以沉没成本不应该影响厂商的未来生产决策。举例说明,某电厂已经为专用设备支出的成本为 1000 万元,该设备除了在该企业使用之外,别无他用,即其机会成本为零。该厂商预计未来其他生产成本的总支出为 2000 万元,且总收益将为 2500 万元。那么,该厂商应该选择生产还是不生产呢?也许有人会建议该厂商选择不生产,其理由是:考虑到已支出的专用设备成本 1000 万元,再加上未来的其他生产成本支出 2000 万元,最终的总成本(Total Cost,TC)会高达 3000 万元,它超过预期的未来总收益 2500 万元,故进行生产是不值得的。其实以上的选择是错误的。因为他们忽视了一个重要的事实:在专用设备上已支出的 1000 万元是沉没成本,无论如何都无法回收。既然如此,那么,只要未来的收益大于未来的成本,进行生产就是有利的,即可获得 500 万元的利润。如果囿于沉没成本 1000 万元而选择不生产,那么该厂商就放弃了 500 万元的未来利润,而 1000 万元的沉没成本并不会因此而消失,所以,在沉没成本总是存在的前提下,该厂商选择生产要比不生产强,换言之,厂商在进行生产决策时不需要考虑沉没成本。

3. 可变成本和固定成本

在管理决策中,常把成本分为可变成本和固定成本。可变成本是指企业在可变投入要素上的支出,是随产量的变化而变化的成本,如直接工人的工资、直接材料费等。固定成本是指企业在固定投入要素上的支出,是不受产量变化影响的成本,如房租、折旧费、借款利息和管理费用等。把成本划分为可变成本和固定成本,是为了便于分析产量变化和成本变化之间的关系,确定相关成本以进行决策分析。

4. 会计利润和经济利润

企业的长期目标是实现企业长期利润的最大化,在经营决策中要从市场经济条件下资源优化配置的角度来考察企业利润的种类。

企业利润可以分为会计利润和经济利润。其中,只有经济利润才是决策的基础,会计利润是不能用于决策的。利润等于企业销售收入与成本之间的差额。企业的成本又有会计成本和机会成本之分。销售收入减去会计成本,得到的就是会计利润;销售收入减去机会成本,得到的就是经济利润。

$$会计利润 = 销售收入 - 会计成本$$
$$经济利润 = 销售收入 - 机会成本$$

会计利润是在会计成本的基础上算出的,当然也不能用于决策。会计利润就是企业的实际收入大于实际支出的部分,它反映企业通过经营增加了多少货币收入。会计师计算会计利润的目的是报告企业的盈亏情况,以便投资者作为投资的依据、政府作为征税的依据等。经济学家的目的则是做出决策,说明企业的资源是否得到了最优的使用,因此必须使用经济利润。

5. 经济利润和正常利润

当销售收入等于全部机会成本时，经济利润等于零，但这并不意味着企业就没有利润。这种情况下的企业利润称为正常利润。正常利润是指投资者如果把资金和精力投于其他相同风险的事业可能得到的收入，也就是为了吸引投资者在本企业投资，必须给他的最低报酬，否则投资者就会因不满意而把资金抽走，投到其他地方去。正常利润属于机会成本，是企业全部机会成本的组成部分，即经济成本中包含了正常利润。

2.4.2 短期成本曲线

从厂商的短期生产函数出发，可以得到相应的短期总成本函数；且从厂商的短期总产量曲线出发，也可以得到相应的短期总成本曲线。假定厂商在短期内使用劳动和资本这两种要素生产一种产品，其中，劳动投入量是可变的，资本投入量是固定的，则短期生产函数为

$$Q = f(L, K)$$

该函数表示：在资本投入量固定的前提下，可变要素劳动投入量 L 和产量 Q 之间存在着一一对应关系。这种关系可以理解为：厂商可以通过对劳动投入量的调整来实现不同的产量水平。也可以反过来理解为：厂商根据不同的产量水平的要求，来确定相应的劳动的投入量。根据后一种理解，且假定生产要素市场上劳动的价格 w 和资本的价格 r 是给定的，则可以用下式来表示厂商在每一产量水平上的短期总成本：

$$STC(Q) = w \cdot L(Q) + r \cdot K$$

式中，$w \cdot L(Q)$ 为可变成本部分，$r \cdot K$ 为固定成本（也称不变成本）部分，两部分之和构成厂商的短期总成本。短期总成本是产量的函数，短期成本函数可以表示为以产量为横轴、以成本为纵轴的坐标图上的短期成本曲线。

短期成本可以分为总不变成本(Total Fixed Cost，TFC)、总可变成本(Total Variable Cost，TVC)、总成本(TC)、平均不变成本(Average Fixed Cost，AFC)、平均可变成本(Average Variable Cost，AVC)、平均成本(Average Cost，AC)和边际成本(Marginal Cost，MC)。

总不变成本是厂商在短期内为生产一定数量的产品对不变生产要素所支付的总成本。例如，电厂的建筑物和机器设备的折旧费等就属于总不变成本。由于在短期内不管企业的产量为多少，这部分不变要素的投入量都是不变的，所以，总不变成本是一个常数，它不随着产量的变化而变化。即使在产量为零时，总不变成本仍然存在。图 2-5 中的横轴 Q 表示产量，纵轴 C 表示成本，总不变成本曲线是一条水平线。它表示在短期内，无论产量如何变化，总不变

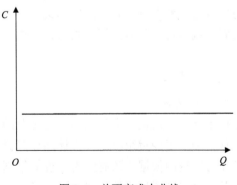

图 2-5　总不变成本曲线

成本都是固定不变的。

总可变成本是厂商在短期内为生产一定数量的产品对可变生产要素所支付的总成本。例如，电厂支付的原材料、燃料动力和工人工资等就属于总可变成本。总可变成本曲线是一条由原点出发向右上方倾斜的曲线(图 2-6)。总可变成本曲线表示：由于在短期内厂商可根据产量的变化不断地调整可变要素的投入量，所以，总可变成本随着产量的变动而变动。当产量为零时，总可变成本也为零。在这以后，总可变成本随着产量的增加而增加。总可变成本的函数形式为

$$TVC = TVC(Q)$$

总成本是厂商在短期内为生产一定数量的产品对全部生产要素所支付的总成本，它是总不变成本和总可变成本之和，$TC(Q) = TFC + TVC(Q)$。图 2-7 中总成本曲线是从纵轴上相当于总不变成本高度的点出发的一条向右上方倾斜的曲线。

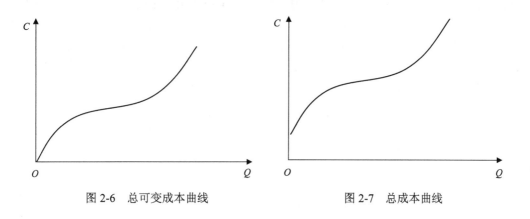

图 2-6　总可变成本曲线　　　　　　　　　　图 2-7　总成本曲线

平均不变成本是厂商在短期内平均每生产一单位产品所支付的不变成本，$AFC(Q) = TFC/Q$。平均不变成本曲线如图 2-8 所示，它是一条向两轴渐近的双曲线。平均不变成本曲线表示：在总不变成本固定的前提下，随着产量的增加，平均不变成本是越来越小的。

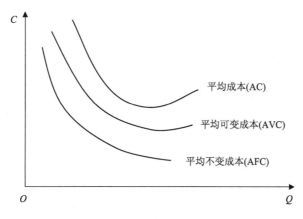

图 2-8　平均成本、平均可变成本、平均不变成本曲线

　　平均可变成本是厂商在短期内平均每生产一单位产品所支付的可变成本。用公式表示为 $\mathrm{AVC}(Q)=\mathrm{TVC}(Q)/Q$，某一产量水平上的平均可变成本是总可变成本曲线图上相应点与原点的连线的斜率，它的斜率最小点就是平均可变成本的最低点。平均可变成本在最低点以前呈下降趋势，在最低点以后则呈上升趋势，所以平均可变成本曲线呈 U 形。

　　平均成本等于平均可变成本加平均固定成本，或者等于总成本除以产量。某一产量水平上的平均成本是总成本曲线上相应点与原点的连线的斜率。从原点作总成本曲线的切线，其切点是平均成本的最低点，因为在连线中相切的连线的斜率最小。与平均可变成本曲线一样，平均成本曲线也呈 U 形。

　　边际成本是指在一定产量水平上，产量每增加一单位，给总成本带来的变化，$\mathrm{MC}=\Delta\mathrm{TC}/\Delta Q$。某产量水平上的边际成本等于总成本曲线上该点切线的斜率。由于总成本曲线斜率先由大变小，后由小变大，因此边际成本曲线也呈 U 形，其最低点处于总成本曲线上的拐点，因为拐点的斜率最小。由于边际成本说明由产量的每单位变化而引起的总成本的变化，因此它只与总可变成本有关，而与总固定成本无关。当边际成本小于平均成本时，平均成本呈下降趋势；当边际成本大于平均成本时，平均成本呈上升趋势；当边际成本等于平均成本时，平均成本处于最低点。也就是说，边际成本曲线与平均成本曲线相交于平均成本曲线的最低点(图 2-9)。

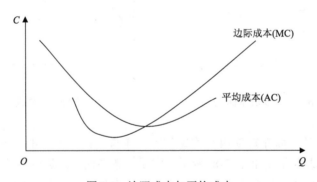

图 2-9　边际成本与平均成本

2.4.3　长期成本曲线

　　长期是指此期间很长，以至于所有的投入要素的数量都是可变的。例如，一家已经建成的电厂打算规划 10 年后的企业产量和成本，在这 10 年内企业可以通过技术改造和扩建，使各种投入要素的投入量都发生所需要的变化。又如，计划新建一座电厂，这座电厂用什么样的设备、建多大的规模在设计时都是可以选择的。在各种投入要素的投入量都可变的情况下，企业有可能在各种产量水平上选择最优的投入组合。因此厂商在长期是可以实现每一个产量水平上的最小总成本的。

　　长期平均成本(Long-run Average Cost，LAC)曲线是短期平均成本(Short-run Average Cost，SAC)曲线的包络线。在图 2-10 中有三条短期平均成本曲线 SAC_1、SAC_2 和 SAC_3，它们各自代表了三个不同的生产规模。在长期，厂商可以根据产量要求，选择最优的生产规模进行生产。假定厂商生产的产量为 Q_1，则厂商会选择 SAC_1 曲线所代表的生产规模，

以 OC_1 的平均成本进行生产。而对于产量 Q_1 而言，平均成本 OC_1 是低于其他任何生产规模下的平均成本的。Q_2、Q_3 产量上也会选择相应最低平均成本进行生产，沿着图 2-10 中所有的 SAC 曲线的实线部分，厂商总是可以找到长期内生产某一产量的最低平均成本。由于在长期内可供厂商选择的生产规模是很多的，在理论分析中，假定生产规模可以无限细分，从而有无数条 SAC 曲线，于是得到图 2-11 中的 LAC 曲线。显然，LAC 曲线是无数条 SAC 曲线的包络线。在这条包络线上，在连续变化的每一个产量水平，都存在 LAC 曲线和一条 SAC 曲线的切点，该 SAC 曲线所代表的生产规模就是该产量的最优生产规模。

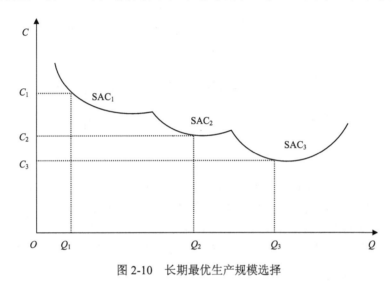

图 2-10　长期最优生产规模选择

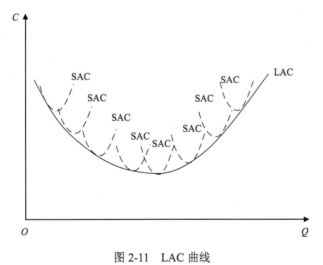

图 2-11　LAC 曲线

2.5　市场竞争类型与博弈论基础

在前面几节中讨论了企业在需求、生产和成本等情况已知的条件下进行决策的原理与方法，没有把企业的外部市场环境考虑进去。实际上，不同的市场结构对企业行为有着较大的影响。经济学通常把市场结构按其竞争程度的不同分为四类：完全竞争、垄断竞争、寡头垄断和完全垄断。后三者又合称为不完全竞争。这四种市场结构在企业对价格的控制能力、卖者数目、产品差异程度和企业进出市场的难易程度等方面各不相同，见图2-12。

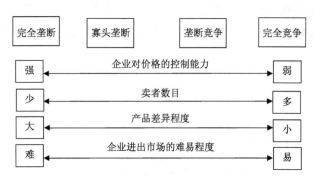

图 2-12　四种市场结构特点比较图

首先，企业对价格的控制能力不同。完全竞争条件下的企业无力控制价格(无力自己制定价格，只能接受市场决定的价格)，垄断企业则对价格有很强的控制力。垄断竞争和寡头垄断企业控制价格的能力弱于完全垄断企业，强于完全竞争企业。

其次，卖者数目不同。在完全竞争和垄断竞争市场里卖者很多，它们都只生产全行业产品的很小部分。而在完全垄断市场里，整个行业只有一个卖者。寡头垄断则介于前两种情况之间，在一个行业里有几个卖者。

再次，一个行业中的企业的产品差异程度不同。在完全竞争市场条件下，在一个行业内，企业生产的产品都是同质的。例如，一家农户生产的小麦和另一家农户生产的小麦是基本相同的。在垄断竞争行业里，企业间的产品有差异。例如，不同的衬衫制造商所生产的衬衫在式样和质量上有差异。在寡头垄断市场里，有的行业生产同质或标准化的产品，有的则生产有差异的产品。在完全垄断市场里，由于一个行业只有一家企业，因此不存在产品差异问题。

最后，企业进出市场的难易程度也不相同。在完全竞争的市场里不存在进出的障碍。在垄断竞争市场里，企业的进出也是很容易的，但在寡头垄断市场里，企业的进入障碍就会很大，例如，建一座新的汽车厂或炼油厂，往往要投入很多的资金，承担较大的风险，所以很不容易进入。在完全垄断市场里，新企业的进入更难，一旦有新企业进入，垄断就不复存在。

2.5.1　完全竞争

1. 完全竞争的含义

完全竞争市场结构最基本的特征是产品的价格完全由市场决定，企业只是价格的接受者，对定价无能为力。完全竞争市场结构必须具备以下几个条件。

1)买者和卖者很多

买者和卖者的数量都很多，每个买者的购买量和每个卖者的销售量在整个市场的交易量中所占的份额都很小，以致他们都无力影响市场的价格。

2)产品同质

在完全竞争的行业里，各个企业生产的产品都是同质的。如果企业生产的产品有差别，那么顾客宁愿购买他所喜欢的某个企业或品牌的产品，也不购买另一个企业或品牌的产品。这样，企业就可以通过改变产量来影响价格。只有当各个企业生产的某种产品都是同质的，它们之间才具有完全的替代性。买者对于谁生产这种产品毫不关心时，企业才无力控制市场价格，完全竞争的要求才能得到满足。

3)企业进出行业自由

这是指企业进入或退出一个行业必须是很容易的。如果新企业进入一个行业存在障碍，就会削弱竞争，产品的价格就会被抬高。这时完全竞争就不再存在。

4)企业和顾客掌握的市场信息很充分

这是指企业和顾客完全了解市场上该种产品的价格和质量，如果不是这样，就会给一些人带来抬高价格的可乘之机，完全竞争的市场条件就会遭到破坏。显然，在现实生活中要完全具备上述条件是不现实的，完全竞争的市场结构是一种纯理论的模式。

2. 完全竞争市场均衡

1)短期均衡

完全竞争条件下，企业想取得利润最大化的最优生产决策如何形成呢？图 2-13 举例说明：在完全竞争条件下，产品价格由市场供求关系决定，单个企业不能决定产品价格，当某企业想定高价时，消费者会转而去买其他企业的产品，因为产品是同质的，因此对企业来说市场需求曲线是一条价格为 P 的水平线。每件产品的销售价格和收益均为 P，图形上显示为单位产品的价格等于平均收益(Average Revenue，AR)，也等于边际收益(MR)，即 $P = \mathrm{AR} = \mathrm{MR}$。平均成本(AC)和边际成本(MC)呈 U 形变化。

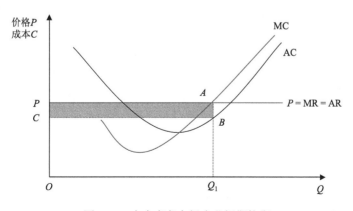

图 2-13　完全竞争市场企业短期均衡

那么，企业在平均成本曲线最低点对应的产量就是利润最大点吗？其实并不是，平均成本最低点只是单位产品的利润最大点，而只有在 MR=MC 时确定的产量水平才能让企业的总利润最大。因为当 MR>MC 时，意味着每增加一个单位的产品带来的收益大于其成本，企业不会就此停下生产，会选择继续更多地生产产品，而随着产量的增加，MR 逐渐减少，MC 逐渐增加，当 MR<MC 时，企业多生产一件产品，其收益将小于成本，企业会缩减产能，最终当 MR = MC 时，企业不再动态调整产量，而完全竞争市场中 P = MR，因此 P = MR = MC 是企业达到最优产量的条件，此时产量点在 Q_1，企业利润为 $PABC$ 围成的阴影面积。当市场价格 P 较高时，阴影面积大于 0，企业利润最大化；当市场价格 P 到 MR 线与本企业平均成本 AC 的最低点相接时，厂商利润 S_{PABC} 为零，但是实现了正常利润，此 B 点为厂商的收支相抵点；当市场价格 P 低于本企业平均成本但仍高于平均可变成本时，企业继续生产能带来贡献以弥补固定成本的部分支出，减少亏损，此时虽然亏损但仍然继续生产；而当价格降到低于平均可变成本时，企业生产的产品越多亏损越严重，应当停产。

因此在理论上完全竞争条件下，以追求利润最大化的企业总是在 P = MR = MC 的产量水平上生产，此时企业达到利润最大化（或者亏损最小化），产量为最优产量。

2）长期均衡

在完全竞争条件下，将企业长期的供需情况用图形表示，如图 2-14 所示。从长期看，企业除了经济利润会趋于消失外，还能选择最优规模，因此在看长期成本曲线时可以发现，S_0 为起初的供给曲线，P_0 为起初形成的市场价格，LAC 为企业的长期平均成本曲线，LMC 为企业的长期边际成本曲线。由于 P_0>LAC 的最低点，企业有经济利润，就会刺激、吸引新企业加入这个行业，使行业供给量增大。行业供给量增大使供给曲线向右推移，假定推移到 S_1 形成新的市场价格 P_1，此时 P_1 低于企业 LAC 的最低点，企业就会有经济亏损，经营业绩较差的企业会离开这个行业，行业供给量就会减少。由于行业供给量减少，供给曲线又向左推移，价格逐渐上涨，当上涨到 P_2 与 LAC 的最低点重合时，经济利润就变为零，新企业不再进入，原有企业资源得到合理利用，也不再离开，即处于均衡状态。由此可见，在完全竞争条件下，只要企业有经济利润，市场上就有一种力量使市场价格接近企业的平均成本的最低点，使经济利润消失。这时，企业处于长期均衡状态。因此，在完全竞争条件下，当企业处于长期均衡时，企业经济利润为零，可以实现资源的最优化配置。

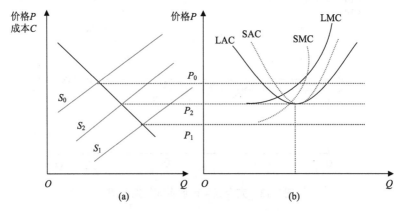

图 2-14　完全竞争企业长期均衡

2.5.2　完全垄断

1. 完全垄断的含义

垄断市场是指整个行业中只有唯一的厂商的市场组织。具体地说,垄断市场的条件主要有三点:①市场上只有唯一的厂商生产和销售商品;②该厂商生产和销售的商品没有任何相近的替代品;③其他任何厂商进入该行业都极为困难或不可能。在这样的市场中,排除了任何的竞争因素,独家垄断厂商控制了整个行业的生产和市场的销售,所以垄断厂商可以控制和操纵市场价格。

2. 形成垄断的原因

形成垄断的原因主要有以下几个。

(1)独家厂商控制了生产某种商品的全部资源或基本资源的供给。这种对生产资源的独占,排除了经济中的其他厂商生产同种产品的可能性。

(2)独家厂商拥有生产某种商品的专利权。这便使得独家厂商可以在一定的时期内垄断该产品的生产。

(3)政府的特许。政府往往在某些行业实行垄断的政策,如铁路运输部门、供电供水部门等,于是,独家厂商就成了这些行业的垄断者。

(4)自然垄断。有些行业的生产具有这样的特点:一方面,从企业生产的角度看,企业的规模经济需要在达到一个产量水平很高的生产规模时才能得到充分的体现,以致整个行业的产量只有由一个企业来生产时才有可能达到这样的生产规模;另一方面,从市场需求的角度看,只要发挥这一企业在这一生产规模上的生产能力,就可以满足整个市场对该种产品的需求。于是,在这类产品的生产中,行业内总会有某个厂商凭借雄厚的经济实力和其他优势,最先达到这一生产规模,从而垄断整个行业的生产和销售,这就是自然垄断。

(5)产品差异化。产品差异是指消费者感知的某一企业的产品与其他企业同类产品的不同。产品差异化就是企业通过种种努力使消费者认为本企业的产品远远优于其他企业的产品,使竞争企业的产品无法替代本企业的产品,达到阻止竞争企业进入的目的。需要说明的是,产品差异包括物理差异和心理差异,经济学所说的差异指的是心理差异,而非物理差异。

(6)网络外部性。网络外部性是一个较新的经济学概念,其基本含义是一种产品对用户的价值随着采用相同的产品或可兼容产品的用户增加而增大。通俗地说,就是每个用户从使用某产品中得到的效用与该产品用户的总量有关。用户人数越多,每个用户得到的效用就越高,即产品给每个用户带来的价值与使用该产品的消费者的数量成正比。微软公司的计算机操作系统的垄断地位就是依靠网络外部性获得的。之所以绝大多数计算机用户都使用微软的操作系统不是因为该操作系统技术最先进,更不是因为该操作系统价格最低,主要原因是其他人都在使用,如果你不使用该系统,就无法与其他人兼容,将成为一个与世隔绝的"信息孤岛"。

上述市场进入障碍既是一些行业成为垄断行业的原因,也是企业获得垄断地位的主要手段，获取垄断地位也是一些企业经营的目标之一。在上述垄断障碍中，控制原料需要巨大的财力，一般企业很难做到。规模经济和网络外部性是由产业特点决定的，政府许可取决于政府的意图，企业自身无法控制。因此，对于企业来说，最容易做到的是拥有专利权和实现产品的差异化。这就是许多企业热衷于新技术、新产品开发和做广告的主要原因。

3. 完全垄断市场均衡

如同完全竞争市场一样，垄断市场的假设条件也很严格。在现实的经济生活里，垄断市场几乎是不存在的。在西方经济学中，由于完全竞争市场的经济效率被认为是最高的，从而完全竞争市场模型通常用来作为判断其他类型市场的经济效率高低的标准，那么，垄断市场模型就是从经济效率最低的角度来提供这一标准的。在短期，垄断厂商在既定的生产规模下，通过对产量和价格的调整来实现 MR = SMC 的利润最大化原则。在 MR = SMC 的短期均衡点上，其利润可以大于零，或者小于零，或者等于零。当厂商的利润小于零（即亏损）时，厂商需要根据平均收益（AR）与平均可变成本（AVC）的大小比较，来决定是否继续生产（其决定原则与完全竞争厂商短期生产时的分析相同，在此从略）。在长期，由于存在进入障碍，企业的经济利润不会消失，这种利润称为垄断利润。由于垄断厂商是通过选择最优的生产规模来实现 MR = LMC 的利润最大化原则的，所以垄断厂商长期均衡的利润总是大于短期均衡的利润。

2.5.3 垄断竞争

完全竞争和完全垄断是市场结构中的两个极端，介于两个极端之间的是垄断竞争和寡头垄断。与完全竞争和完全垄断不同，垄断竞争和寡头垄断是在现实生活中大量存在的市场结构。

1. 垄断竞争的含义

垄断竞争市场是一个市场中有许多厂商生产和销售有差别的同种产品。根据垄断竞争市场的这一基本特征，西方经济学家提出了生产集团的概念。因为在完全竞争市场和垄断市场条件下，行业的含义是很明确的，它是指生产同一种无差别的产品的厂商的总和。而在垄断竞争市场，产品差别这一重要特点使得上述意义上的行业不存在。为此，在垄断竞争市场理论中，把市场上大量的生产非常接近的同种产品的厂商的总和称作生产集团，如汽车加油站集团、快餐食品集团、美容美发集团等。

2. 垄断竞争的主要特征

垄断竞争市场特征主要有三个：第一，行业中的企业数量多；第二，企业进出行业是自由的；第三，各企业生产的同种产品是有差别的。在这三个特征中，第一、第二个特征属于竞争性的，第三个特征则属于垄断性的，垄断竞争就是这些特征的结合。第一个特征意味着这个行业由许多中小企业组成，每个企业的产量只占市场总供给量的很小部分。因此一个企业的行为对市场不会有明显的影响，每个企业在决策时可忽略因自己的行为而引起的其他企业的反应。第二个特征意味着生产者可以随时参加生产，也可以随时退出生产，不存在人为的障碍。正因如此,从长期看,企业的经济利润会趋于消失。第三个特征中的"差别"主要是指顾客对不同企业生产的同种产品偏好不同。这种偏好的不同可能是产品有实质上的差异引起的,如服装质量不同、汽车性能不同等,也可能是一些主观上的因素或其他因素造成的,如广告、商标、包装方式、服务态度,甚至商店的地理位置等不同都能使某些顾客宁愿购买某企业的产品,也不购买另一企业的产品,从而造成产品之间的差别。产品差别越大,不同的顾客对自己偏好的产品就越忠诚。因此如果提高价格,企业不会失去全部顾客,如果降低价格也不会把全部顾客都吸引过来。

3. 垄断竞争市场均衡

在短期均衡中,垄断竞争市场上企业的产品是有差异的,具有垄断性特点,市场竞争情况更接近垄断市场。收益和成本各指标如图 2-15 所示。企业同样以追求最大利润为目标,当 MR = SMC 时为最优产量点,最优产量为 Q^*,最优价格为 P^*,此时企业总经济利润为阴影部分的面积,接近垄断市场的均衡情况。

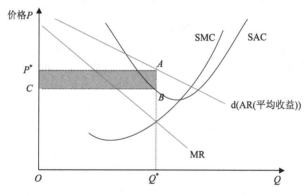

图 2-15　垄断竞争市场短期均衡

从长期看,垄断竞争和完全竞争一样,一是企业可以自由进出行业,二是企业可以选择最优规模。起初,行业在短期内有经济利润,会吸引新企业进入该行业,结果使该行业的供给量增加。供给量增加会使这种产品的价格下降,从而导致需求曲线向下移动。需求曲线向下移动,以至于需求曲线低于 LAC 曲线,企业就会亏损。如果行业出现经济亏损,一部分企业就会退出这个行业,行业供给量减少。行业供给量减少会导致产品价格上升,从而又使需求曲线向上移动。总之,在垄断竞争条件下,只要企业有经济利润或经济亏损,市场就有一种力量促使企业的需求曲线与它的成本曲线相切,使经济利润或经济亏损为零。这时,在这个行业里,企业不进也不出,处于长期均衡状态,在长期均衡的产量上,垄断竞争厂商的利润为零。

2.5.4　寡头垄断

1. 寡头垄断的含义

寡头垄断是指几家大企业生产和销售了整个行业的绝大多数产品,因此行业的竞争只在几家大企业之间展开。在现代社会里,寡头垄断是非常重要的一种市场模式。例如,在我国,石油、通信、矿产、钢铁等产品都是在寡头垄断的市场模式下生产和销售的;全国的通信服务主要由中国移动、中国联通和中国电信三家企业提供;微信、支付宝占据了第三方支付平台的半壁江山等。

2. 寡头垄断市场的形式

寡头垄断市场可以分为如下两种。

1)纯寡头垄断

纯寡头垄断或称无差别的寡头垄断。这是指在行业中几家企业生产和销售的产品都是同质的。通常,原料行业,如铝、水泥、钢铁、糖、铜等行业就属于纯寡头垄断。这类产品一般都有国家标准,顾客只要按型号、规格订货即可,不必考虑产品品牌,只需关心产品的价格。

2)有差别的寡头垄断

这是指在行业中,几家企业生产和销售的产品在顾客看来是有差别的。造成这种差别的因素很多,如不同的设计、商标、包装、信贷条件、服务态度等。在有差别的寡头垄断中,顾客不仅关心产品的价格,而且十分关心产品的商标或生产厂家。这种寡头垄断行业的产品有汽车、酒、烟、计算机、农业机械、筑路机械、洗衣机、电视机等。

3. 寡头垄断市场的特点

与其他市场结构相比,寡头垄断市场结构的一个显著特点是企业之间的行为互相依存、互相影响。在完全竞争和垄断竞争条件下,由于企业数量很多,一家企业的产量在整个市场中只占很小的份额,它的行动对于市场上的其他企业不会产生明显的影响。在完全垄断条件下,一个行业只有一家企业,也就不存在企业之间互相影响的问题。只有在寡头垄断条件下,由于一个行业只有几家企业,一家企业的行为对整个市场的影响才是举足轻重的。假如一个行业有两家企业甲和乙,属于无差别的寡头垄断,那么如果甲降价,乙的产品就会销不出去,因此一旦乙发现甲降价,就一定也要降价,这样甲企业的行为就引起了乙企业的反应,而乙企业的反应反过来又会引起甲企业采取进一步的行动。如果这个行业有不止两家企业,这种相互影响关系就会更加复杂,可能涉及竞争的所有方面,包括价格、销售量、产品特征、广告和促销、售后服务、企业兼并和创新等。每一家寡头垄断企业在做出重大决策之前都必须了解和估计竞争对手的行为和可能做出的反应,他们制定的竞争策略(Strategy)能否收到良好的效果,很大程度上取决于竞争对手采取的行动。

2.5.5　博弈论在电力市场中的应用

电力工业是由发电、输电、供电等环节构成的,生产上具有独特的规律,市场上具有较强的壁垒性,主要体现在以下几点:首先,由于电力供需必须瞬时平衡,电力在传输中具有融合特性,发、输、配、售的同时和协调性形成了电力市场的壁垒。其次,电力工业资金密集、技术密集、资本沉淀性强,具有明显的规模效益特征。长期以来,电力建设的投入主要依靠国家投入资金,从而形成了自然垄断的全系统壁垒结构。再次,电网分割形成了区域性壁垒。电力输送和电力销售都是建立在输电网络和供电网络的基础上，从而形成了与行政区划相对应的独立省网和跨省的区域电网结构的分割局面。功率分配通过独立省网和地区网中心调度来实现。省际之间，由于地理、环境、资源分布、经营理念等客观条件的不同，存在着较大差异。在"厂网分开"的条件下，电厂竞争上网主要是通过网内竞争来实现的，电网间的交易壁垒是明显的。因此，对不完全竞争市场上厂商的行为可以用博弈论（Game Theory）来分析，了解电力市场上不同决策者如何进行理性决策的原理。

1. 博弈论基础

博弈论是描述和研究行为者之间策略相互依存和相互作用的一种决策理论，近 20 年来，在经济学中得到了广泛运用，对寡头理论、信息经济学等方面的发展做出了重要贡献。由于电力市场基本是寡头市场，而且通常是信息不对称的，因此博弈论的应用有重要意义。博弈论研究中首先要明确研究的几个基本术语。

（1）博弈者（Player）：指一个博弈中的决策主体，他的目的是通过选择行动使自己的效用水平最大化。

（2）策略：参与者在给定信息集的情况下的行动规则，它规定参与人在什么时候选择什么行动。

（3）支付：又称为得益，指在一个特定的策略组合（Strategy Profile）下参与人得到的收益或效用水平。

（4）支付矩阵：用来描述两个或多个参与人的策略和支付的矩阵，也称"赢得矩阵"，是指从支付表中抽象出由损益值组成的矩阵。

（5）博弈均衡：指使博弈各方实现各自认为的最大效用，即使各方对博弈结果的满意，使各方实际得到的效用和满意程度是不同的。在博弈均衡中，所有参与者都不想改变自己的策略的一种相对静止的状态。

（6）非合作博弈：指一种参与者不可能达成具有约束力的协议的博弈类型，这是一种具有互不相容味道的情形。非合作博弈研究人们在利益相互影响的局势中如何决策使自己的收益最大，即策略选择问题。

（7）合作博弈：也称为正和博弈，是指博弈双方的利益都有所增加，或者至少是一方的利益增加，而另一方的利益不受损害，因而整个社会的利益有所增加。合作博弈研究人们达成合作时如何分配合作得到的收益，即收益分配问题。合作博弈采取的是一种合作的方式，或者说是一种妥协。妥协之所以能够增进妥协双方的利益以及整个社会的利益，就是因为合作博弈能够产生一种合作剩余。这种剩余就是从这种关系和方式中产生的，且以此为限。至于合作剩余在博弈各方之间如何分配，取决于博弈各方的力量对比和技巧运用。因此，妥协必须经过博弈各方的讨价还价，达成共识，进行合作。在这里，合作剩余的分配既是妥协的结果，又是达成妥协的条件。

（8）零和博弈：指参与博弈的各方，在严格竞争下，一方的收益必然意味着另一方的损失，博弈各方的收益和损失相加的总和永远为"零"。双方不存在合作的可能。

(9) 占优策略(Dominant Strategy)：每一个博弈中的企业通常都拥有不止一种竞争策略，其所有策略的集合构成了该企业的策略集。在企业各自的策略集中，如果存在一个与其他竞争对手可能采取的策略无关的最优选择，则称其为占优策略，与之相对的其他策略则为劣势策略。

(10) 纳什均衡：假设有 n 个局中人参与博弈，给定其他人策略的条件下，每个局中人选择自己的最优策略(个人最优策略可能依赖于也可能不依赖于他人的策略)，从而使自己的利益最大化。所有局中人策略构成一个策略组合。纳什均衡指的是这样一种策略组合，这种策略组合由所有参与人最优策略组成。即在给定他人策略的情况下，没有人有足够理由打破这种均衡。纳什均衡，实质上是一种非合作博弈状态。均衡达成时，并不意味着博弈双方都处于不动的状态，这个均衡是在博弈者连续的动作与反应中达成的。纳什均衡也不意味着博弈双方达到了一个整体的最优状态。

2. 博弈论经典模型

1)古诺模型

古诺模型假定一种产品市场只有两个卖者，并且相互间没有任何同谋行为，但相互间都知道对方将怎样行动，从而各自确定最优的产量来实现利润最大化，因此，古诺模型又称为双头垄断理论。

在古诺模型中，当一个企业的市场份额不可忽略时，为了实现利润最大化，它会将生产控制在使边际成本低于市场价格的某一水平。此外，一个企业通过行使市场力提高市场价格，这会使其他所有价格接受企业受益，因为它们的产品销售价格也得到了提高。

2)斯塔克尔伯格模型

一个产量领导模型，厂商之间存在着行动次序的区别。产量的决定依据以下次序：领导性厂商决定一个产量，跟随厂商可以观察到这个产量，然后根据领导性厂商的产量来决定其产量。需要注意的是，领导性厂商在决定自己的产量的时候，充分了解跟随厂商会如何行动——这意味着领导性厂商可以知道跟随厂商的反应函数。因此，领导性厂商自然会预期到自己决定的产量对跟随厂商的影响。正是在考虑到这种影响的情况下，领导性厂商所决定的产量将是一个以跟随厂商的反应函数为约束的利润最大化产量。在斯塔克尔伯格模型中，领导性厂商的决策不再需要自己的反应函数。

3)伯川德模型

伯川德模型是由法国经济学家约瑟夫·伯川德(Joseph Bertrand)于 1883 年建立的。古诺模型和斯塔克尔伯格模型都是把企业的产量作为竞争手段，是一种产量竞争模型，而伯川德模型是价格竞争模型，模型的假设如下：

(1)各寡头企业通过选择价格进行竞争；

(2)各寡头企业生产的产品是同质的；

(3)寡头企业之间也没有正式或非正式的同谋行为。

寡头企业间的产品具有很强的替代性，因此消费者的选择就是价格较低的企业产品，如果寡头企业价格相等则平分需求，于是每个企业都会竞相降价以争取更多顾客，当价降到等于边际成本时达到均衡状态。结论表明，只要市场中企业数目不少于 2 个，寡头间就会相互削价直到实现长期经济利润为 0。

伯川德模型假设价格为策略性变量更为现实，但是它所推导出的结果却过于极端，它假设了企业没有生产能力的限制，还假设了产品是完全替代的，这与现实不甚相符而遭到了很多学者的批评，因此也将其称为伯川德悖论。学者在研究市场中企业的竞争行为时，更多的是采用古诺模型，即用产量作为企业竞争的决策变量。

3. 博弈论在电力市场中的应用

博弈论是继控制论、系统论之后，用于电力市场研究的强有力的工具。用博弈论来解释并且设计一些用于电力市场的算法，是一个新鲜而具有挑战性的课题。正确运用博弈论关键要针对电力市场的特点正确选择模型，可以尝试在以下研究范围内思考博弈论的基本方法和模型。

1) 不完全及不完美信息博弈的研究

博弈的结果依赖于拥有的信息，采用什么样的信息披露政策是设计电力市场模式的一个方面。例如，电厂竞价上网，一个成功的报价不仅取决于自己的实力，还有赖于他人如何报价，但是各方往往不清楚互相之间的成本、报价等信息，因为这些信息都是各自的商业秘密。如何处理这种信息既不完全也不完美的博弈是一个重要的课题。

2) 自备电厂与公用电网之间的交易问题

用博弈论来分析、评价在分时定价的环境下拥有自备电厂的用户对定价的影响作用。自备电厂的用户既可以从公用电网购电，也可以自己发电来满足自身需求。为解决两者的冲突，有三种博弈模型可供选择：非合作博弈模型、合作博弈模型和超博弈模型。构造三个局中人，即公用电网、普通用户、带自备电厂的用户，并且假设他们的需求函数、边际成本、收益函数等均是线性的。

3) 区域间输电交易分析

互联网间短期电力交换是一种经济运行的手段。应用纳什博弈论来分析简单的两区域系统单时段交易，得出双方都可接受的交换功率和交易价格。在此基础上，又提出了一种两阶段迭代计算方法来处理外部交易计划与内部经济调度的协调。

4) 转运市场中电网的固定成本分摊问题

转运市场中的一个难题是网络输电服务定价，这个定价能够给网络使用者一个信号，以达到全网最优化，并且能够补偿网络的投资者，网损、变动成本、固定成本等费用在网络使用者中合理分摊，同时能够正确激励网络增容。节点实时价格(Nodal Spot Price)制度可以解决网损和网络阻塞问题。

小　结

本章主要介绍经济学的基本原理，希望在学习之后能较好地认知市场基本规律，提高决策的科学性。

资源总是稀缺的,一方面源于自然禀赋、要素投入、技术水平及其所决定的生产出来的产品和劳务的数量是有限的,另一方面源于人类对自身欲望的追求是无限的。经济资源的稀缺性使得经济个体必须进行选择,经济学中最重要的假设前提就是"经济人"假设,即每一个从事经济活动的人都是利己的。微观经济学笃行"市场看不见的手"可以自由调节资源到最优配置,因此完全竞争市场能达到一般均衡状态,但其论证前提过于苛刻,导致结论适用性并不强。判断资源配置的优劣可以用福利经济学的帕累托最优状态来说明资源达到最优配置。

需求定理:在其他因素保持不变的条件下,一种商品的价格上升,则对该商品的需求量减少;一种商品的价格下降,则对该商品的需求量增加。简言之,商品的价格和需求量呈反方向变动。

供给定理:在其他因素保持不变的条件下,一种商品的价格上升,则该商品的供给量增加;一种商品的价格下降,则该商品的供给量减少。简言之,商品的价格和供给量呈同方向变动。

商品的均衡价格表现为商品市场上需求和供给这两种相反的力量共同作用的结果,它是在市场供求力量的自发调节下形成的。

为了追求利润最大,厂商会采用适当技术进行生产,通常用生产函数表示生产中投入量和产出量间的数量关系,用以分析投入量变化导致的产量变化的基本特征与规律。

厂商的生产可以分为短期和长期,生产的短期指生产者来不及调整全部生产要素的数量,至少有一种生产要素的数量是固定不变的生产周期。生产的长期指生产者可以调整全部生产要素的生产周期。它们各自的生产技术特征和规律是不相同的。

任何管理决策都要对成本和利润进行分析,只有能降低成本和增加利润的方案才是可接受的方案。成本主要有机会成本、会计成本、增量成本、沉没成本、可变成本和固定成本。不同成本概念在决策中的使用是不同的。企业经营决策主要关注的是经济利润而不是会计利润。

电力市场生产具有独特规律,更接近寡头垄断市场,因此可以借助博弈论的基本分析方式对市场竞争进行决策指导。

市场结构按其竞争程度的不同分为四类:完全竞争、垄断竞争、寡头垄断和完全垄断。这四种市场结构在企业对价格的控制能力、卖者数目、产品差异程度和企业进出市场的难易程度等方面各不相同。

思 考 题

2-1 为什么产品的需求曲线向右下方倾斜,而供给曲线则向右上方倾斜?

2-2 政府对人民基本生活必需品规定最高价格,对该产品的供求关系会产生什么影响?

2-3 寡头垄断市场和完全竞争市场以及垄断竞争市场最主要的区别是什么?

习 题

2-1 某电力公司需要某种零件 1200 件,既可以从外部市场 Y 公司购买,也可以从公司内部分公司 S 分公司购买。如向 Y 公司购买,单价为 9 元/件。S 分公司的生产能力为 1600 件,其中 1000 件可在外部市场上出售,单价为 10 元/件,变动成本为 4 元/件。现在电力公司提出获得该批零件的三个方案:(1)全部从 Y 公司处购买;(2)全部从 S 分公司处购买;(3)分别从 Y 公司和 S 分公司处各购进 600 件。如果你是总公司的总经理,应选择哪个方案? 为什么?

2-2　一家垄断企业的需求方程为 $P = 200 - 4Q$,固定成本为 100 元,总可变成本为 $TVC = 2Q^2$。问:(1)利润最大化的价格和产量各是多少? (2)企业此时的经济利润是多少?

第3章 电力交易体系及定价原理

人们所熟知的商品交易,大都是买卖双方面对面地进行钱货两清的现货交易。电力作为一种特殊的商品,其生产、传输、使用同时完成,对应的交易过程也比一般的商品复杂得多。面对如今新的电力改革形势,电力市场交易体系的构建、有效的市场结构和交易机制设计、交易电价的制定,都将直接影响市场运行效率与运营秩序,以及各相关方的利益,还关系到市场主体参与交易的积极性,甚至在改革的成效方面也将产生很大的影响,对公司参与体制改革、未来的发展和定位也有着重要的决策意义。

进行商品交易时,买卖双方除了对商品的质量、数量和价格达成协议外,还需要商议确定其他相关事项,如商品交付的时间、结算方式以及其他附加交易条件等。如果买卖双方关于上述交易相关事宜处理的方式不同,他们参与的市场模式及结算方式等也会有所不同。

为简单起见,本章假定所有发电机与负荷均连在同一母线上,忽略输电系统的网损及阻塞,仅从原理上对电能交易体系进行描述。该描述过程将以电能交易为基础,先对电能交易商品及交易类型进行介绍,然后建立电力市场交易体系,阐明电能交易的竞价上网原理及结算机制。

3.1　电力市场中的交易商品

电力市场中的交易商品,与市场的发展程度有关,从最初垂直一体化模式下的电能(电量)单一商品交易开始,发展到如今的竞争模式下,除了电能之外,还有容量、辅助服务、物理合同及其金融衍生品等,不同的市场,可能会围绕以下这几种商品中的一种或几种进行交易。

3.1.1　电量

电量即通常所说的电能或电能量,属于能量的范畴,常用单位有千瓦时($kW \cdot h$)、兆瓦时($MW \cdot h$)、万千瓦时等,其为负荷在一定时间内消耗的有功功率。其中,千瓦时($kW \cdot h$)就是生活中常说的"度",如用了多少度电。

电力市场交易过程实质上是用经济手段使运营系统的电力电量平衡的过程。其中,电量平衡即电能平衡,是指某区域可用机组的发电量能否满足该区域一段时间内的电量需求。作为早期电力市场的交易商品,电量是电力市场交易体系中最重要的组成部分,以电量交易为基础,逐渐衍生出容量、辅助服务、物理合同及其金融衍生品等交易商品和市场,电量主要在现货市场和中长期市场中进行交易。

3.1.2　容量

容量是指发电机组装机容量的大小，其为功率范畴，常用单位有千瓦(kW)、兆瓦(MW)、万千瓦等。通常所说的电力平衡或负荷平衡，即指某区域内可用装机容量能否满足该区域尖峰负荷时刻的用电需求。而电力市场中的容量，和此定义相比有所拓展，更像是为系统安全、稳定运行而考虑的备用容量裕度。因爬坡速率或启停限制等约束条件，有些发电机不能对负荷的实时波动、电力系统突发故障、绿色能源供电的不稳定性等突发性事件做出及时反应，所以电力系统运行过程中，为安全、稳定运行考虑，不是所有的发电机组都用于发电，或者用于发电的机组也不是时刻满发，而是需要考虑留一部分机组或机组的一部分容量来作为突发事件的应急备用。当然，为回收投资成本，这一部分应急备用容量也需给予一定的补偿。考虑容量费用补偿之初，是把其作为服务商品在辅助服务市场中进行交易的，发展至今，也有一些国家设立了单独的容量市场交易，如美国 PJM 和英国电力市场。

综上所述，容量市场是在电能交易市场实践中独立出来的，对那些处在边际上或边际外的发电机组的一种价格补偿机制。引入容量市场的目的是维护系统总的装机容量或有效容量，从而保证有充足的发电资源能够被调用，以保证电网运行的可靠性，其对电力投资具有较强的指导价值。容量市场可以远期合同、期货、期权等形式进行交易。设立容量市场主要起到以下作用：

(1)以独立于电能交易市场的合理方式回收固定容量成本。在电力市场中，机组容量属于固定成本，且其成本费用数额巨大，难以在短期内进行回收，而电能市场中的交易及其结算机制一般考虑的是短期边际成本，所以设立单独的容量市场可以直接回收部分容量成本，降低发电投资风险，鼓励发电投资建设。

(2)为新的发电容量的投资建设提供适当的价格信号。如果没有适当考虑发电容量的充裕度，仅靠电能市场交易中剧烈波动的价格，很难反映出清晰的新增容量需求信号，而单独建立的容量市场交易中的价格则可提供此功能。

(3)竞争力弱的发电机组延缓退出市场。设立容量市场后，有些发电机组生产成本虽然高于市场出清价格，仍可以获得容量费用，使其在市场竞争环境下获得更长的生存时间，这使系统中的可用发电容量裕度得到提高。

(4)削弱电能市场中滥用市场力的可能性。若电力市场中只存在电能交易，发电机组的容量和电量成本收回时，不太容易判别发电机组究竟行使市场力与否，所以建立容量市场或支付容量费用后，使电能市场中发电企业的报价接近可变运行成本成为可能。又因为可变运行成本是可以近似估计的，所以根据估计的成本就可识别发电机组在电能交易过程中是否滥用了市场力。

3.1.3　辅助服务

归纳来说，辅助服务是指为保证电力系统安全、稳定、可靠运行而提供的一些补充服务。现在大多数的电力市场中，辅助服务主要是指将电能从发电厂输送到用户并保证运行安全和电能质量而需要采取的一切辅助措施。

目前，辅助服务的类型主要有负荷跟踪与频率控制、调峰、无功补偿、电压控制、各类备用、黑启动等。此外，调峰服务是我国特有的辅助服务市场交易品种。一般来说，对于需求量在很长时间内基本不变或变化很小的辅助服务，以及那些供应能力主要取决于设备参数的辅助服务，如电力系统稳定器与频率调整、黑启动能力、连锁跳闸计划等，一般可以通过中长期市场进行购买。而有些辅助服务则可能一天之中会多次产生较大的波动，或者它们的报价数量与电力市场存在紧密关联，此类辅助服务应当通过现货市场进行交易。但是，针对一部分必需的辅助服务，系统运营商和辅助服务提供者比较愿意混合使用远期合同与现货市场提供辅助服务。

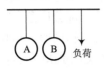

图 3-1　双机系统

当然，辅助服务的使用也会对电能交易市场造成一定的影响，例如，可能会降低电能交易的数量。

【例 3-1】　如图 3-1 所示的双机系统，假设两台发电机组 A、B 的容量均为 50MW，系统所能供应的最大负荷一般认为是 50MW，而非 100MW。因为当其中某台机组突然发生故障时，需要启用备用的 50MW 的容量进行填补。如果系统中的发电机的数量多一些，那么留作安全备用的容量就会小一些。

关于辅助服务的详细描述，后面有专门的章节详细讲解，在此不再赘述。

3.1.4　物理合同及其金融衍生品

电力市场中各种原因引起电价的波动性，使得越来越多的市场设计者和参与者认识到电力市场风险管理的重要性，所以电力市场除了现货交易外，还逐步发展形成了各种物理合同及其金融衍生品交易，以吸引更多的市场参与者，使市场趋向完全竞争模式，以减少价格波动带来的风险，降低交易成本。

电力市场中的物理交易主要是电能量市场交易，包括现货市场交易和中长期市场交易。现货市场和中长期市场交易的标的物都是电能量，在市场交易中买家和卖家都需要进行实物交割，只是中长期市场交易周期比现货交易长，通常为年度、季度、月度，所以需要签订合同来规范诸多交易细则。中长期市场交易中签订的合同，凡需要进行实物和现金交割的，均属于物理合同。

此外，随着市场的发展，伴随着物理交易，出现了各种金融衍生品。市场上常见的金融衍生品主要有差价合同、期货、期权、发电权等类型，这些金融衍生品的交易均不是实物的交割，只是合约或买卖权利的交易。作为电力市场物理交易的完善与补充，电力金融市场能够吸引广泛的市场参与者(如市场投机者)，增强电力市场的竞争性，帮助发现电力市场真实的电力现货价格，为市场参与者提供规避价格风险的手段。根据交易合同的标准化、定价机制、交易方式、风险价格透明性及结算机制等，可把电力金融市场交易分为场外交易(Over-The-Counter，OTC)和场内交易。电力金融衍生品场外交易先在美国、北欧、澳大利亚、新西兰等出现，后来逐步拓展至交易所(Power Exchange，PX)场内交易。

3.2   电力市场中的交易类型

不同的电力商品具有不同的交易周期和属性，按照交易周期的长短，电力市场交易可划分为现货和中长期合同等物理交易。在物理交易的基础上，又衍生出差价合同、期货、期权等金融市场交易。下面就各种交易类型分别作简单介绍。

3.2.1   现货交易

现货交易是买卖双方面对面进行的交易，买卖完成时钱货两清。此种交易方式沿袭了几个世纪，交易时没有附加条件，交易方式比较直接。现货交易的缺点是市场价格变化很快，例如，商品存储量有限而需求突增，将引起价格剧增，或者产品供给过剩而需求不足，将导致市场价格下降。

由于现货市场交易中商品价格会出现巨大而不可预测的变化，商品的供给者和消费者将面临相当大的经营风险。为了避免现货市场的价格经常发生无序的波动这一风险，人们引入了一些其他类型的交易，如下面所述的远期合同以及各种金融衍生品交易。

3.2.2   远期合同

远期合同（Forward Contract）是对未来一段时间内的电力电量进行交易而签订的合同，是参与者为了规避价格风险，通过双方谈判等方式达成的一种交易协议，可减少未来市场价格波动引起的利益损失。按交易周期尺度，可分为年度、季度、月度等电量合同，并对所形成的交易计划进行实物现金交割和结算。以这种合同进行市场交易的电能数量占大多数。

签订远期合同的交易双方在中长期合同交易市场中规定，在未来某一段时期，按约定的价格购买或销售一定的电能。中长期市场提供了类似于其他存储商品的某种事先保存功能，它使电能可以被"虚拟"地以双方议定的价格储存起来，一方面可以满足合约签订双方对于未来的获利和风险减小等方面的要求，另一方面也对实时电价的突然波动起到平衡作用，降低市场电价风险，形成合理的市场价格，从而维持电力市场的稳定运营。

世界各国的电力市场都大量存在远期合同交易。例如，英国在电力市场运营的初期几乎超过 80%的电力交易都是通过远期合同来进行的。我国的电力市场目前实现了厂网分家，开放了发电侧电力市场，远期合同作为交易双方规避风险的一种工具，也被广泛采用，例如，试运行的华东电力市场超过 80%的电量交易都是通过签订远期合同的方式来进行的，而竞价电量只占全年负荷电量的 10%～20%。

3.2.3   金融衍生品交易

伴随着电力市场的物理交易，发展出容量、辅助服务等市场交易，同时还衍生出金融衍生品交易，下面是金融市场中常见的几种交易类型。

1. 期货

作为远期合同交易的补充调整，商品生产者和消费者还能对标准远期合同进行买卖，形成二级市场。该市场的存在使得交易各方能更好地管理现货价格波动风险。二级市场的参与者并不局限于商品生产或消费企业，那些不能交付实物商品的交易者可能也想参加该市场。此类交易者实际上是投机商，他们希望签订一份在未来进行交付的合同，等待日后以高价抛售出去，同样地，投机商也可以先卖出一笔合同，并且期待在日后以更低的价格买入另一笔合同。由于上述合同无须进行实物交割，因此把它们称作期货合同（Futures Contract）。

投机商愿意帮助买卖双方分担未来的不确定性风险，必然要求获得一个较好的价格，即不愿承担风险的企业为了规避风险而付钱给愿意承担风险的投机商。投机商无须面临价格之外的其他风险，他们所具有的充足财务资源将使其处于一个比较有利的位置，从而可以在长期运作中抵偿损失并获得一定的利润。此外，多数投机商的经营范围并不局限于一种商品，通过在不同种类商品市场进行分散投资，他们能进一步增强自身的风险抵御能力，尽管投机商会从交易中获得利润，但他们的存在增加了市场参与者的数量和多样性，所以总体来说，市场会因他们的投机活动而受益。

2. 期权

上述的远期合同和期货合同属于固定合同（Firm Contract），均为无条件交付。对于任何一个无法按合同规定数量交付货物的卖主而言，他都必须在现货市场上购买相同数量的商品进行补充。同样地，任何一个无法消纳全部交付商品的买主，他都需要将多余的商品在现货市场上进行出售。换句话说，商品的不平衡量将以交付当天的现货价格进行清算，但在有些情况下，市场参与者更希望签订有条件交货合同，这也就意味着只有在合同持有者觉得履行合同有利可图时，该合同才会得到实际执行，这样的合同称为期权（Option）。它可以划分为两种类型：买入期权（Call）和卖出期权（Put）。买入期权赋予持有者按照行权价格（Exercise Price）买入规定数量商品的权利。卖出期权赋予它的持有者以行权价格卖出规定数量商品的权利。期权的持有者是否决定执行合同赋予的权力，取决于商品的现货价格。欧式期权只有在到期日（Expiry Date）才能执行，而美式期权可以在到期日之前的任意时间执行。当交易者达成期权合同时，期权的卖主会从期权的买家手中得到一笔不可退还的期权费。

下面举例说明期权的交易原理。

【例 3-2】　假设在某年的 6 月 1 日，HN 塑胶厂向 HX 电力公司以欧式期权购买了 600MW·h 的电能，交付日为次年的 6 月 1 日，到期行权价格为 150 元/(MW·h)。到期那天的某个交付时段，电能的现货价格是 160 元/(MW·h)，HN 塑胶厂将以比期权行权价格高出 10 元/(MW·h) 的价格买入电能，此时这一买入期权的价值为

$$600 \times 10 = 6000（元）$$

由此可知，买入期权的执行方式是：HX 电力公司交付 600MW·h 的电能，HN 塑胶厂

付给 HX 电力公司的费用为

$$600 \times 150 = 90000(元)$$

与之相反, 如果 6 月 1 日这天的现货价格低于买入期权的行权价格, 此时期权就没有行权价值, HN 塑胶厂可以选择放弃期权的执行, 而直接通过现货市场购买更便宜的电能。

【例 3-3】　HX 电力公司也可以买入电能的卖出期权。例如, HX 电力公司也在某年 6 月 1 日向 YG 钢铁厂以欧式期权买入 500MW·h 电能的卖出期权, 交付日为次年的 6 月 1 日, 到期行权价格为 180 元/(MW·h)。到期那天的某个交付时段, 电能的现货价格是 200 元/(MW·h), HX 电力公司将不会执行期权, 而是选择直接在现货市场出售电能。相反, 若是到期那天的现货价格为 160 元/(MW·h), 此时卖出期权将具有 500×20=10000(元) 的价值, HX 电力公司将选择执行此期权。

因此, 购买期权合同可以看作这样一种方法: 合同持有者能够规避以低于现货价格的价格交易商品的风险, 从而可以较好地保护自身利益。与此同时, 它使得期权持有者能够以高于行权价格的价格进行自由交易。期权的卖主将代持有者承担价格风险, 作为承担风险的补偿, 卖主会要求以一定的期权费用卖出期权合同。期权费是购买者的一种沉没成本, 它并不影响期权的执行。

需要注意的是, 电能的期权合同交易还没有得到广泛应用。当然, 需要看到的是, 电能备用容量远期合同常常同时包含期权费用和行权价格, 在形式上比较接近期权合同。

3. 差价合同

有时候, 许多商品生产者和消费者不允许进行双边协商, 无法选用远期合同、期货合同或期权合同来避开交易风险, 只能通过集中市场进行交易。在上述情况下, 交易双方经常会借助一种可以与集中市场并存的差价合同(Contract for Difference)机制。在差价合同中, 买卖双方可以商定商品的履约价格(Strike Price)和交易数量, 签订差价合同后, 就可以和其他市场参与者一样参与集中市场, 一旦集中市场上的交易完成, 差价合同就可以按照如下方式进行结算:

(1)如果差价合同的履约价格高于集中市场的价格, 购买方需要向卖出方支付一定金额, 它等于这两种价格的差价乘以合同规定的交易数量。

(2)如果差价合同的履约价格低于集中市场的价格, 卖出方需要向购买方支付一定金额, 它等于这两种价格的差价乘以合同规定的交易数量。

简单来说, 差价合同就是一种按照之前签好的合同进行多退少补的交易行为。通过差价合同, 可以使交易双方既能够参加集中市场交易, 又能规避对应的交易风险。差价合同也可以认为是具有相同行权价格的买入期权和卖出期权组合, 除非市场价格恰好等于履约价格, 否则这两种期权中必定有一种期权被执行。

下面举例说明差价合同的交易原理。

【例 3-4】　假设 YG 钢铁公司被强制要求参与集中竞价电力市场的电能交易, 由于该市场的电能价格极不稳定, 为了能尽量规避所面临的价格风险, YG 钢铁公司与 HX 电力公司签订了一笔差价合同, 该合同规定在未来一年内每个小时的电能交易量均为 500MW, 对

应的成交价格是 160 元/(MW·h)。假设在某一特定的小时交易时段，电能的现货市场价格
为 176 元/(MW·h)，YG 钢铁公司在此时段购买了 500MW·h 的电能，它需要在集中电力市
场上支付的金额是

$$500 \times 176 = 88000(元)$$

　　HX 电力公司此时向集中市场供应的电能是 500MW·h，按照集中市场的现货价格，它
可以取得的收入也是 88000 元，但按照差价合同，HX 电力公司需要退还 YG 钢铁公司的金
额为

$$(176 - 160) \times 500 = 8000(元)$$

　　因此两个公司就以 160 元/(MW·h) 的价格完成了 500MW·h 的电能交易。如果集中市
场上的价格低于 160 元/(MW·h)，为了结算差价合同，YG 钢铁公司将付钱给 HX 电力　　公
司。

4. 发电权

发电权交易是建立在两个发电主体之间的一种特殊的远期合同交易，是指发电企业由
于发电原料不足、机组计划外检修、发电成本高、污染排放大等原因，以双边协商、集中
竞价、挂牌等市场化方式向其他发电企业转让基数电量合同、优先发电合同等合同电量的
交易行为，常用于缓解我国西北地区弃风弃光问题。

在实际电力市场交易过程中，各种市场交易相互关联和交织，例如，容量市场和辅助
服务市场中可以有远期合同、现货、金融合同等交易并存。学习时可借助各种交易的性质、
特点和结算方式，以及有无实物现金交割等进行区分。

3.3　电力交易市场

电量、容量、辅助服务、物理合同及其金融衍生品等电力市场商品，具有其特殊性，
也具有一般商品属性，其交易可以是分散式的，也可以是集中式的。

1. 分散式交易的三种主要形式

分散式交易比较灵活，可以是买卖双方直接当面进行交易，也可以通过各种中介(如经
纪人、经销商、电子公告牌等)进行交易，其交易形式主要有以下三种。

(1) 远期合同：此类合同非常灵活，以双边交易为主，供需双方可以通过私下协商，达
成同时满足双方需要及目标的条款，该类交易一般会产生数额较大的交易费用，所以一般
涉及的交易量很大(数百或者数千兆瓦以上)，且时间跨度较长(几个月到几年)时才采用此
种交易。

(2) 场外交易：这类交易是指在交易所以外进行的小额电力商品交易，通常采用标准合
同形式，合同规定了一天与一周之内各时段应交付的标准电量。这种合同的交易商品和费
用都比较少，一般在实际交割发生前的很短时间内，生产者与用户想要对交易情况进行调
整时，可以使用此类交易。

(3) 电子交易(Electronic Trading)：这种交易也称为"挂牌交易"，需要以计算机和网络为基础，在交易过程中，售电方可以在市场的电子屏上进行电力报价，而购电方也可以在电子屏上报出自己可接受的投标，买卖双方就像挂出自己的牌子，所有市场成员可以看到每笔电能的数量与价格，但不知道各报价与投标具体对应哪个参与者。如果有一个成员提交了一笔新的报价，交易执行程序会对报价对应的交付时段进行扫描，寻找与之匹配的投标。如果程序发现有某一投标的价格高于或等于此报价给出的价格，即自动达成一笔交易，成交数量与价格会向所有成员发布，如果没有发现合适的投标，这一新增报价会被添加到未成交报价重新排序。只有在如下三种情形下，报价才会被清除出该序列，即找到匹配的投标、报价撤销或因为对应时段的市场关闭而造成流标。

上述三种交易形式不存在"官方"价格，每一笔交易的成交价格均由交易双方独立决定。远期合同的详细条款通常视为私人信息；"场外"交易需要提供一些信息咨询服务，并在不暴露交易参与各方身份的前提下发布这些信息；电子市场交易需要通过计算机和网络了解市场的状态与发展趋势。

当分散式交易发展成由同一个机构来负责所有交易时，它就转化成集中式交易。

2. 集中式交易

集中式交易是通过中介组织，以公开竞价的形式，将特定的物品或财产权利出售给最高应价者。电力市场在集中式交易的竞价过程中，可通过市场竞争自然得出出清电价，这种交易方式发现的价格是一种供给和需求均衡状态下的价格，比较接近电能生产边际成本或用户边际价值。

由于电力需求(电力负荷(Demand Resource))的实时波动，电能生产边际成本的不固定性，电能成为没有固定价格的商品，如果这类商品全部进行分散式交易，将产生巨大的信息数据和交易费用，此时采取集中式交易就很必要。

相对于分散式交易，集中式交易所占的市场份额不是很大，却极其重要。对于任何一种商品，市场成员的合同购买或销售量与实际需要或生产量之间，总会存在一定的差异，集中式交易市场在发现均衡价格的同时，也提供了一种补偿不平衡量的机制。

目前的集中式交易主要有两种形式，一种是在电力联营体基础上建立起来的电力库(Electricity Pool)模式，它是由早期的垄断公用事业联合相邻服务区所创立的，由中介等市场组织机构把购售电双方集中组织在电力库中进行交易，然后统一出清。集中式交易的另一种形式是现货市场交易，发电与负荷的不平衡量可以在此市场中得到快速平衡，平衡电力系统所用的电能来自市场成员的自由投标，投标价格由市场成员自己决定，所以它是一种市场机制，又因为它决定了不平衡量的结算价格，所以它是现货市场，同时也是一种集中市场，报价与投标的中标情况取决于第三方(即系统运营商)，而不是双边自由协商定价。因集中式现货市场具有的功能和特点，它还有其他的名称，如备用市场、平衡机制或平衡市场等。

另外，虽然集中式交易有诸多优点，但对于那些长期稳定的交易，还是以分散式交易为宜，没必要进入集中式交易而产生不必要的交易费用。在电力市场交易过程中，分散式交易和集中式交易是互相补充共存的关系。

3. 按交易周期划分电力市场

电力市场的分类可以有多种方法，如按是否进行实物交割划分为物理市场和金融市场；按商品性质不同又可以划分为电量、容量、辅助服务、物理合同及其金融衍生品市场交易等。这里主要根据不同电力商品具有不同的交易周期来进行划分，大致分为交易周期较长的中长期市场、以天计量的日前市场、以时计量的实时市场等。交易过程中，随着交易时间的推移，还需不断对市场交易商品进行调整，以此来保证电力系统的稳定运行。

中长期市场、日前市场、实时市场等电力交易市场之间，以交易时间为序进行互相衔接和协调。虽然大量电能是在中长期市场以远期合同交易完成的，但由于电力具有供需实时平衡的特性，故交易时间过长将不能应对突发事件，所以应运而生了以日和时为交易周期的日前市场和实时市场(有些市场还在日前市场和实时市场之间划分了日中市场)，这两种市场以现货交易为主，其交易的商品是中长期市场未能平衡的电能以及短期内突发事故引起的变化量。其中，日前市场交割和结算的电能较多，比实时市场早一日或几日先进行交易，对大部分电能进行交割，剩下的少部分不平衡量，或后续发生突发事故引起的变化量，留到(日中市场或)实时市场进行平衡。

电力市场中，根据各电力商品不同的交易周期，构成图 3-2 所示的交易时序。其中，年度合同市场和月度合同市场均属于中长期市场；日前市场作为中长期市场和实时市场的衔接，可以有分散式交易和集中式交易，主要是对中长期市场交易变化量进行调整，仍然不能调整的量将进入实时市场；实时市场还可细分为日内市场和小时段市场，主要是对各种原因引起的不平衡量进行集中式现货交易。此外，金融市场的各种合同交易将交织穿插在整个交易过程中。所有的市场均在交易完成后进行结算和出清。

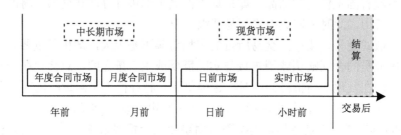

图 3-2 电力市场交易时序

实时市场是一种集中式交易市场，而衔接中长期市场和实时市场的日前市场，其交易形式可以是分散式交易、集中式交易或两者的混合。不过，成熟电力市场的目标之一是将电能像其他商品一样进行交易，因此，随着市场的发展，日前市场中集中式交易的成分将越来越少，大部分集中式交易将体现到实时市场中。

下面分别对中长期市场、日前市场、实时市场的交易机制进行详述。虽然各国的交易体系可能有所不同，但究其市场交易原理，却是基本一致的，本节忽略输电阻塞、网损以及各种安全约束，以电能交易市场为基础，仅从原理上对这些市场交易类型作介绍。

3.3.1　中长期市场

中长期市场主要是通过远期合同进行交易的。例如，HN 塑胶厂因担心电价波动，非常希望现在就能"锁定"一个可接受的电价，能否找到愿意进行这样的交易的电力企业呢？正如 HN 塑胶厂担心电价波动一样，HX 电力公司也需要相对稳定地售卖电能以获得稳定的收益。为此，如果能够协商出一个双方都可以接受的价格，他们将在某年签订一份次年购售电的交易合同，此类合同即为远期合同。这一合同需规定以下内容：

(1) 电能的交付数量和质量；

(2) 交付日期；

(3) 交付后的付款日期；

(4) 某一方违约时，应当赔偿的违约金；

(5) 成交价格。

在现货价格不确定的情况下，买卖双方需要怎么做才能商谈出次年的商品交付价格呢？买卖双方(以电力公司和塑胶厂为例)首先会计算出商品交付时间点上的最佳估计价格，为了准确地给出估计价格，电力公司和塑胶厂需要考虑现货价格的历史数据，同时还要考虑关于发电量、塑胶厂用电量、长期气候变化、燃料变化等其他方面的信息。因为很多信息都是公开的，所以一般来说双方的估价都不会有太大的差异。由于在价格谈判中所处的地位不同，合同协议价可能与最佳估价之间有所差异。如果塑胶厂担心届时将出现非常高的现货价格，那么即使合同价格高于其对现货价格的期值，其可能也会接受。现货市场价格期望值与远期合同协议价之间的差额即为风险贴水，它代表了电力公司为了降低价格及风险所愿意支付的额外费用。反过来说，如果塑胶厂对涨价风险的抵御能力较差，电力公司就可能得到较高的协议价格，该价格反映了电力公司在现货价格期望值之外所获得的风险贴水。

中长期市场上，如果商品交付时的现货价格高于协议价格，远期合同对卖方来说意味着受损，而买方则会因此受益；反之，如果商品交付时现货价格低于协议价格，远期合同会让买方受损，同时让卖方受益。上述损失与利润反映出了这样一种情况，即一方通过现货市场能取得更好收益，而另一方则会变得更差，因此它们只是"账面利润"和"账面损失"。不管怎样，"账面损失"意味着企业买入或售出的商品的价格不如其他的竞争者，减弱了企业的竞争能力。

远期合同让交易者以双方都接受的价格进行交易成为可能，它提供了一种让买卖双方共同承担价格风险的方法。在长达数年的时间里，双方可以不断地签订类似的远期合同，以高出或低于期望现货价格的价格进行交易。如果他们对未来的现货价格预测准确，从长期看，平均现货价格与平均远期价格之差就等于平均风险贴水。接受风险贴水的一方同时必须承担价格波动风险。在此基础上，多名参与远期交易的对象就形成中长期市场。中长期市场让所有参与者接触到大量潜在交易对象，并帮助其判断交易方给出的价格是否合理。

下面举例说明中长期市场的交易流程。

【例 3-5】　表 3-1 是 HX 电力公司三台发电机组的类型及参数。该公司在制定发电竞争策略时，因大型燃煤机组边际成本低，启停费用较高，所以不轻易启停，一般为长期运行的发电状态，充当基荷机组；边际成本稍高的中型燃煤机组，允许有启停调整，但开启后应尽量多地发电，作为腰荷机组；燃气轮机启停费用很低，可以随时快速启停，但边际成本较高，作为峰荷机组。

表 3-1　HX 电力公司的三台发电机组类型及参数

发电机组	类型	最小出力/MW	最大出力/MW	边际成本/[元/(MW·h)]
A	大型燃煤机组	100	500	80.0
B	中型燃煤机组	50	200	104.0
C	燃气轮机	0	50	136.0

在制定以上发电生产策略后，结合市场情况和机组参数，HX 电力公司签订了一系列远期合同，如表 3-2 所示。

表 3-2　HX 电力公司签订的远期合同交易情况

交易类型	合同签订日期	售电/购电	交易数量/(MW·h)	电价/[元/(MW·h)]
远期合同	1 月 1 日	售电	200	100.0
远期合同	2 月 1 日	售电	250	102.4
期货	3 月 1 日	售电	100	112.0
期货	4 月 1 日	购电	80	108.0
期货	5 月 1 日	售电	50	110.4

表 3-2 中，4 月 1 日该公司以 108.0 元/(MW·h) 的价格购买了 80MW·h 的电量，这是因为以此价格购买的合同可以和已售出的合同对冲后，在减少发电的情况下还有利可图。于是，HX 电力公司执行签订的远期合同时需要的发电量为 520MW。

那么，签订远期合同后，这些电能又是如何分配到具体时段进行生产的呢？由于电力供需的瞬时平衡，合同电量的执行最终必须与现货市场衔接，并分配到实时发电计划的各个时段。一般分配过程是：按照一定的分配方法(如根据历史用电数据按比例分配)把年度合同电量分配到各月，再融合该月新增合同电量构成月发电计划，然后分配到日，最后融合日新增电量分配到各个具体时段，形成各个发电机组的发电计划。电力公司在远期合同电量的分配中，会根据对未来电力市场出清电价的预测，在满足系统安全约束及维持市场平稳的情况下，将合同电量尽量分配到电价预测值较高的月份，而在电价预测值较低的月份，尽量通过购买竞价电量来满足负荷需要，达到总购电费用的最小化。这些过程需要建立一定的数学模型，通过计算机自动计算来执行。

假设表 3-2 中所有合同电量均被 HX 电力公司分配到 6 月 2 日 13:00～14:00 进行发电生产。这些合同电量分配好后，HX 电力公司需要到日前市场中去进行交易调整，然后进行交割与结算。下面，先了解日前市场的交易过程，而后是实时市场，最后综合结算。

3.3.2　日前市场

前面说过,日前市场是衔接中长期市场和实时市场的关键性交易市场,该市场中的交易可以是分散式和集中式的,也可以是它们的混合,一般提前一天或几天组织市场交易。但日前市场以集中式交易为主,对各种中长期、期货和期权等合同签订之后市场需求发生的变化量进行竞价调整,并在该市场中进行交割和结算。通过市场集中竞价功能,市场成员能够比较准确地预测自身的发电能力或用电需求。下面对日前市场中的两种交易模式进行介绍。

1. 集中竞价调整模式

此模式的调整过程是:对中长期市场交易后的变化量,有些发电商可按照报价规则向市场运营机构申报调整,其调整电量和电价按照当日合同执行,然后由市场运营机构确定市场出清电价和各发电商的发电计划。日前市场中集中竞价调整模式的交易流程大致可以分为以下几步。

首先,发电公司先对自己的机组的成本特性进行分析,针对不同特性的机组采取不同的经营策略。例如,把启动成本较大但运行成本较低的机组作为基荷机组,尽量保持这类机组不间断运行;把有启动成本且运行成本也略高的机组作为腰荷机组,在其开启运行的情况下尽可能多发电;而启动成本可忽略不计,但燃料或运行成本较高的机组,一般作为峰荷机组,在市场价位合理时,适时启动它,并在价位走低后随时关停。

其次,某时段的日前市场开放前,发电公司先明确该时段中长期合同交易的分配情况,并按照发电成本最低的原则,优先安排它们承担合同交易。在承担合同任务后,仍有富余容量时,再考虑在市场开放后,在其中投标寻找可能的机会,以实现更多的盈利。

最后,若一切正常,发电公司此时段的交易就告结束,但作为缓冲调整,日前市场的开放都会保持一定时间,如果此期间发电公司遇到一些意外情况,需要调整发电计划,那么可以继续在市场上寻找交易机会,这有助于控制发电成本,减少损失。当然,这段保持时间也不能过长,否则不利于系统运营商安排调度。

下面继续以 HX 电力公司的发电交易为例,对日前市场中的集中竞价调整模式交易过程进行说明。

【例 3-6】 因表 3-2 中的合约电量在 6 月 2 日 13:00～14:00 执行,所以需要在 6 月 1 日 13:00～14:00 的日前市场进行交易与交割。表 3-3 即为此时段交易中心的交易情况。

表 3-3　CY 电力交易中心日前市场对应时段的交易情况

6 月 1 日 13:00～14:00	交易标识码	交易数量/(MW·h)	电价/[元/(MW·h)]
售电报价	B5	30	140.0
	B4	30	130.4
	B3	20	115.2
	B2	10	111.2
	B1	25	109.6

续表

6月1日 13:00~14:00	交易标识码	交易数量/(MW·h)	电价/[元/(MW·h)]
购电投标	O1	50	108.0
	O2	50	106.4
	O3	50	106.0
	O4	30	102.4
	O5	50	100.4

　　先分析表 3-2，从中知道 HX 电力公司需要执行的中长期合同量为 520MW，而其机组出力为 750MW，还有 230MW 的容量富余。那么，该公司需不需要在 6 月 1 日 13:00~14:00 的日前市场中做交易调整呢？

　　再分析表 3-3 的交易情况，可以看到，市场上的购电投标 O1、O2、O3 的价格均高于 HX 电力公司的 B 机组的边际成本，该公司在中长期市场上成交 520MW 的交易量，其中 500MW 安排 A 机组全部满发承担，那么还剩 20MW 由 B 机组来承担，但此电量小于 B 机组的最小出力，B 机组还有 180MW 的容量富余，可以继续报价售电，从而接下 O1、O2、O3 的投标量。然后 B 机组仍有 30MW 的容量剩余，但此时剩余的购电投标价格已低于该机组的边际成本，所以 HX 电力公司选择不再继续接标。此时的 C 机组因发电边际成本更高未能中标而处于待机状态。

　　然而，就在 6 月 1 日 13:00~14:00 的交易还有 30min 就要结束时，HX 电力公司的 B 机组出现状况，虽然可以继续发电，但是出力只有 100MW，那么，不能完成的合同发电量有 70MW。因为此时市场还未关闭，HX 电力公司立即观看市场交易竞价情况，此时的交易情况已经变动，如表 3-4 所示。

表 3-4　CY 电力交易中心对应时段的竞价变化情况

6月1日 13:00~14:00	交易标识码	交易数量/(MW·h)	电价/[元/(MW·h)]
售电报价	B5	30	140.0
	B4	30	130.4
	B3	20	115.2
	B6	20	114.4
	B8	10	112.8
购电投标	O4	30	102.4
	O5	50	101.6
	O6	50	100.4

　　因实时市场电价波动较大，为稳定起见，HX 电力公司尽量考虑在日前市场中把交易调整完成。现在，需要分别分析购售电报价：只要市场上有低于 B 机组边际成本的售电报价，就采取购电的方式来对冲 B 机组本身未能完成的远期合同发电缺额，但表 3-4 中已经没有低于 B 机组边际成本的购电投标，所以将启动 C 机组发电；如果有低于 C 机组边际成

本的售电报价，也可以不启动 C 机组，而是通过购买合同来进行对冲；当然，如果有高于 C 机组边际成本的购电投标，也可启动 C 机组发电去售卖。继续分析表 3-4，此时，B4、B3、B6、B8 的售电价格虽然都高于 B 机组的边际成本，但却均低于 C 机组的边际成本，其组合售电量共 80MW，可以对冲未能完成的远期合同发电缺额。这样，HX 电力公司不用启动 C 机组也可以完成所有交易调整。当然，如果调整仍然未能全部完成，或是市场已经关闭，就只有留待实时市场的开启再继续进行调整了。

此时，HX 电力公司在日前市场的交易情况如表 3-5 所示，最终确定发电计划为 590MW，其中，A 机组发电 500MW，B 机组发电 90MW，C 机组处于待机状态。但此时还不能结算，因为在针对短期波动的实时市场进行最后的平衡之后才能结算。

表 3-5　HX 电力公司在日前市场的交易情况

交易市场	购/售电标识码	交易数量/(MW·h)	电价/[元/(MW·h)]
中长期市场	售电	200	100.0
	售电	250	102.4
	售电	100	112.0
	购电	−80	108.0
	售电	50	110.4
日前市场	售电 O1	50	108.0
	售电 O2	50	106.4
	售电 O3	50	106.0
	购电 B4	−30	130.4
	购电 B3	−20	115.2
	购电 B6	−20	114.4
	购电 B8	−10	112.8
合计		590	

由上述交易流程可见，日前市场的集中竞价调整模式是远期合同的一个交易再调整的过程。

2. 电力库模式

电力市场竞争初期，双边交易方式的引入是不完全被接受的，有人认为它不符合电力系统的运行，因为电能是混合性商品，从发电至输送到用户是混合在一起的，无法分辨是哪家发电公司发的电，所以他们认为一对一的双边交易不适合这种混合性商品，而应该是所有生产者与用户结合电能的物理特性，共同参与商定交易。正是在这样的背景下，出现了由垄断公用事业联合相邻地区建立起来的电力库，也称电力联营体。它采用了一种系统的方法来实现市场均衡，其运营模式大致总结如下：

(1)在电力库的市场交易中心，发电公司按照一定的市场规则，在对应的交易时段提交电量的报价。交易中心把所有发电公司的报价和电量按从低到高的顺序排序，形成供应曲线。

　　(2)同样,用户的购电价格和数量也要报给交易中心,并按从高到低的顺序进行排序,形成需求曲线。有些情况下此步也可省略,直接用负荷预测数据代替,此时的需求曲线则变成一条垂直线。

　　(3)市场均衡点即为供应曲线和需求曲线的交点,如图 3-3 所示,均衡点对应的电价即为市场出清价。市场按照此电价出清,所有报价低于市场出清价的发电商得以进入市场发电,所有报价高于市场出清价的用户成功购买到电。因为市场出清价代表该点对应机组的边际成本,所有发电商和用户都按此价格进行收支,所以此市场出清价又称为系统边际电价(System Marginal Price,SMP)。

　　(4)市场交易中心按照收益最大化原则,匹配购售电交易。把要价最低的发电商配给出价最高的用户,直到没有用户的出价高于发电商的要价为止。这种匹配方式激励发电商贴近自身机组的边际成本报价,更容易成交,在一定程度上体现了市场竞争机制。

　　【例 3-7】　表 3-6 为 CY 电力交易中心某个时段的交易情况。

表 3-6　CY 电力交易中心 6 月 2 日 15:00～16:00 竞价情况

项目	交易公司	电量/(MW·h)	电价/[元/(MW·h)]
售电报价	厂一	100	96.0
	厂一	50	120.0
	厂一	50	160.0
	厂二	150	128.0
	厂二	50	136.0
	厂三	100	104.0
	厂三	100	128.0
购电投标	一司	50	112.0
	一司	100	184.0
	二司	50	88.0
	二司	150	176.0
	三司	50	80.0
	三司	100	200.0

　　依据电力库交易流程,交易中心把表 3-6 中三家发电厂和三家购电公司的售电报价与购电投标分别累加,得到供应曲线与需求曲线,如图 3-3 所示。两曲线的交点即为市场均衡点,其对应的价格和电量分别为 128 元/(MW·h)和 350MW·h。市场出清价为 128 元,所有用户和发电商都按此价格购售电。

　　按此流程,CY 电力交易中心得出表 3-7 所示的交易结果,其中给出了发电量和用电量,以及收入与电费金额。

　　表 3-7 中最后合计行中,发电公司与用户的收支金额相等,集中竞价交易完成。注意,此处厂二和厂三的交易量均有所调整,此两厂各自在出清价的预售电量分别为 150MW 和 100MW,而用户实际只需 100MW,此处按各自发电量的比例来折算,得厂二和厂三的实

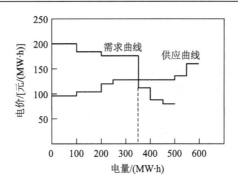

图 3-3　电力交易中心竞价累加情况

表 3-7　CY 电力交易中心购售双方的电量及收支情况

交易公司	发电量/(MW·h)	用电量/(MW·h)	收入/元	电费/元
厂一	100		12800.0	
厂三	100		12800.0	
厂一	50		6400.0	
厂二	60		7680.0	
厂三	40		5120.0	
三司		100		12800.0
一司		100		12800.0
二司		150		19200.0
合计			44800.0	44800.0

际发电量分别为 60MW 和 40MW，对应其收入分别为 7680.0 元和 5120.0 元，这样，总收入与总电费收支平衡。此时也体现了供大于求时电价较低的市场原理。

由以上流程可知，这种电力库交易模式提供了一种统一平衡的机制，避免了生产者与用户之间反复议价与协商的过程，但是其市场竞争性也比较弱。

最后还有一个疑问：为什么不按报价支付，而是按统一出清价支付呢？理想情况下，若不存在人为哄抬价格的扭曲市场力影响，这两种支付方式的最后出清将大致相同，但市场力的操控情况是不可避免的，所以若按报价支付，发电商一般都会想方设法猜测市场出清价，并会相应地提高报价，只要其报价不超过市场出清价，均有机会中标，这样无形中提高了市场平均价格。最后，用户按报价支付时，将会比按统一市场出清价支付的费用还要多。而按统一市场出清价支付则极大地抑制了这种操纵市场力的情况，因为交易中心对高买低卖的对应匹配，最后只需按统一出清价支付，将激励发电商贴合机组边际成本报价，才容易成交。

例 3-7 中采用的报价过程很简单，只包含电量和电价。另外，有些电力库采用了包含边际成本、启动成本、空载成本以及机组出力范围和爬坡速率等的复杂报价，这需要通过计算机和数学模型组合计算，貌似考虑得比较全面，但至今也未能证明这种复杂报价方式会使电价真正地降低。

3. 两种模式的比较

集中竞价调整和电力库这两种交易模式在现今的电力市场中都存在,从交易流程上看,均属于集中交易,但两者又各有优缺点。

集中竞价调整模式是在电力市场交易中逐渐发展起来的,此模式中的输配电已独立出来,所以市场中参与集中竞价的成员在对应的交易时段都可以自由报价和投标,并能快速地查看系统公示交易信息,保证在市场关闭前及时调整和更改自己的报价和投标,达成交易。如果有少量未能达成的交易,一般还有后续的实时市场来做平衡补充调整。此种模式非常灵活,市场竞争力比较强,但只有在市场成员参与度较高的情况下才能进行。

电力库模式是一种联营体机制,它是在原有电力公用事业的基础上发展起来的,以非常集中的方式进行输配电及购售电管理,形式上就像只开放了发电侧竞争的电力市场,这种集中管理和调度,虽然降低了发电商发电计划安排风险,避免了不必要的停机,减轻了竞争带来的压力,但是,同时也使得电力市场中各项职能难以区别开,削弱了市场竞争。甚至有些经济学家不赞同这种交易模式,认为它不是真正的市场。

4. 日前市场的特点

日前市场是鉴于电力商品的特殊性而提前一天或几天进行的集中现货市场,它衔接前面的中长期市场和后期的实时平衡市场,是电力市场中非常重要的一个环节。为什么设置日前市场呢?

首先,日前市场是以“日”进行优化调度的,这使得将机组的启停指令纳入调度程序的时间更充裕,可减少具有较高启动成本和日运行周期的发电商的损失,以及降低购电成本。

其次,日前市场提前确定发电商的价格,有助于遏制发电商在实时市场中操纵市场的行为,避免发电商通过临时退出运行的手段抬高市场电价。

最后,因为日前市场的价格是对未来一天内实时价格的预测,其相对于需求侧而言也是开放的,用户根据日前价格可以及时调整自身的用电安排,控制电费,所以日前市场还能促进需求响应(Demand Response,DR)。

3.3.3 实时市场

在电力市场运营中,各种市场预估误差与不可预测故障均有可能导致负荷与发电出现偏差,出现偏差的主要原因可归为以下几类。

第一类:市场预测误差。这是引起系统不平衡量的常见原因,如输电阻塞、机组爬坡速率等约束导致的履约误差,这类误差电量一般比较小,且不是突然发生的,而是通过计算可以预知和调整的,比较容易进行平衡。

第二类:电力系统运行具有随机性。例如,发、输、配电环节任何一个设备出现故障,或因天气变化引起的负荷波动等,随时均有可能发生,导致电力系统突发性的复杂平衡问题,必将导致电力市场随时出现不平衡量。这种突发性问题导致系统出现的不平衡量很难预测,人们只有通过分析可能出现的情况类型,尽可能做好防范措施,一旦事故发生,利用防范措施尽可能减少损失。

第三类：不完全竞争市场中，市场成员操纵市场力引起的不平衡量。如因燃料价格上涨，而发电厂减少发电量的违约赔偿金额低于市场因电能短缺引起的涨价利润，发电厂就会选择少发电，从而造成市场出现不平衡量。这种不平衡量可以通过完善市场规则和加强市场监管进行控制。

鉴于以上情况，为了保证电力系统的安全运行，必须快速准确地消除此类差异。将发电与负荷之间的偏差看成电力供需不平衡，如果通过分散式双边交易市场对之进行校正，那么，必须能够将市场每时每刻的状态(发电投标、用电需求、价格等)告知电能生产者和用户，绝大多数的生产者与用户必须按该时间刻度进行交易，并且他们必须能够随意调整各自的生产或消费水平，在接到通知后，可以立即吸收系统中存在的所有已知不平衡电能。在目前的技术条件下，还很难建立一个可传输如此多的记录成千上万笔相关交易信息数据的系统，即使建成了，该系统的运行速度、可靠性等性能指标依然尚待证明，最终可能还是解决不了系统不平衡问题，而且这样一个系统所带来的交易费用，可能是难以想象的。

虽然大部分的电能量可以通过分散式的市场进行交易，但是该市场无法保证电力系统的可靠性，就算经过了日前市场的交易调整，毕竟日前市场离电能实际交割还有一天，这一天中也会有很多不确定性，同时因为日前市场交易量较大，系统运营商需要时间进行匹配和调度，不可能把时间缩减得太短。为了弥补远期合同市场和日前市场交易之后的不平衡量(此不平衡量不大)，解决在小时级别的时段内实际电能交割时的负荷与发电不平衡问题，需要建立一个集中管理的实时市场，它属于现货市场中的另一种交易市场(日前市场的大部分交易也属于现货交易)，实时市场可以对比较灵活的发电商的出力进行调整，削减自愿减负荷的用户需求，从而实现发电与负荷的匹配。

根据交易流程及特点，实时市场还可细分为日内市场和平衡市场，因其需要集中竞价和调度，所以又称为集中式现货市场(Managed Spot Market)。一旦建立了公平有效的实时现货市场，电能将可以像其他商品一样方便地进行交易。接下来，将讨论实时现货市场是如何进行电能平衡及交易的。

1. 平衡资源的获取

一般地，平衡资源可以由单独的设备提供，如负荷跟踪调频机组；也有些是混合提供的，如未满载的发电机可以申请增加出力，或是利用市场电价波动申请减少出力等，这些都属于发电侧提供的平衡资源。同时，用户也可以提供平衡资源，这种现象称为需求响应，即用户可以根据市场电价的波动来决定是否用电，以此来调节不平衡量。

当然，提供平衡资源的一方也将获得一定的酬金。随着电力市场的出现，原来垂直一体化机制下的发、用电调度转化成市场购售电交易，发电与负荷之间的不平衡可以按照现货价格进行结算。系统运营商通过竞争的市场机制，获取广泛的平衡资源，降低平衡成本。一般在日前市场关闭后，满足要求的市场成员可以申报不平衡量，到合同电量执行交割前的 1h 或 30min，实时市场开市，进行平衡资源的交易。经过实践积累，有些平衡资源是长期稳定被需要的，如备用容量，可以通过双边交易的远期合同、差价合同、期货、期权等进行签订，并在实时市场执行交割与结算。随着电力市场的发展，平衡市场中的一些交易已逐渐独立出来，或者被归到辅助服务市场，关于此内容，后面将有章节详细描述。对于那些需要被快速平衡的资源，还是必须在实时市场上进行交割和结算。

2. 市场关闭

为了让系统运营商有一定的时间进行系统平衡调度，实时现货市场交易必须在系统实际运行前一段时间关闭，这是无可非议的，但究竟提前多久关闭才合适，至今仍然存在一定争议。这是因为不同的市场参与者有不同的利益需求。

从系统运营调度层面来说，肯定希望这段时间越充沛越好，让他们能够灵活选择平衡资源进行充分调度安排，例如，邻近市场关闭前 30min 出现发电机组故障，系统运营人员基本上是来不及调度大型燃煤机组进行发电的。从其他市场参与者来看，他们却希望这段时间越短越好，从而可以降低他们面临的市场风险，例如，30min 前的负荷预测肯定比 3h 前的负荷预测更准确，所以购电商基本上会观望到邻近市场关闭时才进行购电。从发电商的角度来看，他们希望延缓日前市场的关闭时间，这样可以缩短日前市场与实时市场之间的时间间隔，降低机组故障概率，因为如果是在实时市场关闭后机组突然发生故障，且平衡市场购买的辅助服务也不能处理此类故障，发电商将可能面临高额的违约金。

3. 市场运营

如果以电力联营体(电力库)作为电力市场运营的基础，那么系统平衡与电力市场职能只能紧密结合在一起，难以区分。如果是集中式竞价调整运营模式，在市场关闭后，发电商与用户将把他们的合同成交情况上报给运营商，系统运营商结合负荷预测，把他们准备在各时段的生产和消费情况进行平衡，以确定各时段将出现多少不平衡量，将采用哪些平衡资源消除不平衡量。例如，如果系统发电量超过负荷用电量(称为冗余)，将调用机组减少出力平衡资源，相反，若是发电短缺，将调用备用容量平衡资源。

实时市场运营示意图如图 3-4 所示。首先，发电商和用户通过远期市场签订电能量购售的远期合同，然后随着履约日期的临近，进入日前市场进行交割和调整，因为其他原因仍然不能调整的不平衡量，就进入实时市场，在系统运营商的运营下进行现货交易，随着实时市场关闭，完成整个交易过程，并出清结算。

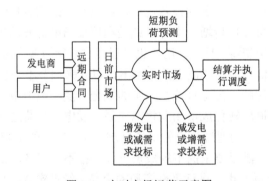

图 3-4　实时市场运营示意图

根据例 3-6 和例 3-7 的市场交易，继续分析 HX 电力公司在实时市场的交易情况。表 3-8 为 HX 电力公司的机组特性和日前市场交易调整后的发电计划。

表 3-8　HX 电力公司发电机组特性及发电计划情况

机组名称	最大出力/MW	最小出力/MW	发电计划/MW	边际电价/[元/(MW·h)]
A	500	100	500	80.0
B	200	50	90	104.0
C	50	0	0	136.0

　　按照远期合同市场和日前市场的交易结果，HX 电力公司在日前市场得出 6 月 2 日 13:00～14:00 的发电计划，在该时段总共发电 590MW，其中机组 A 处于满载状况，机组 B 因机械故障只能发电 100MW，已经售出 90MW，还有 10MW 的富余容量，机组 C 处于待机状态，最大出力为 50MW。接下来，在 6 月 2 日 12:00～13:00 提前一个小时的实时市场上，HX 电力公司继续分析市场行情是否还存在盈利空间。在不考虑机组爬坡速率等约束情况下，如果市场购电的投标价格高于 B、C 两台机组的边际电价，就可以申请增加出力而盈利，如果市场的售电价格低于 A、B 两台机组的边际电价，就可以申请减少出力，通过购买合同来对冲而盈利。因此，经综合分析后，HX 电力公司提供出该时段实时市场自身的竞价价格和对应发电数量如表 3-9 所示。

表 3-9　HX 电力公司 6 月 2 日 12:00～13:00 实时市场发电报价情况

报价类型	交易标识符	电量/(MW·h)	电价/[元/(MW·h)]
售电报价	B-SM-1	50	140.0
	B-SM-2	10	130.0
购电投标	O-SM-1	40	100.0
	O-SM-2	400	76.0

　　在表 3-9 中，根据市场报价与边际成本的高低，机组 A 可减少 400MW 的出力；机组 B 既可以增加 10MW 出力，也可以减少 40MW 的出力；机组 C 可增加 50MW 的出力。如果增加出力的售电价格较高就增加出力，如果其他发电商的售电价格更低就购电来进行合同对冲而减少出力。

　　需要注意的是，售电报价应该高于机组的边际成本，而购电投标应该低于机组的边际成本，这样才会有盈利空间。

　　在不考虑需求弹性情况下，按照图 3-4 的交易流程，假设系统运营商在实时市场中综合考虑日前市场交易的不平衡量、短期负荷预测、实时市场中发电商增减出力申请等因素，以及辅助服务市场的投标竞价，得出实时市场的出清价为 146 元/(MW·h)，并且系统运营商因系统平衡资源短缺还调用了 HX 电力公司机组 C 的 50MW 出力，价格为 140.0 元/(MW·h)。幸运的是，HX 电力公司的机组 B 也以实时市场的发电报价 130.0 元/(MW·h) 卖出了 10MW 的电力。下面，将综合计算 HX 电力公司在实时市场关闭后的结算中一共获利多少。

3.3.4 结算流程

电力市场商品的结算,采用的是集中结算流程,这是因为电力商品的特殊性,电力从生产者输送到用户都是混合在一起无法单独分开的,所以也没办法像普通商品那样由买卖双方自行当面结算。即便是双边交易的电能,因其可能要参与日前市场的再次调整,其调整后如果产生不平衡量,还要继续进入实时市场进行平衡调整,在实时市场结束后,根据电能实际执行交割量进行结算。也就是说,就算是双边交易,其结算也有可能不是双方随时自由结算的,而是根据集中现货市场的调整及执行结果向对方付钱。例如,由于突发事故使某发电商生产的电能无法满足远期合同规定的数量时,需要在现货市场购买替代电能,或是大用户与零售商购买的电能过多,需要在现货市场出售多余的电能等,这些都是由系统运营商执行电能交割时,需要统一处理和调度的。在电力市场中,这些集中统一的运营过程和集中结算紧密地联系在一起。

根据之前所有的市场调整和交易,集中结算的流程大致分为以下几步。

(1)需要确定各成员的净成交量。最终结算时,各发电商需要向结算系统提交他在各交易时段以合同形式出售的协议电能量,以及集中式现货市场上竞价成功的平衡电能量,结算系统根据调度中发电商实际电能生产量与对应的市场成交量的差值,来判断发电商实际电能生产量及对应的分类价格。例如,如果实际电能生产量减去市场成交量的差值为正,说明该发电商参与了平衡调度或是进行了增出力发电。反之,如果差值为负,说明该发电商从系统购买了平衡电能或是进行了减出力发电。

(2)大用户与零售商也要向结算系统提交各交易时段以合同形式购买的协议电能量,以及在集中式现货市场上投标的平衡电能量。像发电商那样,结算系统根据调度中用户实际消耗的电能量与对应的市场成交量的差值来判断用户实际是否使用了平衡电能。注意,这里的一系列市场交易是简化过的,其中忽略了网损分摊。

(3)确定市场出清价。实时市场的不平衡电能价格即为市场出清价。如果市场竞争合理,此价格应当能体现平衡电能的微增成本。按此价格结算的也主要是实时市场的不平衡电能。因实时市场的出清价格涉及辅助服务市场和容量市场,所以在后面的章节中还需进一步学习。

【例3-8】 继续以前面提到的 HX 电力公司的交易为例,分析完成所有市场交易后的结算情况。整理 HX 电力公司已经完成的中长期市场、日前市场、实时市场的交易数据后,其具体交易情况如表 3-10 所示。

表3-10 HX 电力公司6月2日13:00~14:00 交易执行及结算情况

交易市场	购/售电标识码	交易数量/(MW·h)	电价/[元/(MW·h)]	收入/元	电费/元
中长期市场	售电	200	100.0	20000.0	
	售电	250	102.4	25600.0	
	售电	100	112.0	11200.0	
	购电	−80	108.0		8640.0
	售电	50	110.4	5520.0	

续表

交易市场	购/售电标识码	交易数量/(MW·h)	电价/[元/(MW·h)]	收入/元	电费/元
日前市场	售电 O1	50	108.0	5400.0	
	售电 O2	50	106.4	5320.0	
	售电 O3	50	106.0	5300.0	
	购电 B4	−30	130.4		3912.0
	购电 B3	−20	115.2		2304.0
	购电 B6	−20	114.4		2288.0
	购电 B8	−10	112.8		1128.0
实时市场	B-SM-1	50	140.0	7000.0	
	B-SM-2	10	130.0	1300.0	
合计		650		86640.0	18272.0

从表 3-10 可见,HX 电力公司售电收入为 86640.0 元,购电费用(电费)为 18272.0 元,可计算出其在 6 月 2 日 13:00～14:00 时段的电力交割结算净收入为 68368.0 元,其中,中长期市场的双边交易净收入为 53680.0 元,约占总净收入的 78.52%。表 3-10 的总收入中,双边交易的部分可由买方自行支付给卖方,也可先签订差价合同,通过集中市场进行支付后再由差价合同进行多退少补。而日前市场和实时市场的总收入则由电力交易中心代替交易双方完成收支过程。

3.4　电力市场定价原理

随着电力市场的成熟和完善,电力商品出现多样性,电价的制定日趋复杂。从电能的传输过程来看,电价可分为上网电价、输配电价、销售电价;从地域间的分块与联系来看,又可划分为分区电价和节点电价;从定价方法来看,还可划分为综合成本法、长期边际成本法、短期边际成本法。这些电价划分方法从不同的角度进行划分,相互之间有区别,也有交叉和联系。

3.4.1　电价结构

从理论上讲,定价就是要确定电价水平和电价结构。电价水平由电能基础价格和供求价格组成。基础价格由成本、利润、税金等几部分组成,反映电能的自身价值,对整个电价起着决定性作用,供求价格反映电能商品的市场紧缺程度,在某种程度上会对电价产生较大的影响。电价结构可分为供电电价、用电电价、调节电价,分述如下。

1. 供电电价

供电电价是指电力企业之间,如电厂与输电网经营者之间,以及输电网经营者与配电网企业之间的电力交易价格,前者形成的电价称为上网电价或收购电价,后者形成的电价称为转供或转运电价。上网电价分为容量电价和电量电价两部分,现今有些国家已形成独立的容量市场，有其对应的市场定价机制。至于转供电价的制定，有些国家已经考虑区域成本的差异和输电阻塞等问题，发展形成分区电价或节点电价机制。

2. 用电电价

用电电价又称销售电价，可以分为一部制电价、两部制电价和三部制电价。我国现阶段主要采用一部制电价。

(1)一部制电价结构可表示为

$$R = \rho_{W_d} W_d \tag{3-1}$$

式中，R 表示电费，ρ_{W_d} 为电量电价，W_d 为用电量。一部制电价简单明了，主要用于用电量较少的居民用户。

(2)两部制电价结构可用表示为

$$R = \rho_{P_d} P_d + \rho_{W_d} W_d \tag{3-2}$$

式中，R 表示电费，ρ_{P_d} 为容量电价，P_d 为有功容量，也是根据最大用电负荷考虑的装机容量，后续可简称容量。ρ_{W_d} 为电量电价，W_d 为用电量。

(3)三部制电价结构可用表示为

$$R = \rho_{P_d} P_d + \rho_{W_d} W_d + F \tag{3-3}$$

式中，F 为基本成本费用。

三部制电价的实行主要以美国为首，将供电成本中的固定成本，再加以细分构成两部分——电力成本和基本成本。电力成本的计算，同两部制电价，基本成本包括营业设施折旧、工资福利、办公费用、接户线及电表成本、负荷管理设备等，它们与系统容量和发电量没有直接的关系。

3. 调节电价

调节电价是指为保证用户合理用电，借助经济手段改善用电结构，调整用电时间的一种差别付费政策。目前，各地正式实施的调节性电价主要有峰谷分时电价、丰枯分季节性电价、功率因数调整电价等。

3.4.2　电价计算方法及实时电价

电价的计算，需要预测未来负荷，对系统发展做出最优规划及资金计划，再核算供电成本，然后计算基础电价。基础电价的计算方法一般有综合成本法(Embedded Cost Method)、长期边际成本法(Long-run Marginal Cost Method)、短期边际成本法(Short-run Marginal Cost Method)等。下面将详细介绍基础电价的三种计算方法。

1. 综合成本法

逐个核算项目供电成本，求和得到综合电力成本和电量成本，然后分摊到所有用户，如下所示。

容量电价：

$$\rho_{P_d} = \frac{C_{P_d}}{P_d} \tag{3-4}$$

电量电价：

$$\rho_{W_d} = \frac{C_{W_d}}{W_d} \tag{3-5}$$

式中，C_{P_d} 为综合电力成本，P_d 为容量，C_{W_d} 为综合电量成本，W_d 为用电量。

综合成本法直观、简便、易操作，因计算周期较长而相对稳定，有利于避免因投资高峰带来的电价波动，但只根据以往账面计算，折旧费无法体现未来通货膨胀、能源和环境开支的增加等因素，有可能导致折旧费不足和企业资金状况恶化。

2. 长期边际成本法

(1) 长期边际成本法定价的理论依据是使社会净效益 B_f 最大化，其目标函数为

$$\begin{aligned}
&\max B_f \\
&B_f = B_e - C_d \\
&C_d = C_{P_d} + C_{W_d}
\end{aligned} \tag{3-6}$$

式中，B_f 为用电量 W_d 产生的社会净效益；B_e 为用户使用用电量 W_d 产生的用电效益(未扣除电费)；C_d 为系统总供电成本。

对 B_f 求偏导，得

$$\begin{aligned}
\frac{\partial B_f}{\partial P_d} &= \frac{\partial B_e}{\partial P_d} - \frac{\partial C_{P_d}}{\partial P_d} = 0 \\
\frac{\partial B_f}{\partial W_d} &= \frac{\partial B_e}{\partial W_d} - \frac{\partial C_{W_d}}{\partial W_d} = 0
\end{aligned} \tag{3-7}$$

对用户而言，用电量 W_d 产生的净效益为

$$B_f = B_e - \rho_{W_d} W_d - \rho_{P_d} P_d \tag{3-8}$$

用户的目标是使其 B_f 最大，即

$$\begin{aligned}
\frac{\partial B_f}{\partial P_d} = \frac{\partial B_e}{\partial P_d} - \rho_{P_d} = 0, &\quad \text{即} \ \frac{\partial B_e}{\partial P_d} = \rho_{P_d} \\
\frac{\partial B_f}{\partial W_d} = \frac{\partial B_e}{\partial W_d} - \rho_{W_d} = 0, &\quad \text{即} \ \frac{\partial B_e}{\partial W_d} = \rho_{W_d}
\end{aligned} \tag{3-9}$$

将式 (3-9) 代入式 (3-7)，得容量电价等于综合电力成本对容量的微增率，即

$$\frac{\partial C_{P_d}}{\partial P_d} = \rho_{P_d}$$

电量电价等于综合电量成本对用电量的微增率，即

$$\frac{\partial C_{W_d}}{\partial W_d} = \rho_{W_d}$$

(2) 长期边际成本定价的计算过程及步骤。

①预测容量 P_{d1} 和用电量 W_{d1}，计算综合电力成本 $C_{P_{d1}}$ 和综合电量成本 $C_{W_{d1}}$。

②假设容量和用电量分别从 P_{d1}、W_{d1} 变化到 P_{d2}、W_{d2}，即有一微小增量：

$$\Delta P_d = P_{d2} - P_{d1} > 0$$
$$\Delta W_d = W_{d2} - W_{d1} > 0 \tag{3-10}$$

③计算 P_{d2}、W_{d2} 的综合电力成本 $C_{P_{d2}}$ 和综合电量成本 $C_{W_{d2}}$。

④求综合电力成本增量 ΔC_{P_d} 和综合电量成本增量 ΔC_{W_d}：

$$\Delta C_{P_d} = C_{P_{d2}} - C_{P_{d1}}$$
$$\Delta C_{W_d} = C_{W_{d2}} - C_{W_{d1}} \tag{3-11}$$

⑤用长期边际成本法定价。

$$\rho_{P_d} = \frac{\partial C_{P_d}}{\partial P_d} \approx \frac{\Delta C_{P_d}}{\Delta P_d} \tag{3-12}$$

$$\rho_{W_d} = \frac{\partial C_{W_d}}{\partial W_d} \approx \frac{\Delta C_{W_d}}{\Delta W_d} \tag{3-13}$$

长期边际成本定价能反映用户负荷增加时的供电边际成本，体现未来能源的价值，其计算周期较长，相对稳定，避免投资高峰时出现较大的电价波动，但因周期较长，某些与时间有关的宏观因素会直接影响边际成本法定价的实用性。

另外，长期边际成本法还会造成收支不平衡。一类情况是收入大于支出。如发电侧，其供电成本与供电量之间呈下凹形增长曲线，此时的系统边际供电成本总是大于系统的平均供电成本。另一类情况是支出大于收入。例如，输电环节，其供电成本与供电量之间呈上凸形增长曲线，此时的系统边际供电成本总是小于系统的平均供电成本。为了平衡收支情况，需采取各种修正措施与方法。

3. 短期边际成本法

短期边际成本法能够较好地反映短时期内(如 1 天、1h、0.5h 等)供电成本的变化情况，当测算的时间间隔越来越短，如为 30min、15min，甚至 5 min 时，所计算出的短期边际成本在工程意义上又可称为"实时电价"。其能够反映短期内由负荷变化引起的生产成本的变化及用电量信息，指导用户正确用电。

在电力市场中，实时电价与区域划分和节点的位置密切相关。在同一时间点上，不同节点的电价具有明显的差异，这种差异既能体现交易自电力充裕地区向缺电地区流动的情况，又能反映出输电资源的利用和拥堵状况。因此，实时电价又常称为"Spot Price"。

1) 实时电价的定义及其数学模型

根据美国麻省理工学院(Massachusetts Institute of Technology, MIT)的 F.C. Schweppe 教授建立的数学模型，实时电价由八个分量组成，其表达式为

$$\rho_{kt} = \gamma_{Ft} + \gamma_{Mt} + \gamma_{QSt} + \gamma_{Rt} + \eta_{Lt} + \eta_{Mt} + \eta_{QSt} + \eta_{Rt} \tag{3-14}$$

式中，ρ_{kt} 为第 k 个用户在 t 时段的实时电价；γ 为发电分量，包括 γ_{Ft}、γ_{Mt}、γ_{QSt}、γ_{Rt} 四项，γ_{Ft} 为边际发电燃料成本，γ_{Mt} 为边际发电维护成本，γ_{QSt} 为发电质量，γ_{Rt} 为发电分量收支平衡项；η 为输电分量，包括 η_{Lt}、η_{Mt}、η_{QSt}、η_{Rt} 四项，η_{Lt} 为边际网损成本，η_{Mt} 为

边际网络维护成本，η_{QSt} 为网络供电质量分量，η_{Rt} 为网络收支平衡项。

2）实时电价的各组成分量

（1）边际发电燃料成本 γ_{Ft} 和边际发电维护成本 γ_{Mt} 两项之和，构成边际发电运行成本，可简称为系统的 λ_t，其计算公式为

$$\lambda_t = \frac{\partial[C_F(W_{gt}) + C_M(W_{gt})]}{\partial W_{gt}} \tag{3-15}$$

式中，$C_F(W_{gt})$、$C_M(W_{gt})$ 分别为系统发电量为 W_{gt} 的燃料总成本和维护总成本；λ_t 与系统发电量 W_{gt}、机组状况、水的可用率以及电力公司间的交易等因素有关，λ_t 随系统发电量 W_{gt} 的增加而呈上升趋势。

（2）发电质量 γ_{QSt}，其大小反映出整个系统发电容量的充裕度。当电力供应十分充足时，γ_{QSt} 的值接近零，当电力非常紧缺时，其值增大并趋于失负荷价值（Value of Lost Load，VOLL）。

（3）边际网损成本 η_{Lt} 和边际网络维护成本 η_{Mt}。边际网损成本 η_{Lt}，是指用户 k 的负荷 W_{dkt} 发生微增变化时，进而引起网损增加所带来的成本，它与用户所在节点的位置有关，其数学表达式为

$$\eta_{Lt} = (\gamma_{Ft} + \gamma_{Mt} + \gamma_{QSt})\frac{\partial W_{Lt}}{\partial W_{dkt}} \tag{3-16}$$

式中，$\frac{\partial W_{Lt}}{\partial W_{dkt}}$ 为第 k 个用户的网损微增率，W_{Lt} 为负荷发生微增变化时引起的成本微增变化。

边际网络维护成本 η_{Mt}，是指用户 k 的负荷 W_{dkt} 发生微增变化时，整个系统网络维护总成本所发生的微增变化。

（4）网络供电质量分量 η_{QSt}。η_{QSt} 反映用户 k 的负荷 W_{dkt} 发生微增变化时，电网各支路输送容量的充裕度。当 W_{dkt} 微增时，如果第 i 条支路的实际潮流远远小于其允许传输容量，该支路的网络供电质量分量 η_{QSkit} 的数值将会很小；如果第 i 条支路的实际潮流接近其允许传输容量，η_{QSkit} 的值将会迅速增大。

第 k 个用户的负荷 W_{dt} 微增时，各支路的 η_{QSkit} 之和即为第 k 个用户总的网络供电质量分量 η_{QSt}。

（5）收支平衡项。因实时电价只考虑电量成本、燃料费和维护费等，未考虑容量成本，必然造成收支不平衡。此处对发电分量采用 γ_{Rt} 进行平衡，对输电分量采用 η_{Rt} 进行平衡。这样一来，边际成本定价方法本身所具有的优势——电力市场的经济导向作用，会因平衡分量的存在而削弱。

3）实时电价研究的最新进展

近年来，国内外许多学者在上网电价、输电定价和辅助服务定价等方面进行了大量的研究，提出了不少新的定价策略。目前比较流行的是在实时电价理论基础上，采用经过改造的最优潮流模型，以节点为单位计算费用，进行定价，一是因为能自然地运用最优潮流技术处理网络阻塞，二是节点电价合理反映了节点负荷的发电边际成本，不损害公平。节

点边际电价(Locational Marginal Price, LMP)理论从 20 世纪 70 年代发展起来，已在北美、新西兰、新加坡等地的电力现货市场中得到应用，并在美国联邦能源管理委员会(Federal Energy Regulatory Commission，FERC) 的推动下，成为其倡导的标准市场设计(Standard Market Design , SMD)。

3.4.3 节点电价与分区电价

在实时电价理论中，具体考虑网络阻塞及区域差异时，形成节点电价与分区电价。节点电价是指在满足各类设备和资源的运行特性和约束条件的情况下，在某一节点增加单位负荷需求时的边际成本，即在某时间、某地点"多消费 1kW·h 电"所需增加的最终成本，它反映了特定节点的电力供需关系，即价格高表示该节点电力供需趋紧，价格低表示该节点电力供给富余。分区电价是按阻塞断面将市场分成几个不同的分区，并以分区内边际机组的价格作为该分区市场出清价格。

纵观国际电力市场，分区电价和节点电价就是两种最为典型的电力现货市场实时定价方式。节点电价主要在以美国为代表的电力市场中得到应用，而在欧洲电力市场，特别是北欧电力市场主要采用分区电价。分区电价和节点电价被广泛运用是因为通过市场供需关系确定电价可显著减轻电网阻塞，优化电网运行。

在国内第一批现货试点的八个省份和地区中(广东、内蒙古西部、浙江、山西、山东、福建、四川、甘肃)，多数省份采用节点电价作为定价和结算的依据。在四川现货试运行方案中提出了分区电价的概念，但分区电价仅作为市场主体分析阻塞情况和市场供需的价格信号，暂不作为结算依据。

1. LMP 模型

结合最优潮流和经济调度，建立节点电价计算的数学模型，如下所示：

$$\min_{P_G} \ pP_G \tag{3-17}$$

$$\text{s.t.} \quad e^T(P_G - P_D) = 0 \tag{3-18}$$

$$T(P_G - P_D) \leqslant P_{lmax} \tag{3-19}$$

$$P_{Gdown} \leqslant P_G \leqslant P_{Gup} \tag{3-20}$$

以上模型中，p 为节点实时电价，P_G 为系统发电量，P_D 为系统有功负荷，P_{lmax} 为传输线约束，P_{Gup} 为机组最大出力，P_{Gdown} 为机组最小出力。

式(3-17)为总购电费用最小目标函数，式(3-18)～式(3-20)分别为发电出力与用电负荷匹配约束、节点或区域间的传输潮流约束、发电机出力上下限约束。该模型要在满足各种约束条件下保证总购电费用最小。

构造满足上述模型的优化问题的拉格朗日函数如下：

$$\Gamma = pP_G + \lambda e(P_G - P_D) + \mu[T(P_G - P_D) - P_{lmax}] + \alpha_{up}(P_G - P_{Gup}) + \alpha_{down}(P_{Gdown} - P_G)$$

$$\tag{3-21}$$

其中，求解最优潮流模型时，对应于节点有功功率的拉格朗日乘子(影子价格)即为节点电价。

此外，上述节点电价模型是在用户侧未参与且负荷预测完全准确的情况下构建的。

2. 分区边际电价模型

SMP 考虑阻塞时，可得到分区边际电价模型。也就是说，分区边际电价模型实质上是 LMP 模型的简化。从运行经验来看，分区边际电价(Zonal Marginal Price, ZMP)不是分布在每个区域，而是频繁且明显地出现在某些区域之间。一般按照相同或相近边际成本的原则来划分区域，以此来确定各分区的边际电价。制定分区边际电价的关键是区域的划分，此划分须能确实体现区域间存在的阻塞情况，否则将导致区域边际电价的价格信号严重扭曲。现行区域划分可结合地理位置或行政归属、阻塞线路、节点电价分布、节点电价灵敏度等来进行。

3.4.4 输配电定价方法

输配电是指将电能从发电厂安全优质地输送到用户。输配电定价应能覆盖电网的所有成本，包括固定成本和扩展成本。固定成本主要有电网资产、运行维护、辅助服务、阻塞和电网损耗等成本；扩展成本主要是根据电力系统规划进行扩建的成本。计算输电成本是为了进行输电定价，从而将输电成本合理分摊到所有电网使用者。输电定价有长期和短期两种，前者需要考虑电网的投资回收问题，后者应当使输电价格成为电力市场中最优的经济指导信号。

现行输配电价制定机制主要是在管制模式下进行成本分摊。其中，价格管制模式又分为成本加成管制模式、价格上限管制模式、质量管制模式等。成本分摊方法有邮票法、兆瓦-公里法、潮流追踪法、边际成本法等。

1. 价格管制模式

1)成本加成管制模式

成本加成管制模式即投资回报率管制(Rate-of-Return Regulation)模式。成本加成管制模式的核心是以投资成本的一定比例规定投资回报的上限，以此对价格进行管制。其假设前提是监管部门通过掌握被监管企业的投资回报率动态，对被监管企业的准许利润进行实时调整。可见，利用成本加成管制模式对输配电价进行管制是一种间接的管制方式，即监管部门不直接规定输配电价的上限，而是通过控制电网企业的投资回报率，间接对输配电价格产生影响。成本加成管制模式最早出现于美国国家铁路公司，用于解决公司的市场竞争力问题，19 世纪末，美国等国家开始将这种基于回报率的管制模式应用于电力行业。

在电网企业承担输配电职能的背景下，成本加成管制模式具体可表示如下：

$$I(P,Q) = C + \alpha \cdot \text{RB} \tag{3-22}$$

式中，$I(P,Q)$ 表示由输配电价和用电量决定的电网企业的收入函数；C 表示电网企业的准许成本，包括折旧费、运行维护费等；RB 表示投资回报率基数(Rate Base)；α 表示监管部门准许的投资回报率水平，α 的确定是成本加成管制模式的难点。

成本加成管制模式也有一些不足之处，例如，被监管企业加大投资成本以增大 RB 而获取更高投资回报数额；监管部门仅关注企业的利润，未能对价格进行管控，导致企业缺乏降低生产成本的动力；同时，监管部门可能会产生过高的成本；等等。

2) 价格上限管制模式

在该模式下，监管部门在监管初期，核算初始价格，并根据通货膨胀率和生产效率的增长率之间的差额，对监管期内的价格上限进行调整。可见，这是对价格的上涨幅度进行直接管制。该模式最早应用于英国公共事业的私有化改革中，20 世纪末开始逐渐在电力行业中应用。价格上限管制模式可表示为

$$P_{t+1} = P_t\left(1 + \frac{\text{RPI} - X}{100}\right) + Y \tag{3-23}$$

式中，P_t 和 P_{t+1} 分别表示第 t 年和第 $t+1$ 年的管制价格上限；RPI 表示商品零售价格指数（Retail Price Index），用以反映市场通货膨胀水平；X 表示被管制企业生产效率增量；Y 表示其他因素造成价格的增加或减少值，包括政策法规变动、税收政策变化、自然灾害等。

价格上限管制模式可有效激励企业降低成本、抑制过度投资、降低监管成本，但该模式也存在不能反馈电力需求，对投资的拉动作用不显著等问题。

3) 质量管制模式

由于价格上限管制模式会引起供电质量的降低，在此情况下引入质量管制模式，该模式进行质量管制的具体方法如下：

(1) 监管机构根据企业公布的业绩情况对其进行质量管制；

(2) 规定企业绩效标准的下限，绩效标准中包括电能质量和服务质量等指标，监管机构对低于绩效下限的企业进行惩罚；

(3) 对比企业的各项绩效指标与已有质量标准，对不满足质量标准的企业进行惩罚。

基于此管理模式，英国于 2022 年开始提出了供电中断次数、供电中断持续时间、用户满意度三项指标，如果这三项指标不满足质量标准，监管机构将通过降低电价对企业进行惩罚。澳大利亚输配电价的质量管制模式与英国相似，在价格上限管制的基础上，引入质量调整因子。

质量管制模式在一定程度上提高了企业的供电服务质量，但也存在一些问题，例如，质量管制模式体系设计具有较大的难度，价格和质量之间的平衡点选取不当将会引起用户不满，而且相比价格上限管制模式，此模式的监管成本将有所增加。

2. 成本分摊方法

1) 邮票法

邮票法起源于邮电系统的计费方式，其特点为平均分摊，即所有使用输配电网的用户，按照年最大负荷比例，分摊输配电网的固定综合成本。此方法中，用户分摊的费用与其所处的位置无关，即该方法不考虑输配电网的距离，不涉及输配电功率注入和流出的节点。邮票法模型如下：

$$P_n = \frac{C_f + C_V}{L_n} \tag{3-24}$$

式中，P_n 表示用户 n 的输配电价格；L_n 表示用户 n 的用电量；C_f 和 C_V 分别表示输配电网

的固定成本和变动成本。

邮票法具有计算简便的优点，被世界各国广泛使用，国内各省级电力公司也均采用邮票法分摊本省的输配电成本，核算相应的输配电价。输配电网的历史投资成本巨大，投资回收周期较长，基于邮票法制定各电压等级的输配电价，有利于合理补偿输配电网的历史投资成本，保证电网公司获得合理收益，保障输配电网的新增投资建设及改造。邮票法制定的价格还具有长期稳定性，避免了输配电价的频繁波动，但是，邮票法也有所不足，其不能有效反映用户对输配电网资源的使用程度，又因邮票法基于历史成本核算，输配电价不能体现未来的资源价值。

2) 兆瓦-公里法

兆瓦-公里法主要可分为两类：一是根据线路的长度和线路中潮流的乘积测算输配电价，二是根据用户对输配电网的使用程度进行输配电成本的分摊。下面使用兆瓦-公里法，以某条线路 k 为例，计算输配电网中第 m 项输配电业务的输配电费用。

先计算线路 k 的单位兆瓦-公里固定成本，如下：

$$C_{f.unit} = \frac{C_f}{P_{max}L} \tag{3-25}$$

式中，C_f 为需要计算的线路 k 的固定成本；P_{max} 和 L 分别为该条线路的最大输送功率和长度；$C_{f.unit}$ 为线路的单位兆瓦-公里固定成本。

再计算第 m 项输配电业务中剔除线路 k 后其他线路的潮流 P_k 和输配电变动成本 C_V，综合得出第 m 项输配电业务的输配电费用为

$$C_{total} = \sum_{k=1}^{K}(C_{f.unit} \cdot P_k \cdot L + C_V) \tag{3-26}$$

和邮票法相比，兆瓦-公里法更为合理，应用更为广泛，兆瓦-公里法考虑了用户与电源之间的距离，计及线路中潮流的大小，且可以计算一个输配电网络中任意一项输配电业务需要分摊的输配电成本，反映不同用户对输配电网的使用程度，但没有考虑输配电网备用容量的费用，造成电网公司的输配电成本不能完全收回，不利于公司的正常运营，一定程度上影响了供电质量和供电服务。此外，各省级电力公司的输配电业务繁多，各类输配电业务交易之间相互影响，导致兆瓦-公里法对于长距离电力交易有失公平。

3) 潮流追踪法

潮流追踪法是一种拓扑分析方法，通过追踪发电机组出力和各个节点的负荷需求，实现对输配电网成本的合理分摊。潮流追踪法可分为基于图论的分析方法和基于网络矩阵的分析方法。其中，基于图论的分析方法无法解决网络的自环流问题。基于网络矩阵的分析方法的基本思路为发电电源优先供应本地区负荷，剩余发电功率供应外地负荷，输入线路的潮流在节点处混合为输出线路的潮流，潮流计算过程中，按照比例共享原则进行追踪，并对输配电网成本进行分摊。

基于网络矩阵的分析方法确定的输配电成本分摊系数为非负值，有利于保证电网企业的收支平衡，且输配电成本的分摊结果与平衡节点的选取无关。

总体来看，潮流追踪法释放了强烈的经济信号，有助于输配电网的合理经济使用，潮

流追踪法还将网损等费用纳入了输配电网成本内进行分摊,增加了输配电网成本的覆盖面和透明度,但潮流追踪法也有不足,主要体现在潮流追踪法对负向潮流用户缺乏合理有效的激励机制,这是因为其确定的输配电成本分摊系数均为非负值,未考虑系统中用户的潮流方向。事实上,电力系统中存在负向潮流用户,有利于减少线路的总容量,提高系统的安全稳定性。另外,潮流追踪法的比例共享原则割裂了双边交易用户的整体性。因此,潮流追踪法不适用于同时存在双边交易和集中交易的电力市场。

4) 边际成本法

边际成本法是应用较为广泛的一种输配电成本分摊方法,其分为长期边际成本法和短期边际成本法,这两种方法分别以与输配电业务直接相关的电网总成本的边际变化和变动成本的边际变化作为分摊输配电费用的依据。

其中,长期边际成本法需要根据未来电力需求和供给的变化确定长期边际容量成本和长期边际成本,由于未来电力需求的不确定性,基于长期边际成本法制定的输配电价的波动性较大。而短期边际成本法适用于对电力市场中具有竞争性特征的电能产品进行定价,相比邮票法、兆瓦-公里法和潮流追踪法,短期边际成本法可以释放合理的经济信号,与经济学理论中的市场整体收益最大化的理念一致。

总体来说,基于经济学原理的边际成本法更符合电力体制改革的总体思路,但边际成本法在我国各个省级电网公司不适用的主要原因是输配电网的固定资产投资较大,导致系统的边际成本小于平均成本,因此按边际成本法来计算输配电费用,使得输配电成本难以全部回收,造成电网企业收支不平衡,且基于边际成本法制定的输配电价波动性较大,不便于电网企业核算输配电价和用户缴纳输配电费。

小　　结

本章从原理上对电能交易体系及电价原理进行描述。首先对电能交易商品、交易类型及交易市场进行介绍,并举例说明交易过程和结算,从交易过程及结算案例,归纳建立电力市场交易体系及运营系统,然后进一步讲述电价原理,包括电价结构、电价的计算方法、实时电价的定价规则、节点电价与分区电价的计算、输配电价的计算等。

思　考　题

3-1　目前我国电力市场交易体系是怎样的? 今后可能的发展趋势如何? 电价体系又是怎样的? 今后又将做出怎样的变化?

3-2　我国的可再生能源建设发展情况如何? 电力市场在电价方面如何考虑可再生能源的电价?

3-3　电价的计算方法有哪几种? 每一种的定价机制是如何描述与表达的?

3-4　在进行电价计算时,综合成本法、长期边际成本法、短期边际成本法是如何计算的? 各有什么优缺点?

3-5　在进行电价计算时,实时电价理论模型是由哪些部分组成的? 各组成部分是如何考虑的?

习　题

3-1　请简述远期合同市场、日前市场、实时市场之间的区别与联系。

3-2　CY 电力交易中心规定所有市场参与者均通过电力库进行交易。参与该交易中心的 HX 电力公司与潜能塑胶企业签订了一笔连续性的长期差价合同，每个交易时段的电力交易数量为 100MW，合约价格为 128 元/(MW·h)。

(1) 当电力库的交易价格分别为 128 元/(MW·h)、144 元/(MW·h)、104 元/(MW·h) 时，计算交易双方的电能流动与资金流动方向。

(2) 如果在某一小时内，HX 电力公司仅能交付 50MW 的电能，且电力库价格是 144 元/(MW·h)，那么此时会产生什么样的结果？

(3) 如果在某一小时内，潜能塑胶企业仅能消费 60MW 的电能，且电力库价格是 104 元/(MW·h)，那么此时会产生什么样的结果？

3-3　下面六个公司是某电力市场的组成成员。

(1) 发电公司 A：拥有一组发电容量为 1000MW 的电厂；

(2) 发电公司 B：拥有一组发电容量为 800MW 的电厂；

(3) 电能零售商 C；

(4) 电能零售商 D；

(5) 交易公司 E：既没有发电资产也没有负荷；

(6) 交易公司 F：没有任何物理资产。

下面的信息给出了 2018 年 3 月 1 日 13:00～14:00 的市场运营状态。

(1) 负荷预测：电能零售商 C 与 D 预测他们的客户在该时段内的电能消费量分别是 1200MW 与 900MW；

(2) 长期合同：2017 年 6 月，发电公司 A 签订了一笔合同，该合同规定在 2018 年 1 月 1 日～2020 年 12 月 31 日这一时间长度内，每小时的交付电能是 600MW·h，价格为 120 元/(MW·h)；

(3) 2017 年 7 月：电能零售商 C 签订了一笔购电合同，该合同规定 2018 年 2 月 1 日～2018 年 12 月 31 日每小时的购电量为 700MW·h。低谷时段成交价为 96 元/(MW·h)，高峰时段成交价为 124 元/(MW·h)；

(4) 2017 年 8 月：发电公司 B 签订了一笔在 2018 年 3 月的高峰负荷时段供应 500MW 的电力合同，价格是 128 元/(MW·h)；

(5) 2017 年 9 月：电能零售商 D 签订了一笔购电合同，该合同规定了 2018 年每周末的一组成交数量及价格。具体为，每周末的 13:00～14:00，购电量是 550MW，价格是 130 元/(MW·h)；

(6) 期货合同：在 2018 年 3 月 1 日 13:00～14:00，即将交付的所有合同见习题表 3-3；

(7) 期权合同：2017 年 11 月，发电公司 A 购买了一笔电量为 200MW 的卖出期权，行权价格是 118 元/(MW·h)，期权费为 400 元；

(8) 2017 年 12 月：电能零售商 D 购买了一笔电量为 100MW 的买入期权，行权价格是 124 元/(MW·h)，期权费是 200 元。

习题表 3-3   期货合同汇总

日期	市场成员	交易类型	电量/MW	价格/[元/(MW·h)]
2017.09.10	E	购买	50	116
2017.09.20	F	出售	100	118
2017.09.30	D	购买	200	120
2017.10.10	E	购买	100	120
2017.10.20	A	出售	200	118
2017.10.30	B	出售	250	126
2017.10.30	C	购买	250	126
2017.11.10	F	购买	50	120
2017.11.15	E	出售	100	122
2017.11.20	D	购买	200	118
2017.11.30	C	购买	300	120
2017.12.10	A	出售	200	128
2017.12.15	A	出售	200	124
2017.12.20	C	出售	50	124
2018.01.15	F	出售	200	116
2018.01.20	E	购买	50	114
2018.02.10	D	购买	50	116
2018.02.20	A	购买	200	128
2018.02.25	E	出售	100	136
2018.02.28	F	购买	250	114
2018.02.28	D	出售	100	112

实际运行结果是：

(1) 某电力市场 2018 年 3 月 1 日 13:00~14:00 的现货价格为 124 元/(MW·h)。

(2) 由于某个所属电厂发生重大事故，发电公司 A 仅能提供 800MW 的出力，它的平均生产成本是 112 元/(MW·h)。

(3) 发电公司 B 的发电出力是 770MW，平均发电成本为 114 元/(MW·h)。

(4) 电能零售商 C 实际需求是 1250MW，平均零售电价是 132 元/(MW·h)。

(5) 电能零售商 D 实际需求是 850MW，平均零售电价是 131.2 元/(MW·h)。

假设所有的不平衡电量均按照现货市场价格结算，试计算某电力市场中各成员的利润或损失。

3-4 HX 电力公司拥有自己的发电厂，并且向一部分负荷供电，其参与电力市场交易，在某天 9:00~10:00 时段内，签订的交易合同如下：

(1) 高峰时段的长期购电合同，小时交易量为 500MW，价格为 160 元/(MW·h)；

(2) 低谷时段的长期购电合同，小时交易量为 300MW，价格为 128 元/(MW·h)；

(3) 与某一大用户签订的长期售电合同，交易量为 50MW，价格为 152 元/(MW·h)；

(4) 其他用户向该电力公司购电的价格为 174 元/(MW·h)；

(5) 售电期货合同的交易量为 150MW，价格为 168 元/(MW·h)；

(6) 购电期货合同的交易量为 100MW，价格为 176 元/(MW·h)；

(7) 买入期权的交易量为 120MW，价格为 164 元/(MW·h)；

(8) 卖出期权的交易量为 200MW，价格为 192 元/(MW·h)。

所有期权的期权费均为 8 元/(MW·h)。高峰时段定义为 7:00～21:00，且这一天 9:00～10:00 时段内的交易结果如下：

(1) 现货价格等于 172 元/(MW·h)；

(2) 包括大用户在内，HX 电力公司的总负荷为 1000MW；

(3) 电厂的实际生产量是 300 MW，平均生产成本为 170 元/(MW·h)。

设所有不平衡电能均按现货市场价格结算，求该公司在上述交易时段内的利润或损失。

在什么样的现货价格水平下，该公司的利润或损失为零？现货价格的这种变化会对哪些期权合同产生影响？

3-5　一家名为某国能源的公司拥有一座核电厂与一座燃气电厂。假设该公司的营销部门针对 1 月 25 日签订了下列交易合同。

T1：售电量等于 50MW 的远期合同，价格为 168 元/(MW·h)，该合同适用于所有交易时段；

T2：售电量等于 300MW 的长期售电合同，价格为 112 元/(MW·h)，该合同仅适用于低谷时段；

T3：售电量等于 350MW 的长期售电合同，价格为 160 元/(MW·h)，该合同仅适用于高峰时段。

除此之外，针对当天 13:00～14:00 这一时段，该公司还发生了下列交易。

T4：购电量为 600MW 的期货合同，价格为 160 元/(MW·h)；

T5：售电量为 100MW 的期货合同，价格为 176 元/(MW·h)；

T6：电量为 250MW 的卖出期权，履约价格为 188 元/(MW·h)；

T7：电量为 200MW 的买入期权，履约价格为 180 元/(MW·h)；

T8：电量为 100MW 的卖出期权，履约价格为 150 元/(MW·h)；

T9：现货市场报价，利用燃气电厂按 152 元/(MW·h) 的价格生产 50MW 电能；

T10：现货市场报价，利用燃气电厂按 176 元/(MW·h) 的价格生产 100MW 电能。

买入与卖出期权费是 16 元/(MW·h)。高峰时段定义为 8:00～20:00。

某国能源公司还通过自身的零售部门直接向小用户售电，零售用户需要支付的电费是 204 元/(MW·h)，而商业用户的电费是 200 元/(MW·h)。龙国能源公司不向工业用户售电。

习题图 3-5 给出了现货市场运营商接收到的累计报价情况，它对应的交易时段是 1 月 25 日 14:00～15:00。为了平衡该时段的系统负荷与发电，系统运营商接受了总数为 225MW 的报价，这些报价是按升序排列的。现货价格取决于最后一笔中标报价对应的价格。

此时，某国能源公司对应的居民用户消费的电量是 300MW，商业用户消费的电量是 200MW。核电厂的发电量为 400MW，平均成本等于 128 元/(MW·h)，燃气电厂的发电量为 200MW，平均成本等于 144 元/(MW·h)。所有的不平衡电能均按现货价格结算。

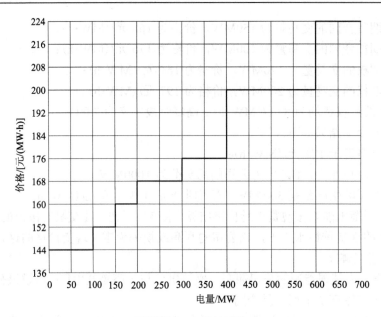

习题图 3-5 累计报价

(1)试计算某国能源公司在该时段的损益情况。

(2)如果核电厂于 1 月 25 日 14:00 突然停运，计算它对某国能源公司的利润(或损失)的影响。

第4章 基于电力网络的电力交易

本章介绍在考虑电力网络的运行约束时如何开展双边交易和集中交易。通过学习，读者将会理解电力网络及其输送电能的有限性会对电力交易带来怎样的影响，当电力市场的电力交易量超过电力网络的传输极限时如何处理，输电用户如何规避电力网络的输送约束带来的交易风险。

4.1 基于电力网络的双边交易

在双边交易的机制下，一般商品的交易是由买方和卖方协商达成的，不需要第三方的参与。在电力市场中，由于电能需要经由电力网络输送才能送达用户，电能的交易量必然受到网络传输容量的限制，因此电力市场中的双边交易不仅需要买方和卖方就交易量和价格达成一致，还需要通过系统运营商的确认才能最终达成。系统运营商要确保市场成员的电能交易量不超过电网的传输极限。当拟交易量超过电网传输极限，即发生输电阻塞时，系统运营商要采取措施确保电能交易量在电网传输极限以内。以下以简单的两节点系统为例介绍基于网络约束的双边交易的基本过程，通过三节点系统的双边交易讨论基于网络约束的双边交易的复杂性。

4.1.1 两节点系统的双边交易

假设西部地区的发电商与东部地区的用户进行双边交易，两节点系统间的双边交易示意图如图 4-1 所示。图中节点 1、2 之间的连接线段代表西部系统与东部系统之间的联络输电线路（简称联络线），实际中，两系统间的联络线可能是直流输电线路，也可能是交流输电线路，具体线路数量从 1 回到多回不等。

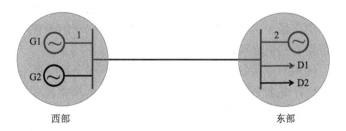

图 4-1 两节点系统中的双边交易

1. 双边交易过程

【例 4-1】 西部地区的发电商 G1 与东部地区的用户 D1 拟签订交易量为 300MW、交易价格为 400 元/(MW·h)的电能合同 1，西部地区的发电商 G2 与东部地区的用户 D2 拟签订交易量为 200MW、交易价格为 350 元/(MW·h)的电能合同 2。发电商(或用户)向系统运营商报告合同拟签订的电量。在交易申报结束前,系统运营商先后收到发电商 G1 和发电商 G2 报来的 2 个双边交易量。交易申报结束后,系统运营商进行安全校核,计算两系统间的输电容量极限,如果输电容量极限大于 500MW,则批准这两笔双边交易,否则对这两笔交易进行调整,即阻塞管理。

本例中,两系统间的输电容量极限是 400MW,系统运营商需要调减 100MW 的交易量。系统运营商进行阻塞管理的手段主要有两种:一是行政手段,二是市场手段。行政手段就是根据事前约定的负荷调减顺序,依次调减合同电量直至总交易量小于两系统间的输电容量极限为止。各市场可以根据实际情况依据不同的原则制订负荷调减顺序,如根据交易申报的前后顺序,后申报的交易先削减。本例中系统运营商将调减合同 2 的电量 100MW,最终批准的交易量为发电商 G1 发电 300MW,发电商 G2 发电 100MW。当然,在实际制订负荷调减规则时,需要考虑多方面的因素,很难保障市场的经济效益。为此,有人提出用市场手段来解决输电阻塞问题。物理输电权(Physical Transmission Right)就是其中一种解决输电阻塞的市场手段。

2. 阻塞管理

1)物理输电权的定义及使用

物理输电权是一种权利,它赋予持有者实际使用某条给定输电线路一部分容量的权利,当然,持有者必须为此支付一定的费用。物理输电权是公开拍卖的,实际使用者(如电力用户)根据自身的用电需求和对输电线路的价值判断购买物理输电权。在图 4-1 的系统中,如果用户所在东部地区发电商 G3 的报价是 450 元/(MW·h),则用户 D1 会考虑购买 300MW 的输电权,价格不超过 50 元/(MW·h)。因为如果输电权价格超过 50 元/(MW·h),用户 D1 就会选择从本地发电商 G3 处购买电能,即在用户 D1 的眼中,两系统间输电线路的最高价值是 50 元/(MW·h)。同理,在用户 D2 眼中,输电线路的最高价值是 100 元/(MW·h)。

2)物理输电权与市场力

物理输电权作为一种权利,其持有者有使用、出售和持有不使用的权利。在完全竞争的市场中,输电权持有者要么实际使用权利,要么出售权利,因为留着权利不用是不明智的。但在不完全竞争的市场中,输电权持有者有可能持有权利但不使用,因为保留输电权可能会增加其实施市场力的机会和能力。

例如,在图 4-1 的两节点系统中,假设东部地区只有一个发电商 G3,G3 购买了从节点 1 到节点 2 的 100MW 的物理输电权并且持有不使用。结果将使西部地区的发电商的售电量减少 100MW(假设输电线路的输送极限仍是 400MW),东部地区的用户不得不从 G3 处购买 100MW 的电能(假设用户的需求弹性为零),G3 有可能提高电能价格,超过其未拥有输电权时的报价 450 元/(MW·h)。由此可见,G3 通过持有物理输电权,增加了生产利润,而用户效用和西部地区发电商的利益均受到了损伤,整个市场的效率降低了。

为了解决上述问题,有人提出对物理输电权增加"不用即弃"的规定,即如果不使用就必须释放出来给需要使用的市场成员使用。从理论上看,该规定可以避免市场成员持留物理输电权以增强市场力,但实践时如何合理规定输电权的释放时间是个令人头疼的问题。

如果释放时间离实际交易时间过长,输电权持有者很难判断是否真正需要释放输电权(如机组发生故障,不能发电的情况);如果释放时间离实际交易时间过短,其他市场成员就没有足够的时间来重新调整交易计划。

4.1.2　三节点系统的双边交易

4.1.1 节通过两节点系统讨论了物理输电权实施时的一个难点,如何合理确定输电权的释放时间。本节将讨论物理输电权实施的另一个难点,如何确定物理输电权的可用数量。两节点系统中电能的流通路径(即潮流流向)单一,可以较直观地确定物理输电权的可用数量,而实际系统的网络结构复杂,电能的流通路径并不以交易者的意愿为转移,而是服从物理定律,从而给输电权可用数量的确定带来了困扰。以下以简单的三节点系统来阐述其中的问题。首先介绍简化的潮流计算方法,然后讨论三节点系统中的双边交易问题。

1. 潮流计算

考虑到电力市场中的电能交易关注的是有功功率,同时输电线路的电阻值(R)一般远小于电抗值(X),为便于阐述和读者的理解,本章的潮流计算做以下假设:①忽略网络损耗,即假设线路电阻为零;②忽略系统中的无功潮流。在此假设下可以推导出各支路上的有功潮流与总有功功率之间的比例关系。在图 4-2 所示的简单并联网络中,已知流入节点 1 的有功功率为 P,因为忽略网损,所以流出节点 2 的有功功率也为 P;而流经两条并联支路 A 和 B 的有功功率分别为

$$P_A = \frac{x_B}{x_A + x_B} P = K_A P \tag{4-1}$$

$$P_B = \frac{x_A}{x_A + x_B} P = K_B P \tag{4-2}$$

式中, x_A 和 x_B 分别为并联支路 A 和 B 的电抗值;系数 K 是反映网络注入的有功功率与支路的有功功率之间关系的因子,称为功率转移分布系数。式(4-1)和式(4-2)显示,并联支路传输的功率与支路自身的阻抗值成反比。

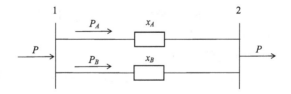

图 4-2　并联支路上的有功潮流

2. 双边交易与物理输电权

【例 4-2】　假设西部、东部和南部电网组成一个互联系统,西部电网有两个发电商,东部电网和南部电网各有一个发电商。该互联系统的电气连接示意图如图 4-3 所示,每条联络线路的电抗和输送容量值见表 4-1。假设市场中有两个双边交易:①交易 1,发电商 A

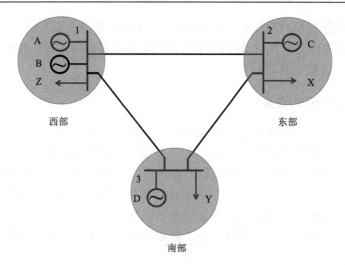

图 4-3　三节点系统电气连接图

表 4-1　三节点系统联络线路参数

线路	电抗/p.u.	容量/MW
1-2	0.2	250
1-3	0.2	250
2-3	0.1	126

与负荷 Y 签订 400MW 的双边合同；②交易 2，发电商 D 与负荷 X 签订 200MW 的双边合同。试校验在以下两种情况下两个交易的可行性，如果交易可行，计算交易者应购买的物理输电权数量。

(1)这两个交易分别发生在不同的交易时段；

(2)这两个交易发生在同一个交易时段。

解： 判断交易的可行性就是判断交易带来的线路潮流是否超过线路的输送容量极限；交易者在每条线路上需要购买的物理输电权数量就等于该交易在线路上产生的潮流量。因此本题需要先计算潮流，然后根据潮流计算结果结合给定的线路输送容量极限判断交易的可行性，并确定需购买的物理输电权数量。

(1)两个交易分别发生在不同的交易时段。

当某交易时段仅有交易 1 时,根据式(4-1)和式(4-2),系统中各支路的潮流计算如下(潮流方向见图 4-4)：

$$P_{13} = \frac{0.1+0.2}{0.1+0.2+0.2} \times 400 = 240(\text{MW})$$

$$P_{12} = P_{23} = \frac{0.2}{0.1+0.2+0.2} \times 400 = 160(\text{MW})$$

很明显，交易 1 将导致线路 2-3 过载，即受到这条线路容量的限制，交易 1 不可行，需要削减交易量。根据线路 2-3 的容量限制可以计算交易 1 的最大交易量为

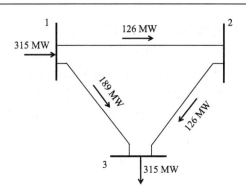

图 4-4　交易 1 的潮流分布

$$P_{\max} = \frac{0.1 + 0.2 + 0.2}{0.2} \times 126 = 315(\text{MW})$$

在该交易量下，线路 1-3 的潮流为 189MW，所以当某交易时段仅有交易 1 时，其申报的交易量由于受到线路的容量限制需要削减至 315MW，同时为确保交易的正常进行，交易 1 的市场成员(发电商或用户)需要在线路 1-3、线路 1-2、线路 2-3 购买的物理输电权数量分别为 189MW、126MW 和 126MW。

当某交易时段仅有交易 2 时，根据式(4-1)和式(4-2)，系统中各支路的潮流计算如下(潮流方向见图 4-5)：

$$P_{32} = \frac{0.2 + 0.2}{0.1 + 0.2 + 0.2} \times 200 = 160(\text{MW})$$

$$P_{31} = P_{12} = \frac{0.1}{0.1 + 0.2 + 0.2} \times 200 = 40(\text{MW})$$

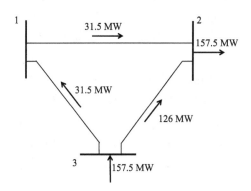

图 4-5　交易 2 的潮流分布

潮流计算结果显示，交易 2 导致线路 3-2 过载，因此不可行。当削减其交易量至 157.5MW 时，才能保证线路 3-2 不过载。此时流过线路 3-1、1-2 的功率为 31.5MW。因此，当只有交易 2 时，最大交易量为 157.5MW，需要在线路 3-2、线路 3-1、线路 1-2 购买的物理输电权数量分别为 126MW、31.5MW 和 31.5MW。

(2)两个交易发生在同一个交易时段(逆向潮流的影响)。

当某交易时段交易 1 和交易 2 同时发生时,系统的潮流由交易 1 和交易 2 共同决定。由于本章在计算潮流时忽略网损和无功潮流,线路潮流与节点注入功率呈线性关系,因此可以应用叠加原理来计算潮流,即交易 1 和交易 2 同时发生时的潮流等于交易 1 产生的潮流与交易 2 产生的潮流的叠加。各线路的潮流计算如下(潮流方向见图 4-6):

$$P_{12} = 160 + 40 = 200(\text{MW})$$

$$P_{13} = 240 - 40 = 200(\text{MW})$$

$$P_{23} = 160 - 160 = 0(\text{MW})$$

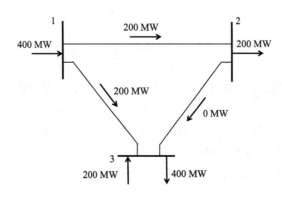

图 4-6　交易 1 和交易 2 同时发生时的潮流分布

潮流计算结果显示,各线路的潮流均未超过线路允许容量,因此交易 1 和交易 2 同时可行。根据每个交易在线路上产生的潮流,交易 1 需要在线路 1-3、线路 1-2、线路 2-3 购买的物理输电权数量分别为 240MW、160MW 和 160MW。交易 2 需要在线路 3-2、线路 3-1、线路 1-2 购买的物理输电权数量分别为 160MW、40MW 和 40MW。

细心的读者会发现,当两个交易同时发生时,交易 1 和交易 2 均获得了更多的交易量。原因是交易 2 在线路 2-3 上产生的逆向潮流(因与交易 1 产生的潮流方向相反,故称**逆向潮流**)消除了交易 1 在其上产生的阻塞(交易 2 对交易 1 也有同样的效果)。因此,在三节点系统中,由于逆向潮流的存在,线路的物理输电权数量不像两节点系统那样受制于线路的允许容量,而是可能大于线路的允许容量。换言之,系统运营商在确定物理输电权数量时为了充分满足市场成员的交易需求,需要考虑可能出现的逆向潮流,增加物理输电权数量。实际系统中,有些线路的潮流方向是变化的,从而使物理输电权数量确定工作更加复杂。

4.2　基于电力网络的集中交易

在集中交易模式下,买卖双方向系统运营商提交各自的投标和报价,系统运营商在保障系统安全运行的前提下,按照最优经济原则(社会福利最大化或购买成本最小化)进行市场出清,确定各个市场成员的交易量和交易价格。与 4.1 节的双边交易模式不同,在集中交易模式下,电价是由买方、卖方和系统运营商三方共同决定的,而且交易方的位置不同,价格也可能不同。以下首先以两节点系统中的集中交易为例，介绍线路输送容量限制和网络损耗对电能交易结果（成交量和成交价）的影响；然后以三节点系统为例，进一步讨论集中交易模式下电价形成的复杂性；最后简单介绍复杂系统集中交易的出清模型及电价计算方法。

4.2.1　两节点系统的集中交易

由于资源分布的不均衡和经济发展的差距，某些地区一次能源丰富但用电需求小、电价低；而有的地区一次能源匮乏但用电需求高、电价高。为实现资源的优化配置，在市场的驱动下，电价低和电价高的地区会通过输电线路（联络线）的连接形成统一电力市场。当然，联络线的输电容量是有限的，电能传输中由于线损的存在也会损失一部分的电能，这些因素会对两个地区的电能交易带来怎样的影响呢？以下通过简化的两节点系统来具体分析。

1. 两区域集中交易

假设西部地区和东部地区的负荷分别为 500MW 和 1500MW，用电需求无弹性。东部地区的发电成本高、西部地区的发电成本低，相应的供应函数[元/(MW·h)]分别为

$$\pi_E = MC_E = 100 + 0.08P_E \tag{4-3}$$
$$\pi_W = MC_W = 80 + 0.04P_W \tag{4-4}$$

两个地区具有充足的发电装机和坚强的输电网络，即每个地区的发电商均能满足本地区的用电需求，同时本地区内的电能交易不受电网约束（无输电阻塞情况）。在电气上，将两个地区分别等值为一个节点，每个地区的发电商和用户分别等值为一台发电机和一个用户，两个地区的联络线等值为一条输电线路。两个地区的电气连接示意图如图 4-7 所示。正常情况下联络线的输送容量为 1600MW；线路检修维护或故障情况下输送容量降为 800MW；极端情况下（如冰灾、地震等），联络线全部中断，输送容量为 0MW。以下逐一分析三种情况下的市场交易情况（不计线路损耗）。

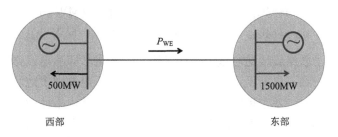

图 4-7　西部/东部地区互联系统示意图

1）联络线输送容量充裕

当联络线输送容量为 1600MW 时，东、西部地区的负荷需求不受任何限制，即用户可以向任何地区的发电商购电。从价格上看，西部地区用户会在本地购电，东部地区用户会优先向西部地区发电商购电。随着东部用户向西部发电商购电数量的增加，西部发电商的

报价也会逐渐增加，最终这个市场的价格将统一为一个价格。根据第 2 章关于市场供需平衡的知识，市场的交易结果是由供需双方共同决定的。从数学上讲，交易结果可通过联立求解供应方程和需求方程来获得。在本例中，市场的总需求为两个地区的负荷之和且不计需求弹性，即市场的需求方程为

$$D_E + D_W = 1500 + 500 = 2000 (\text{MW}) \tag{4-5}$$

市场的总需求将由两个地区的发电商共同来满足，且只有一个统一的价格，即

$$D_E + D_W = P_E + P_W \tag{4-6}$$

$$\pi_E = \pi_W \tag{4-7}$$

联立式(4-3)~式(4-7)，求解方程组可得

$$\begin{cases} \pi_E = \pi_W = 140 \, [\text{元}/(\text{MW}\cdot\text{h})] \\ P_E = 500 \, (\text{MW}) \\ P_W = 1500 \, (\text{MW}) \end{cases}$$

计算结果显示，东、西部地区的发电出力分别为 500MW 和 1500MW。由此可进一步计算流过联络线的功率为

$$P_{WE} = 1500 - 500 = 1000 \, (\text{MW})$$

也就是说，用户对联络线的输送容量最大需求为 1000MW，是东部地区的用户向西部地区发电商购电，该需求量没有超过线路现有的输送容量 1600MW。当线路的输送容量不能满足用户的需求，即小于 1000MW 时，市场的交易情况会发生怎样的变化呢？

2) 联络线输送容量受限

当联络线输送功率为 800MW 时，东部用户最多只能从西部发电商处购买 800MW 的电能，其剩余的 700MW 用电需求只能从东部发电商处购买。此时整个区域的电力市场被人为分割为两个市场：一个是西部市场，买方需求量为 1300MW，卖方为西部发电商；另一个是东部市场，买方需求量为 700MW，卖方为东部发电商。由于用户需求无弹性，将各市场的用户需求分别代入式(4-3)和式(4-4)，即可得到东、西部市场的电价分别为

$$\pi_E = MC_E = 100 + 0.08 \times 700 = 156 \, [\text{元}/(\text{MW}\cdot\text{h})]$$

$$\pi_W = MC_W = 80 + 0.04 \times 1300 = 132 \, [\text{元}/(\text{MW}\cdot\text{h})]$$

以上结果表明，由于联络线输送容量不能满足用户的需求，即输电线路发生阻塞，两个地区的电价不再保持一致，电能受进地区(东部)的电价高于电能送出地区(西部)的电价。这是因为，当阻塞发生时，各个地区的新增单位兆瓦负荷只能由本地的发电商承担。东部发电商的成本高于西部发电商，因此出现东部电价高于西部电价的情况。

总结一下：在完全竞争的市场环境下，电价是由提供最后一个单位负荷的发电商边际成本决定的。当发生阻塞时，市场会分裂成多个小市场，如果小市场也是完全竞争的，它们各自的价格也等于各自区域内发电商的边际成本。这就是所谓的区位边际定价(Regional Marginal Pricing, RMP)方法，即电能的边际成本等于生产或消费该电能的成员所在区域位置的发电边际成本。如果系统中各个节点(母线)上的价格都不一样，区位边际定价就变成了节点边际定价(Locational Marginal Pricing, LMP)。

3）联络线输送容量为零

当联络线输送容量为零，即东、西部系统在电气上没有连接时，东、西部市场只能独自运行，即用户只能购买本地区发电商的电能。当用户需求无弹性时，将东、西部用户需求分别代入式(4-3)和式(4-4)，即可得到东、西部市场的电价分别为

$$\pi_E = MC_E = 100 + 0.08 \times 1500 = 220 [元/(MW \cdot h)]$$

$$\pi_W = MC_W = 80 + 0.04 \times 500 = 100 [元/(MW \cdot h)]$$

很明显，对比联络线容量分别为 1600MW 和 800MW 时的电价，当东、西部地区没有联络线时，西部地区的电价最低，东部地区的电价最高。仅从用户利益的角度看，东部地区用户希望联络线的输送容量越大越好，西部地区用户则希望没有联络线。当然，是否需要建联络线、建多大容量是一个输电投资规划问题，不在本章的讨论范围。接下来简单讨论一下输电容量对市场交易带来的影响。

2. 商业剩余

基于市场交易价格和发电商的成交量，进一步计算各地区发电商收入、用户支付的电费、整个市场的收入和成本以及联络线输送的功率，三种情况下的计算结果见表 4-2(表中，R 表示收入，C 表示用户支付的电费或市场购电成本)。

表 4-2　东、西部地区互联系统市场交易情况

项目	统一市场 (无输电容量约束)	统一市场 (有输电容量约束)	孤立市场
P_W/MW	1500	1300	500
P_E/MW	500	700	1500
P_{WE}/MW	1000	800	0
$\pi_W[元/(MW \cdot h)]$	140	132	100
$\pi_E[元/(MW \cdot h)]$	140	156	220
R_W/(元/h)	210000	171600	50000
R_E/(元/h)	70000	109200	330000
C_W/(元/h)	70000	66000	50000
C_E/(元/h)	210000	234000	330000
R_{total}/(元/h)	280000	280800	380000
C_{total}/(元/h)	280000	300000	380000

表 4-2 显示，随着东、西部地区间联络线输送容量的增加，西部地区发电商的收入增加，东部地区发电商的收入减少；西部地区用户支付的电费增加，东部地区用户支付的电费减少。很明显，西部发电商和东部用户是区域互联形成统一市场的最大受益者。同时，区域间的互联使得市场的总购电成本减少，也就提升了社会福利(因为这里假设用户无需求弹性，即用户的需求函数为常数，所以购电成本减少等同于社会福利增大)。

此外，当东、西部地区不联网或联络线输送容量能够满足市场需求时，整个市场的收支是平衡的，即发电商的收入与用户支付的电费相等。而当东、西部地区系统互联，但联

络线输送容量不能满足市场需求时，用户支付的电费高于发电商的收入，市场出现了收支不平衡的情况。市场出现收支不平衡的原因是集中交易模式下市场成员按其所在地区的电价进行结算。在联络线输送容量受限的情况下，东部地区用户购买的电能中有 800MW 是由西部地区发电商提供的，东部地区用户按东部电价 156 元/(MW·h) 支付电费，而西部地区发电商按西部电价 132 元/(MW·h) 收取费用，从而出现了收支不平衡的情况。

在集中交易模式下，市场成员按其所在地区/节点电价进行结算，当输电线路输送容量受限、不能满足交易需求，即系统出现线路阻塞时，用户支出超出发电商收入，产生资金剩余。这个"剩余"是由具体的商业模式(本例中指市场成员按所在地区电价进行决算)决定的，故定义为"商业剩余(Merchandising Surplus，MS)"。本节中的商业剩余是由线路阻塞造成的，故又称为"阻塞剩余(Congestion Surplus，CS)"。

1)阻塞剩余与输送容量

根据阻塞剩余的定义，阻塞剩余与联络线输送容量有关，接下来对两者之间的关系进行定量分析。由于用户的需求量是固定的，发电商的出力受线路输送容量 P_{WE} 的限制，基于式(4-3)、式(4-4)可得出东、西部电价与 P_{WE} 的关系分别为

$$\pi_E = 100 + 0.08 \times (D_E - P_{WE}) \tag{4-8}$$

$$\pi_W = 80 + 0.04 \times (D_W + P_{WE}) \tag{4-9}$$

根据定义，阻塞剩余(CS)为用户总支出与发电商总收入之差，即

$$
\begin{aligned}
CS &= C_{total} - R_{total} \\
&= (\pi_E D_E + \pi_W D_W) - (\pi_E P_E + \pi_W P_W) \\
&= \pi_E (D_E - P_E) + \pi_W (D_W - P_W) \\
&= (\pi_E - \pi_W) P_{WE}
\end{aligned}
\tag{4-10}
$$

该式显示，阻塞剩余为两地区电价差与输送容量的乘积。将式(4-8)、式(4-9)代入式(4-10)可得阻塞剩余与用户需求、联络线输送容量的关系式：

$$CS = -0.12 P_{WE}^2 + (20 + 0.08 D_E - 0.04 D_W) P_{WE} \tag{4-11}$$

式(4-11)表明，阻塞剩余与用户需求的关系是线性的，而与联络线输送容量的关系是非线性的(图 4-8)，具体关系如下：

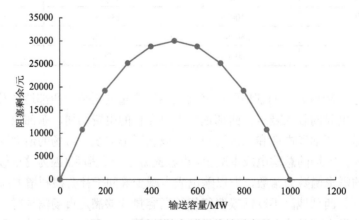

图 4-8　阻塞剩余与联络线输送容量

(1)当市场中的用户需求无弹性时(D_E、D_W 为常数),阻塞剩余与联络线输送容量 P_{WE} 呈二次函数关系,即当 $P_{WE}=500MW$ 时,阻塞剩余最大,当 $P_{WE}>1000MW$ 时,系统没有阻塞,阻塞剩余为零。

(2)当联络线输送容量固定时, D_E 的增加和/或 D_W 的减少均会导致阻塞剩余的增加,即当东部用户需求增加时,联络线容量受限,东部用户只能从东部发电商处购买电能从而使东部电价进一步升高,导致东、西部电价差拉大,阻塞剩余增加;而西部地区用户需求增加使西部电价升高,导致东、西部电价差减小,阻塞剩余也减少。

2)阻塞剩余的分配

以上分析表明:只要用户对联络线的输送需求超过其允许的输送容量就会出现阻塞剩余,这部分剩余的资金应该分配给谁呢?实际中各个市场的做法不尽相同,因为各有利弊,每个市场的分配方案有其独特的市场背景和相应的配套解决方案,此处不便展开。以下简单讨论一下各个方案的问题。

如果直接将阻塞剩余留给系统运营商,则会导致系统运营商故意制造阻塞,至少不会尽力去消除阻塞。因为前面的分析表明阻塞剩余与联络线允许输送的容量有关,而允许输送的容量值取决于线路本身的热稳定极限和线路所在系统的稳定运行极限,系统的稳定运行极限是由系统运营商负责计算的,有一定的技术门槛,很难监管。

如果将阻塞剩余分配给输电服务提供商(如电网公司),则会使输电服务提供商降低投资新输电线路的积极性或控制新建线路的容量,从而导致市场更容易发生阻塞,市场效率降低。

如果将阻塞剩余返还给电能交易方(发电商或用户),则会削弱节点边际定价本身对经济行为的激励作用。

3. 网损对电能交易的影响

电能在从发电厂经过电网输送到用户的过程中,一定会有电能损耗,即网损。也就是说,发电厂发出的电能一定大于用户消费的电能。前面的分析表明,如果不计网损和线路输送容量限制,系统中各节点的电价均相等,此时必然出现系统运营商从用户处收来的电费不足以支付应该付给发电商费用的情况。发电商缺失的这部分电费如何补偿呢?下面讨论计及网损的电能集中交易,看看在这种交易机制下市场收支是否均衡?发电商的电费是否得到全额支付?

1)网损计算

网损一般指电流流经电力网络时产生的有功功率损耗。电力网络中的电气元件主要是变压器和线路(包括架空线和电缆)。变压器的有功功率损耗包括铁耗和铜耗两个部分,其中铁耗来源于变压器铁心中的磁滞现象以及涡流损耗,其大小与电压的平方成正比;铜耗是在变压器绕组上的发热损失,其大小与变压器的电阻和流过电流的平方成正比。线路的损耗也包括两个部分:一部分损耗来源于输电线路的电晕和电流泄漏现象,其大小与电压的平方成正比;另一部分是线路电阻中的发热损失,其大小与变压器的电阻和流过电流的平方成正比。

电力系统正常运行时电压的波动很小，基本上可将电压视为常数，因此与电压平方成正比的这部分有功功率损耗可看作常数，称为固定损耗。而与电流平方成正比的这部分有功功率损耗则会随着系统潮流的变化而变化，故称为可变损耗。实际系统中，一般情况下可变损耗远大于固定损耗，所以这里的网损计算仅考虑可变损耗，简化计算公式如下：

$$L = I^2 R = \left(\frac{S}{U}\right)^2 R = \frac{P^2 + Q^2}{U^2} R \tag{4-12}$$

式中，R、I、U、S、P、Q 分别为网络电阻（包括变压器电阻和线路电阻）、流过线路的电流、线路末端电压、线路末端视在功率、线路末端有功功率和线路末端无功功率。若忽略无功潮流，式(4-12)进一步简化为

$$L = \frac{R}{U^2} P^2 = KP^2 \tag{4-13}$$

式中，$K = \dfrac{R}{U^2}$，称为网损系数。可见，在简化计算中，网损与有功功率的平方成正比。

2) 网损的边际成本

在图 4-9 所示的两节点系统中，假设各节点电压为额定值，忽略无功负荷和线路的无功潮流，节点 1、2 间的等值电阻为 R，负荷的有功功率为 P_D，节点 2 的电压为 U，则节点 1 处的发电机有功出力为

$$P_\mathrm{G}(P_\mathrm{D}) = P_\mathrm{D} + L = P_\mathrm{D} + KP_\mathrm{D}^2 \tag{4-14}$$

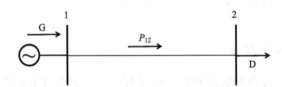

图 4-9　两节点系统网损边际成本计算示意图

当节点 2 的负荷增加 ΔP_D 时，节点 1 处发电出力的增量 ΔP_G 为

$$\Delta P_\mathrm{G} = P_\mathrm{G}(P_\mathrm{D} + \Delta P_\mathrm{D}) - P_\mathrm{G}(P_\mathrm{D}) = \Delta P_\mathrm{D} + 2KP_\mathrm{D}\Delta P_\mathrm{D} + K(\Delta P_\mathrm{D})^2 \tag{4-15}$$

式中，ΔP_D 的二次项数值相对很小，可以忽略，则有

$$\Delta P_\mathrm{G} = (1 + 2KP_\mathrm{D})\Delta P_\mathrm{D} \tag{4-16}$$

假设节点 1 处发电出力的边际成本为 c，则节点 2 处负荷增量 ΔP_D 导致的发电成本增量为

$$\Delta C = c(1 + 2KP_\mathrm{D})\Delta P_\mathrm{D} \tag{4-17}$$

根据成本的定义，此时节点 2 处的边际成本为

$$\frac{\Delta C}{\Delta P_\mathrm{D}} = c(1 + 2KP_\mathrm{D}) \tag{4-18}$$

如果市场是完全竞争的，则节点电价等于节点的边际成本，即节点 1、2 的电价分别为

$$\pi_1 = c \tag{4-19}$$

$$\pi_2 = c(1 + 2KP_D) \tag{4-20}$$

很明显，当考虑网损时，节点 2 的电价高于节点 1 的电价，即用户处(电能受端)电价高于发电商处(电能送端)电价，电能从电价低的地方向电价高的地方输送，这与普通商品的流动规律是一致的。另外，两节点间的电价差与用户的需求成正比，即用户的需求量越大，用户处的电价越高，这也符合普通商品的价格规律。

至于市场中的商业剩余，根据其定义可以计算如下：

$$MS = \pi_2 P_D - \pi_1\left(P_D + KP_D^2\right) = cKP_D^2 = cL \tag{4-21}$$

此式表明，在市场定价时，如果考虑网损(即电价中不但包含电能成本，还包括网损成本)，则必然存在商业剩余，且该剩余为正值。这部分剩余理论上应该分配给输电服务提供商，如电网公司。当然，式(4-21)只是对商业剩余与网损关系的一个近似表达，实际系统是一个复杂的网状结构，很难得到一个类似式(4-21)这样的显示表达式。

3) 计及网损的集中交易

(1) 联络线容量充足。

应用前面的网损计算公式(4-13)，对东、西部联合系统的集中交易再进行出清计算。假设东、西部联络线上的网损系数 $K = 0.00005\text{MW}^{-1}$，忽略两个子系统内部的网损。仍然假设用户需求无弹性，系统运营商的交易出清目标是发电成本最小化，即

$$\min C = C_E + C_W \tag{4-22}$$

式中，C_E、C_W 是东、西部发电商的发电成本，可由各自的供应函数积分得到，即分别对式(4-3)和式(4-4)进行积分：

$$C_E = \int_0^{P_E} MC_E = 100P_E + 0.04P_E^2 \tag{4-23}$$

$$C_W = \int_0^{P_W} MC_W = 80P_W + 0.02P_W^2 \tag{4-24}$$

由于供需必须实时平衡，所以在求解这个优化问题时必须满足功率平衡条件：

$$P_E + P_W = D_E + D_W + KP_{WE}^2 \tag{4-25}$$

因为西部电价低，联络线上的潮流是从西部流向东部的，所以假设联络线上的网损由西部发电来平衡，则有

$$P_E = D_E - P_{WE} \tag{4-26}$$

$$P_W = D_W + P_{WE} + KP_{WE}^2 \tag{4-27}$$

将式(4-23)、式(4-24)、式(4-26)、式(4-27)代入式(4-22)，有

$$\min C = 100\left(D_E - P_{WE}\right) + 0.04\left(D_E - P_{WE}\right)^2 + 80\left(D_W + P_{WE} + KP_{WE}^2\right) \\ + 0.02\left(D_W + P_{WE} + KP_{WE}^2\right)^2 \tag{4-28}$$

式(4-28)中，P_{WE} 是唯一的优化变量，改变 P_{WE} 的值，可得到如图 4-10 所示的关系曲线。

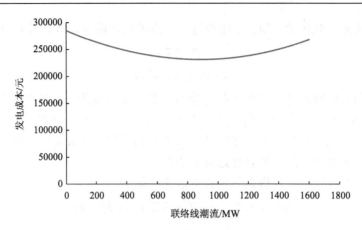

图 4-10　系统发电成本与联络线潮流的关系图

由图可见，当 $P_{WE} = 887MW$ 时，系统的发电成本最小。相对于不计网损的情况，市场出清考虑网损时西部发电商的出力减小了 113MW。也就是网损使西部发电商的竞争力减小，同时两个地区的电价也不相等。当 $P_{WE} = 887MW$ 时，由式(4-3)、式(4-4)、式(4-26)、式(4-27)可计算出东、西部电价分别为 149 元/(MW·h) 和 137 元/(MW·h)，相应的商业剩余为 5301 元/h。当联络线容量满足用户需求时，考虑和不考虑网损这两种情况下的市场交易结果总结在表 4-3 中。接下来分析当联络线容量受限时计及网损的交易情况。

表 4-3　网损和阻塞对集中交易的影响

项目	不计网损		计及网损	
	无阻塞	有阻塞	无阻塞	有阻塞
P_W/MW	1500	1300	1426	1332
P_E/MW	500	700	613	700
P_{WE}/MW	1000	800	887	800
π_W /[元/(MW·h)]	140	132	137	133
π_E /[元/(MW·h)]	140	156	149	156
R_W/(元/h)	210000	171600	195362	177156
R_E/(元/h)	70000	109200	91337	109200
C_W/(元/h)	70000	66000	68500	66500
C_E/(元/h)	210000	234000	223500	234000
R_{total}/(元/h)	280000	280800	286699	286356
C_{total}/(元/h)	280000	300000	292000	300500
MS/(元/h)	0	19200	5301	14144

(2)联络线容量受限。

当联络线容量为 800MW 时，原拟从西部送出的 887MW 最多只能送出 800MW，差额的 87MW 只能由东部发电商提供。此时东、西部发电商的出力分别为

$$P_E = 1500 - 800 = 700 \,(MW)$$
$$P_W = 500 + 800 + 0.00005 \times 800^2 = 1332 \,(MW)$$

东、西部电价分别为

$$\pi_E = 100 + 0.08 \times 700 = 156\,[元/(MW \cdot h)]$$
$$\pi_W = 80 + 0.04 \times 1332 \approx 133\,[元/(MW \cdot h)]$$

可见，当联络线输送容量受限时，东部电价进一步抬高，而西部电价由于西部发电商出力受限而下降。此时的商业剩余为 14144 元/h，远大于联络线容量不受限时的 5301 元/h。因为此时的商业剩余不但有网损产生的剩余，还有阻塞带来的剩余。具体交易结果详见表 4-3。表中结果显示：当联络线输送容量受限时，不考虑网损对电价的影响，将拉大东、西部地区的电价差，导致更多的商业剩余。

4.2.2　三节点系统的集中交易

4.2.1 节中两节点集中交易分析结果表明：当考虑电能输送过程中存在损耗以及输电线路不能满足电能交易的需求这些实际情况时，各个节点的电价会出现差别，发电成本低、用户需求小的节点电价低，发电成本高、用户需求大的节点电价高，电能从电价低的节点流向电价高的节点。这些结论都与普通商品市场规律一致。但实际电力系统的网络结构复杂，输电网一般为网状结构，线路间潮流相互影响，相互制约，从两节点系统得到的结论在复杂系统中是否适用呢？本节以简单的三节点网状系统为例，进一步讨论集中交易机制下电能交易的复杂性和电价的特殊性。

以例 4-2 中的三节点系统为例（系统示意图和参数分别见图 4-3 和表 4-1），系统中各发电机组参数见表 4-4，节点 1、2、3 所带负荷分别为 50MW、200MW 和 300MW。在集中交易模式下，系统运营商根据发电商和用户的投标，在保证系统安全运行的前提下，以社会福利最大化为目标进行市场出清，即确定各发电机组的出力和各节点的电价。从数学的角度，这项工作可以表达为一个最优潮流问题，并用相关的优化算法和应用软件进行求解。为了便于分析和理解相关的工作机理，这里对这个问题做一些简化，并用手工方法进行计算。此处假设市场为完全竞争市场，发电商按边际成本进行报价，用户需求无弹性，不考虑网损。求解顺序如下：首先不考虑线路输送功率约束，以社会福利最大化为目标，初步确定各发电机出力计划（称为无约束经济调度）；然后进行系统安全校核，如果无约束调度结果通过安全校核，则进一步计算各节点电价，否则调整各机组出力直至满足系统安全校核标准（称为有约束经济调度）；最后计算各节点电价。

表 4-4　三节点系统发电机组参数

发电机组	机组容量 P/MW	边际成本 MC/[元/(MW·h)]
A	400	150
B	200	180
C	150	900
D	90	300

1. 无约束经济调度

当不计用户需求弹性，即用户需求为常数时，社会福利最大化的市场出清目标就转化为购电成本最小化。如果发电商按边际成本报价，则市场购电成本等同于发电商的发电成本。本例中，用户需求总计 550MW，发电商按成本从低到高排序依次为 A、B、D、C。根据发电成本最小化的原则，优先安排机组 A 出力 400MW，剩余 150MW 由机组 B 承担，即无约束经济调度计划为

$$P_A = 400\text{MW}, \quad P_B = 150\text{MW}, \quad P_C = 0\text{MW}, \quad P_D = 0\text{MW}$$

相应的发电总成本为

$$C_{ED} = MC_A \cdot P_A + MC_B \cdot P_B = 87000\,(\text{元}/h)$$

2. 系统安全校核

系统安全校核是指基于经济调度方案(即各机组的出力计划)进行潮流计算并判断各线路潮流是否超过线路的最大允许传输功率。假设系统运营商根据系统安全稳定运行规则计算出本例中各线路的最大允许传输功率如表 4-2 所示。仍然假设忽略网损和无功潮流，采用叠加定律进行潮流计算。

根据上述无约束经济调度方案，各机组出力、负荷以及潮流方向示意图如图 4-11 所示。由图可计算各节点的净流入功率分别为 $P_1 = 500\text{MW}$、$P_2 = -200\text{MW}$、$P_3 = -300\text{MW}$(图 4-12(a))，即 500MW 电能从节点 1 流入，其中 200MW 从节点 2 流出、300MW 从节点 3 流出。根据叠加定理，可将图 4-12(a)的潮流分解为两个子潮流：①200MW 电能从节点 1 流入并从节点 2 流出(图 4-12(b))；②300MW 电能从节点 1 流入并从节点 3 流出(图 4-12(c))。

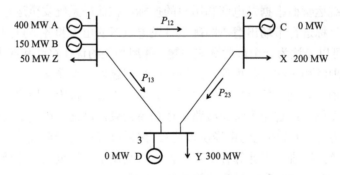

图 4-11　无约束经济调度方案

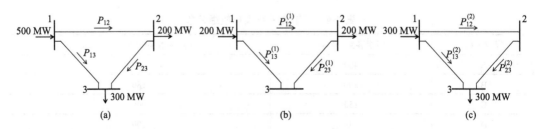

图 4-12　应用叠加定理计算系统潮流

根据并联支路的潮流分布特点，即并联支路传输的功率与支路自身的阻抗值成反比，分别计算两个子潮流分布。

子潮流 (1) 中：

$$P_{12}^{(1)} = \frac{0.2+0.1}{0.2+0.1+0.2} \times 200 = 120 \text{ (MW)}$$

$$P_{13}^{(1)} = -P_{23}^{(1)} = \frac{0.2}{0.2+0.1+0.2} \times 200 = 80 \text{ (MW)}$$

子潮流 (2) 中：

$$P_{13}^{(2)} = \frac{0.2+0.1}{0.2+0.1+0.2} \times 300 = 180 \text{ (MW)}$$

$$P_{12}^{(2)} = P_{23}^{(2)} = \frac{0.2}{0.2+0.1+0.2} \times 300 = 120 \text{ (MW)}$$

两个子潮流叠加，可得总潮流分布：

$$P_{12} = P_{12}^{(1)} + P_{12}^{(2)} = 120 + 120 = 240 \text{ (MW)}$$

$$P_{13} = P_{13}^{(1)} + P_{13}^{(2)} = 80 + 180 = 260 \text{ (MW)}$$

$$P_{23} = P_{23}^{(1)} + P_{23}^{(2)} = -80 + 120 = 40 \text{ (MW)}$$

很明显，线路 1-3 上的潮流 260MW 超过了该线路的最大允许输送功率 250MW，因此该经济调度方案未能通过系统安全校核，不可行。

3. 有约束经济调度

为了使调度计划满足系统安全校核，必须使线路 1-3 上的潮流降低到 250MW，即减少 10MW。要减少线路 1-3 上的潮流，需要在线路 1-3 上形成方向潮流，即增加从节点 3 流向节点 1 的潮流。为此有两个解决方案：

方案 1：增加节点 3 的发电出力；

方案 2：增加节点 2 的发电出力。

具体采用哪个解决方案，需要比较各方案的发电成本，选择发电成本低的方案。

1) 方案 1 发电成本计算

同样假设不计网损和无功潮流，设节点 3 发电出力增加 xMW，同时节点 1 发电出力减少 xMW（为保持功率平衡），即相当于在原有的无约束经济调度方案的潮流上叠加一个从节点 3 流入、节点 1 流出的子潮流，最后形成的新潮流应使线路 1-3 的潮流为 250MW。为计算 x 的取值，先来分析一下节点 3 增加 1MW、节点 1 减少 1MW 对线路 1-3 带来的潮流影响，然后据此反推 x 的取值。如图 4-13 所示，根据并联支路的潮流分布特点，可计算出：

$$\Delta P_{13} = \frac{0.2+0.1}{0.2+0.1+0.2} \times 1 = 0.6 \text{ (MW)}$$

$$\Delta P_{32} = \Delta P_{21} = \frac{0.2}{0.2+0.1+0.2} \times 1 = 0.4 \text{ (MW)}$$

因为 ΔP_{31} 的潮流方向与原调度方案中线路 1-3 的潮流方向相反，为使 $P_{13} = 250$MW，只需使 $\Delta P_{31} = 10$MW，这时节点 3 需要增发的出力为

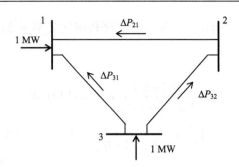

图 4-13 节点 3 出力微增变化的影响

$$\Delta P_3 = \frac{10}{0.6} = 16.67 \, (\text{MW})$$

对应在节点 1 减少 16.67MW 出力，所形成的潮流如图 4-14(a)所示。与原调度方案(潮流见图 4-14(b))叠加后得到调整后调度方案(潮流见图 4-14(c))，即各发电厂出力分别为

$$P_A = 400\text{MW}, \quad P_B = 133.33\text{MW}, \quad P_C = 0\text{MW}, \quad P_D = 16.67\text{MW}$$

相应的发电总成本为

$$C_{ED} = \text{MC}_A \cdot P_A + \text{MC}_B \cdot P_B + \text{MC}_D \cdot P_D = 89000.4 \, (\text{元/h})$$

方案 1 的发电总成本相对原无约束调度方案增加了 2000.4 元/h。

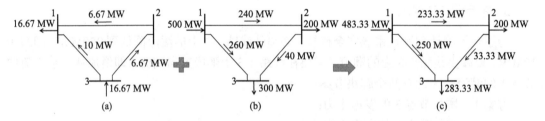

图 4-14 满足线路约束的经济调度结果(方案 1)

2) 方案 2 发电成本计算

为将线路 1-3 的潮流减少 10MW，节点 2 应增加的发电出力为

$$\Delta P_2 = \frac{10}{0.4} = 25 \, (\text{MW})$$

对应在节点 1 减少 25MW 出力,所形成的潮流见图 4-15(a)。与原调度方案(潮流见图 4-15(b))叠加得到调整后调度方案(潮流见图 4-15(c))，即各发电厂出力分别为

$$P_A = 400\text{MW}, \quad P_B = 125\text{MW}, \quad P_C = 25\text{MW}, \quad P_D = 0\text{MW}$$

相应的发电总成本为

$$C_{ED} = \text{MC}_A \cdot P_A + \text{MC}_B \cdot P_B + \text{MC}_C \cdot P_C = 105000 \, (\text{元/h})$$

方案 2 的发电总成本相对原无约束调度方案增加了 18000 元/h。

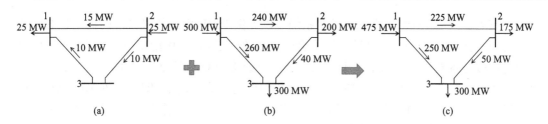

图 4-15　满足线路约束的经济调度结果(方案 2)

很明显，方案 1 的发电成本低于方案 2，最终采用方案 1 形成的经济调度方案，即 $P_A = 400\text{MW}$、$P_B = 133.33\text{MW}$、$P_C = 0\text{MW}$、$P_D = 16.67\text{MW}$（图 4-16）。

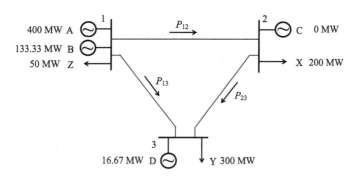

图 4-16　有约束经济调度方案

4. 节点电价计算

节点电价等于该节点增加单位功率负荷时，系统以最经济的手段满足该负荷需求所增加的购电成本。以下分别计算输电容量有约束和无约束两种情况下的节点电价。

1)无输电容量约束时的节点电价

如上所述，当不考虑线路的输送容量约束时，市场的出清方案为 $P_A = 400\text{MW}$、$P_B = 125\text{MW}$、$P_C = 25\text{MW}$、$P_D = 0\text{MW}$，即 A 机组已满载，B 机组是边际机组且未满载。由于线路输送容量不受限制，当任一节点增加 1MW 负荷需求时，均可由边际机组 B 提供 1MW 的出力来满足，因此各节点的电价均等于 B 机组的边际成本 180 元/(MW·h)，即 $\pi_1 = \pi_2 = \pi_3 = 180\text{元}/(\text{MW·h})$。与两节点系统一样，当线路输送容量不受限制时，市场价格统一为一个价格，没有节点电价差，也没有商业剩余。

2)有输电容量约束时的节点电价

当考虑线路的输送容量限制时(线路输送容量限制见表 4-1)，市场的出清方案为 $P_A = 400\text{MW}$、$P_B = 133.33\text{MW}$、$P_C = 0\text{MW}$、$P_D = 16.67\text{MW}$。

当节点 1 新增 1MW 负荷时，系统可以提供 1MW 出力的最经济的机组是 B 机组(A 机组虽然成本最低，但已满载，不能再增加出力)，而且 B 机组就在节点 1，其新增出力不会带来线路输送容量的增加，所以节点 1 的电价由 B 机组的边际成本决定，即 $\pi_1 = 180\text{元}/(\text{MW·h})$。

当节点 3 新增 1MW 负荷时，虽然系统可以提供 1MW 出力的最经济的机组是 B 机组，但因为 B 机组位于节点 1，其新增出力会带来线路输送容量的增加，从而导致线路 1-3 的潮流超过输送容量极限。而由位于节点 3 的相对经济的 D 机组来提供 1MW 的新增出力，可以避免出现阻塞，所以节点 3 的电价由 D 机组的边际成本决定，即 $\pi_3 = 300元/(MW \cdot h)$。

当节点 2 新增 1MW 负荷时，如果由本地的 C 机组承担新增负荷，则太不经济（C 机组的成本远大于其他机组）；如果由最经济的 B 机组提供新增出力，则会导致线路 1-3 过载；如果由 D 机组承担新增负荷，虽然不会导致线路过载，但 D 机组成本还是比 B 机组高，经济性上差了。观察到 D 机组新增出力在线路 1-3 上产生的潮流方向与 B 机组产生的潮流方向相反，有利于消除线路阻塞，可以考虑让 B 机组和 D 机组共同承担新增负荷，即有

$$\Delta P_1 + \Delta P_3 = \Delta P_2 = 1MW \tag{4-29}$$

同时 B、D 机组在线路 1-3 上产生的新增潮流必须相互抵消，以保障线路不过载，即有

$$\Delta P_{13} = 0.4\Delta P_1 - 0.2\Delta P_3 = 0MW \tag{4-30}$$

联立式 (4-29)、式 (4-30) 进行求解，可得 B、D 机组的新增出力为

$$\Delta P_1 = \frac{1}{3}MW, \quad \Delta P_3 = \frac{2}{3}MW$$

相应的发电成本为 $\frac{1}{3} \times 180 + \frac{2}{3} \times 300 = 260元/(MW \cdot h)$，节点 2 的电价等于新增发电成本，即 $\pi_2 = 260元/(MW \cdot h)$。

5. 阻塞剩余

如果市场规定发电商和用户按其所在电气位置进行市场结算，即机组 A 和 B 按节点 1 电价收费、机组 C 按节点 2 电价收费、机组 D 按节点 3 电价收费、负荷 X 按节点 2 电价交费、负荷 Y 按节点 3 电价交费、负荷 Z 按节点 1 电价交费，则可计算一个交易时段 (1h) 的阻塞剩余（表 4-5）。结果显示，与两节点系统一样，当系统无阻塞（输电线路没有容量限制）时，没有阻塞剩余；当系统出现阻塞时，出现阻塞剩余（本例中，当线路 1-2、1-3、2-3 的允许传输容量分别为 250MW、250MW 和 126MW 时，线路 1-3 出现阻塞，一个交易时段的阻塞剩余为 45999.6 元/h），阻塞剩余的大小与输电线路允许传输容量的大小有关。与两节点系统类似，两者之间不是绝对的正相关或负相关关系。本例中，当线路 1-2 的允许传输容量发生变化时（其余两条线路的传输容量不变），其对阻塞剩余的影响如图 4-17 所示，图中显示，当线路 1-2 允许传输容量为 200MW 时出现最大阻塞剩余。图 4-18、图 4-19 分别是线路 1-3、2-3 的允许传输容量发生变化时（其余两条线路的传输容量不变）出现阻塞剩

表 4-5　输电容量限制与阻塞剩余

项目	系统无运行约束	系统有运行约束
A 机组出力/MW	400	400
B 机组出力/MW	150	133.33
C 机组出力/MW	0	0
D 机组出力/MW	0	16.67

续表

项目	系统无运行约束	系统有运行约束
X 用户负荷量/MW	200	200
Y 用户负荷量/MW	300	300
Z 用户负荷量/MW	50	50
节点 1 电价/[元/(MW·h)]	180	180
节点 2 电价/[元/(MW·h)]	180	260
节点 3 电价/[元/(MW·h)]	180	300
发电商收入/(元/h)	99000	101000.4
用户支付费用/(元/h)	99000	147000
一个交易时段的阻塞剩余/(元/h)	0	45999.6

余的情况。由图 4-18 可见，当线路 1-3 允许传输容量为 200MW 时，出现最大阻塞剩余。在本例的负荷需求水平下（节点 1、2、3 的用户需求分别为 50MW、200MW、300MW），线路 1-3 对系统运行的约束最大，当其输送容量限制在 200MW 时，市场的阻塞剩余最大。

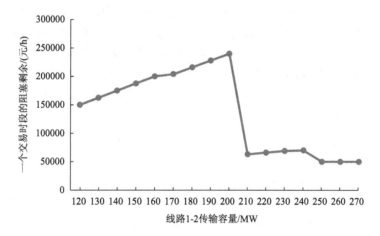

图 4-17 一个交易时段的阻塞剩余与线路 1-2 传输容量

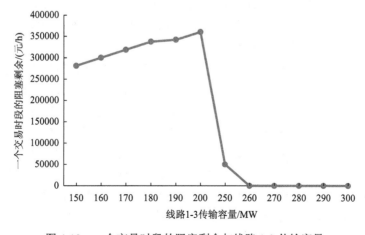

图 4-18 一个交易时段的阻塞剩余与线路 1-3 传输容量

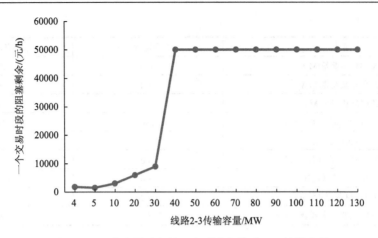

图 4-19　一个交易时段的阻塞剩余与线路 2-3 传输容量

4.2.3　复杂系统的集中交易

为便于概念上的理解，4.2.2 节以三节点系统为例，采用简化、直观的方法分析了基于网络系统的集中交易出清过程，即确定中标机组的发电出力(基于约束的经济调度计划)和各节点的电价。实际系统节点规模巨大、网络结构复杂、运行约束因素繁多，4.2.2 节的计算方法不能解决电力市场基于复杂系统的集中交易出清问题，本节从原理上简单介绍实际电力市场采用的交易出清模型及复杂系统的电价计算方法，更为详细的内容可参考实际电力市场的具体交易规则。

1. 交易出清过程

目前，基于电力现货市场主要采用安全约束机组组合(Security-Constrained Unit Commitment，SCUC)和安全约束经济调度(Security-Constrained Economic Dispatch, SCED)两个程序进行市场的集中出清。SCUC 指在满足电力系统安全性约束的条件下，以社会福利最大化为优化目标，制定分时段的机组启停机计划。SCED 指在满足电力系统安全性约束的条件下，以社会福利最大化为优化目标，制定分时段的机组发电出力计划。

现货能量市场主要包括日前和实时两个市场。日前市场在系统实际运行前一日出清；实时市场在系统实际运行前 15 min 出清。

在日前市场，电力调度机构基于市场成员申报信息以及运行日的电网运行边界条件，以社会福利最大化为目标，采用 SCUC、SCED 程序进行优化计算，出清得到日前市场交易结果。首先采用 SCUC 程序计算运行日的 96 点机组开机组合；然后采用 SCED 程序计算运行日的 96 点机组出力曲线以及分时节点电价；最后对运行日的机组开机组合、机组出力曲线进行安全校核，若不满足潮流安全约束，则在计算模型中添加相应的约束条件，重复上述计算过程，直至满足潮流安全约束，得到日前市场的出清结果。

在实时市场，电力调度机构基于日前电能量市场封存的申报信息，根据超短期负荷预测等边界条件，以总发电成本/购电成本最小化为目标，采用 SCUC、SCED 方法进行集中优化计算，出清得到运行时点的机组开机组合、分时出力计划、分时节点电价。

2. SCUC 模型及求解

电力现货市场中的日前电能量市场和日内实时市场都需要用 SCUC 模型编制发电计划，计算市场出清结果。日前市场的 SCUC 模型一般选取社会福利最大化为优化目标，实时市场的 SCUC 模型一般选取系统发电成本最小化为优化目标，但两者的约束条件基本相同。由于日前市场和实时市场中 SCUC 模型除目标函数外基本相同，而且从数学形式上看，日前市场的目标函数包括了实时市场的目标函数，所以以下介绍日前市场的 SCUC 模型。

1) SCUC 优化目标

日前市场出清的优化目标是社会福利最大化。社会福利为需求侧的售电费用和发电侧的购电费用之差。当负荷需求为刚性时，售电费用为常数，社会福利最大化的优化目标等同于购电费用最低；当负荷需求有弹性时，需要以社会福利最大化为优化目标。社会福利最大化的数学表达式如下：

$$\max \sum_{j=1}^{M} \sum_{t=1}^{T} \lambda_{j,t} D_{j,t} - \sum_{i=1}^{N} \sum_{t=1}^{T} (C_{i,t}(P_{i,t}) + C_{i,t}^{U} + C_{i,t}^{D}) \tag{4-31}$$

式中，$\lambda_{j,t}$ 为用户 j 在 t 时段的报价；$D_{j,t}$ 为用户 j 在 t 时段的负荷；$P_{i,t}$ 为发电机组 i 在 t 时段的有功出力；$C_{i,t}(P_{i,t})$ 为发电机组 i 在 t 时段的报价曲线；$C_{i,t}^{U}$ 为发电机组 i 在 t 时段的启动费用；$C_{i,t}^{D}$ 为发电机组 i 在 t 时段的停机费用；T 为运行周期内的交易时段总数；M 为参与日前市场报价的用户总数；N 为发电机组总数。

2) SCUC 约束条件

(1) 有功功率平衡约束。

在交易时段 t，发电机组发出的有功功率等于负荷的有功功率和系统有功功率损耗之和：

$$\sum P_{i,t} = P_{L,t} + \sum D_{j,t} \tag{4-32}$$

式中，$P_{L,t}$ 为系统在 t 时段的有功功率损耗。

(2) 系统容量备用约束。

为应对负荷预测偏差以及各种实际运行事故带来的系统供需不平衡波动，需要留有一定的备用容量，具体包括正备用和负备用两种备用容量。正备用为系统各个时段机组最大出力之和，应按一定比例高于该时间点上的系统负荷加上有功损耗；负备用为机组最小出力之和，应按一定比例低于该时间点上的系统负荷加上有功损耗。具体表达式如下：

$$\sum k_{i,d} P_{i,\max} \geqslant \max \{D_t, t \in d\} + R_U \tag{4-33}$$

$$\sum k_{i,d} P_{i,\min} \leqslant \min \{D_t, t \in d\} - R_D \tag{4-34}$$

式中，$k_{i,d}$ 为机组 i 在第 d 天的启停状态；$P_{i,\max}$、$P_{i,\min}$ 分别为机组 i 的最大、最小出力；R_U、R_D 分别为机组 i 的正备用和负备用容量。

(3) 旋转备用约束。

日前市场的发电计划制定是一个机组出力多时段动态优化问题，经济调度计划必须能够为系统提供足够的机组出力动态调节裕度，从而确保在极端运行情况下满足由于负荷变化或偶然事故带来的系统时段间的耦合约束，即旋转备用约束。具体表达式如下：

$$\mathrm{USR}_t = \sum \mathrm{UR}_{i,t} \geqslant \left(\mathrm{LSR}_t + \sum_{j \in G_\mathrm{W}} P_{j,t} \times w_u\% \right), \quad i \in G_\mathrm{T}, G_\mathrm{gas} \tag{4-35}$$

$$\mathrm{UR}_{i,t} = \min \left\{ P_{i,\max} - P_{i,t}, R_{i,U} \right\}, \quad i \in G_\mathrm{T}, G_\mathrm{gas} \tag{4-36}$$

$$\mathrm{DSR}_t = \sum \mathrm{DR}_{i,t} \geqslant \sum_{j \in G_\mathrm{W}} \left(P_{j,t\max} - P_{j,t} \right) \times w_d\%, \quad i \in G_\mathrm{T}, G_\mathrm{gas} \tag{4-37}$$

$$\mathrm{DR}_{i,t} = \min \left\{ P_{i,t} - P_{i,\max}, R_{i,D} \right\}, \quad i \in G_\mathrm{T}, G_\mathrm{gas} \tag{4-38}$$

式中，USR_t 为 t 时段总的加速旋转备用；LSR_t 为 t 时段系统所需的最小旋转备用；$\mathrm{UR}_{i,t}$ 为机组 i 在 t 时段的可用加速旋转备用；$w_u\%$ 为风电出力对应的加速旋转备用所需比例；$R_{i,U}$ 为机组 i 的爬坡速率；DSR_t 为 t 时段总的减速旋转备用；$\mathrm{DR}_{i,t}$ 为机组 i 在 t 时段的可用减速旋转备用；$w_d\%$ 为风电偏离最大出力下所需减速旋转备用的比例；$R_{i,D}$ 为机组 i 的滑坡速率；G_T、G_gas、G_W 分别为火电机组、燃气机组和风电机组。

(4)机组有功功率出力限制约束。

每台发电机组的实际出力必须在其最大、最小出力范围内，系统所有发电机组的最大出力总和必须大于负荷和旋转备用之和。具体表达式如下：

$$P_{i,t\min} \leqslant P_{i,t} \leqslant P_{i,t\max} \tag{4-39}$$

$$\sum_{i \in G_\mathrm{T}} P_{i,t\max} + \sum_{i \in G_\mathrm{H}} P_{i,t\max} + \sum_{i \in G_\mathrm{gas}} P_{i,t\max} + \sum_{i \in G_\mathrm{W}} P_{i,t} \geqslant D_t + \mathrm{LSR}_t \tag{4-40}$$

$$P_{i,t\max} = \min \left\{ P_{i,\max}, P_{i,t-1} + R_{i,U} \right\}, \quad i \in G_\mathrm{T}, G_\mathrm{gas} \tag{4-41}$$

$$P_{i,t\min} = \max \left\{ P_{i,\min}, P_{i,t-1} - R_{i,D} \right\}, \quad i \in G_\mathrm{T}, G_\mathrm{gas} \tag{4-42}$$

式中，$P_{i,t\max}$、$P_{i,t\min}$ 分别为机组 i 在 t 时段的最大、最小出力；G_H 为水电机组。

(5)机组爬坡滑坡出力速率约束。

机组爬坡滑坡出力速率约束即为机组升出力速率约束和降出力速率约束，具体表达式如下：

$$P_{i,\max}^- \leqslant P_{i,t} - P_{i,t-1} \leqslant P_{i,\max}^+ \tag{4-43}$$

式中，$P_{i,t}$ 为机组 i 在时段 t 的出力；$P_{i,\max}^+$、$P_{i,\max}^-$ 分别为机组 i 的最大升、降出力速率。

(6)燃气机组发电量约束。

燃气机组出力受电厂燃气存储量的约束，具体表示为

$$\sum_{t=1}^{T} P_{i,t} \leqslant R_\mathrm{gas}^{\max}, \quad i \in G_\mathrm{gas} \tag{4-44}$$

式中，$R_\mathrm{gas}^{\max}$ 为最大燃气存储量对应的最大发电量。

(7)水电机组发电量约束。

水电机组出力受库容、气候等因素影响，具体约束可表示为

$$\sum_{t=1}^{T} P_{i,t} \leqslant W_{\mathrm{H}}^{\max}, \quad i \in G_{\mathrm{H}} \tag{4-45}$$

$$W_{\mathrm{H}}^{\max} = \sum Q_{i,t}^{\mathrm{H}} = \sum \left(V_{i,t}^{\mathrm{H}} - V_{i,t+1}^{\mathrm{H}} + W_{i,t}^{\mathrm{H}} - A_{i,t}^{\mathrm{H}} \right), \quad i \in G_{\mathrm{H}} \tag{4-46}$$

式中，$W_{\mathrm{H}}^{\max}$ 为调度周期内水电机组允许的发电量上限；$Q_{i,t}^{\mathrm{H}}$ 为水电机组 i 在 t 时段的发电流量；$V_{i,t}^{\mathrm{H}}$ 为水电机组 i 在 t 时段的库容；$W_{i,t}^{\mathrm{H}}$ 为水电机组 i 在 t 时段的来水量；$A_{i,t}^{\mathrm{H}}$ 为水电机组 i 在 t 时段的弃水量。

(8)线路安全约束。

每条线路的实际传输功率不能超过其最大传输容量，具体表示为

$$-P_{l,\max} \leqslant \sum_{i=1}^{N} S_{l-i} P_{i,t} - \sum_{k=1}^{K} S_{l-k} D_{k,t} \leqslant P_{l,\max} \tag{4-47}$$

式中，$P_{l,\max}$ 为线路的有功潮流传输极限；S_{l-i} 为机组 i 所在节点对线路 l 的发电机功率输出转移因子；K 为系统中负荷节点数量；S_{l-k} 为节点 k 对线路 l 的发电机功率输出转移因子；$D_{k,t}$ 为节点 k 在 t 时段的母线负荷值。

(9)断面潮流约束。

电网中关键断面的总传输功率受到断面内线路最大传输容量的限制，具体表示为

$$P_{L,\min} \leqslant \sum_{l \in L} \left(\sum_{i=1}^{N} S_{l-i} P_{i,t} - \sum_{k=1}^{K} S_{l-k} D_{k,t} \right) \leqslant P_{L,\max} \tag{4-48}$$

式中，$P_{L,\max}$、$P_{L,\min}$ 分别为断面 L 的最大、最小潮流传输极限；l 为属于断面 L 的线路。

其他约束包括特殊机组状态约束(必开机组、热电联产机组、调试机组等)、机组启停时间次数约束、直流联络线功率约束、水电优化调度约束、清洁能源消纳约束、新能源出力约束等。多区域电力市场还包括区域内和区域间的相关约束。

3)SCUC 求解算法

求解 SCUC 模型的算法主要有两大类：一类是传统优化算法，如优先顺序法、拉格朗日松弛法、动态规划法等；另一类是基于人工智能算法的优化算法，如禁忌收缩法、遗传算法、模拟退火算法、层次分析法、粒子群优化算法等。

3. SCED 模型及求解

SCED 以电网运行方式和负荷预测为基础，在机组组合方式确定的前提下优化制定发电计划。电力市场计算中的 SCED 在满足系统各种负荷和发电机组检修计划、输变电设备检修计划、发电机组运行约束和电网安全运行约束的前提下，以社会福利最大化或发电成本最小化为优化目标进行集中优化计算，出清得到分时发电出力曲线和分时节点电价。由于日前市场和实时市场中 SCED 模型除目标函数外基本相同，而且从数学形式上看，日前市场的目标函数包括了实时市场的目标函数，所以以下介绍日前市场的 SCED 模型。

1)SCED 优化目标

日前市场出清的优化目标是社会福利最大化。社会福利为需求侧的售电费用和发电侧的购电费用之差。社会福利最大化的数学表达式如下：

$$\max \sum_{j=1}^{M}\sum_{t=1}^{T}\lambda_{j,t}D_{j,t} - \sum_{i=1}^{N}\sum_{t=1}^{T}C_{i,t}(P_{i,t}) \tag{4-49}$$

式中，$\lambda_{j,t}$ 为用户 j 在 t 时段的报价；$D_{j,t}$ 为用户 j 在 t 时段的负荷；$P_{i,t}$ 为发电机组 i 在 t 时段的有功出力；$C_{i,t}(P_{i,t})$ 为发电机组 i 在 t 时段的报价曲线；T 为运行周期内的交易时段总数；M 为参与日前市场报价的用户总数；N 为发电机组总数。

　　2）SCED 约束条件

　　(1) 有功功率平衡约束。

　　在交易时段 t，发电机组发出的有功功率等于负荷的有功功率和系统有功功率损耗之和：

$$\sum P_{i,t} = P_{L,t} + \sum D_{j,t} \tag{4-50}$$

式中，$P_{L,t}$ 为系统在 t 时段的有功功率损耗。

　　(2) 旋转备用约束。

　　日前市场的发电计划制定是一个机组出力多时段动态优化问题，经济调度计划必须能够为系统提供足够的机组出力动态调节裕度，从而确保在极端运行情况下满足由于负荷变化或偶然事故带来的系统时段间的耦合约束，即旋转备用约束。具体表达式如下：

$$\text{USR}_t = \sum \text{UR}_{i,t} \geqslant \left(\text{LSR}_t + \sum_{j \in G_W} P_{j,t} \times w_u\% \right), \quad i \in G_T, G_{\text{gas}} \tag{4-51}$$

$$\text{UR}_{i,t} = \min\left\{ P_{i,\max} - P_{i,t}, R_{i,U} \right\}, \quad i \in G_T, G_{\text{gas}} \tag{4-52}$$

$$\text{DSR}_t = \sum \text{DR}_{i,t} \geqslant \sum_{j \in G_W} \left(P_{j,\max} - P_{j,t} \right) \times w_d\%, \quad i \in G_T, G_{\text{gas}} \tag{4-53}$$

$$\text{DR}_{i,t} = \min\left\{ P_{i,t} - P_{i,\max}, R_{i,D} \right\}, \quad i \in G_T, G_{\text{gas}} \tag{4-54}$$

式中，USR_t 为 t 时段总的加速旋转备用；LSR_t 为 t 时段系统所需的最小旋转备用；$\text{UR}_{i,t}$ 为机组 i 在 t 时段的可用加速旋转备用；$w_u\%$ 为风电出力对应的加速旋转备用所需比例；$R_{i,U}$ 为机组 i 的爬坡速率；DSR_t 为 t 时段总的减速旋转备用；$\text{DR}_{i,t}$ 为机组 i 在 t 时段的可用减速旋转备用；$w_d\%$ 为风电偏离最大出力下所需减速旋转备用的比例；$R_{i,D}$ 为机组 i 的滑坡速率；G_T、G_{gas}、G_W 分别为火电机组、燃气机组和风电机组。

　　(3) 机组有功功率出力限制约束。

　　每台发电机组的实际出力必须在其最大最小出力范围内，具体表达式如下：

$$P_{i,t\min} \leqslant P_{i,t} \leqslant P_{i,t\max} \tag{4-55}$$

式中，$P_{i,t\max}$、$P_{i,t\min}$ 分别为机组 i 在 t 时段的最大、最小出力。

　　(4) 机组爬坡滑坡出力速率约束。

　　机组爬坡滑坡出力速率约束即为机组升出力速率约束和降出力速率约束，具体表达式如下：

$$P_{i,\max}^{-} \leqslant P_{i,t} - P_{i,t-1} \leqslant P_{i,\max}^{+} \tag{4-56}$$

式中，$P_{i,t}$ 为机组 i 在时段 t 的出力；$P_{i,\max}^{+}$、$P_{i,\max}^{-}$ 分别为机组 i 的最大升、降出力速率。

(5) 燃气机组发电量约束。

燃气机组出力受电厂燃气存储量的约束，具体表示为

$$\sum_{t=1}^{T} P_{i,t} \leqslant R_{\text{gas}}^{\max}, \quad i \in G_{\text{gas}} \tag{4-57}$$

式中，$R_{\text{gas}}^{\max}$ 为最大燃气存储量对应的最大发电量。

(6) 水电机组发电量约束。

水电机组出力受库容、气候等因素影响，具体约束可表示为

$$\sum_{t=1}^{T} P_{i,t} \leqslant W_{\text{H}}^{\max}, \quad i \in G_{\text{H}} \tag{4-58}$$

$$W_{\text{H}}^{\max} = \sum Q_{i,t}^{\text{H}} = \sum \left(V_{i,t}^{\text{H}} - V_{i,t+1}^{\text{H}} + W_{i,t}^{\text{H}} - A_{i,t}^{\text{H}} \right), \quad i \in G_{\text{H}} \tag{4-59}$$

式中，$W_{\text{H}}^{\max}$ 为调度周期内水电机组允许的发电量上限；$Q_{i,t}^{\text{H}}$ 为水电机组 i 在 t 时段的发电流量；$V_{i,t}^{\text{H}}$ 为水电机组 i 在 t 时段的库容；$W_{i,t}^{\text{H}}$ 为水电机组 i 在 t 时段的来水量；$A_{i,t}^{\text{H}}$ 为水电机组 i 在 t 时段的弃水量。

(7) 系统调频备用容量约束。

为维持系统的频率质量，运行中的发电机组应留有足够的调频容量，具体表示为

$$\sum_{i \in N_f} R_{i,t}^{+} \geqslant R_t^{+} \tag{4-60}$$

$$\sum_{i \in N_f} R_{i,t}^{-} \geqslant R_t^{-} \tag{4-61}$$

式中，$R_{i,t}^{+}$、$R_{i,t}^{-}$ 分别为机组 i 在 t 时段提供的上调、下调备用容量；R_t^{+}、R_t^{-} 分别为系统在 t 时段的上调、下调备用需求；N_f 为系统在 t 时段可提供调频备用的机组数。

(8) 环保排放约束。

为保护环境，对发电机组的排放量进行控制，即区域内的 CO_2 和 SO_2 总排放量不得超过政府所限制的阈值，具体表示为

$$\sum_{t=1}^{T} \sum_{i=1}^{N} e_{i,t}\left(P_{i,t}\right) \leqslant \overline{E} \tag{4-62}$$

式中，$e_{i,t}\left(P_{i,t}\right)$ 为机组 i 在 t 时段的排放特性；$\overline{E}$ 为排放约束阈值。

(9) 线路安全约束。

每条线路的实际传输功率不能超过其最大传输容量，具体表示为

$$-P_{l,\max} \leqslant \sum_{i=1}^{N} S_{l-i} P_{i,t} - \sum_{k=1}^{K} S_{l-k} D_{k,t} \leqslant P_{l,\max} \tag{4-63}$$

式中，$P_{l,\max}$ 为线路的有功潮流传输极限；S_{l-i} 为机组 i 所在节点对线路 l 的发电机功率输出转移因子；K 为系统中负荷节点数量；S_{l-k} 为节点 k 对线路 l 的发电机功率输出转移因子；$D_{k,t}$ 为节点 k 在 t 时段的母线负荷值。

(10) 断面潮流约束。

电网中关键断面的总传输功率受到断面内线路最大传输容量的限制，具体表示为

$$P_{L,\min} \leqslant \sum_{l \in L}\left(\sum_{i=1}^{N} S_{l-i} P_{i,t} - \sum_{k=1}^{K} S_{l-k} D_{k,t}\right) \leqslant P_{L,\max} \tag{4-64}$$

式中，$P_{L,\max}$、$P_{L,\min}$ 分别为断面 L 的最大、最小潮流传输极限；l 为属于断面 L 的线路。

有直流联络线的系统还包括直流联络线功率约束；多区域电力市场还包括区域内和区域间的相关约束。

3) SCED 求解算法

求解 SCED 模型的算法主要有两大类：一类是传统优化算法，主要是线性规划法（包括单纯形法、改进单纯形法、对偶单纯形法、原始对偶法、分解算法、网络流规划法、内点法等）和非线性规划法（包括牛顿法、变尺度法、梯度法、二次规划法等）；另一类是基于人工智能算法的优化方法，如遗传算法、粒子群优化算法等。

非线性规划法计算结果准确，但收敛速度慢；线性规划法计算速度快，容易收敛，但计算精度不够高；基于人工智能算法的优化算法在求解 SCED 模型时，面临多种运行约束难以表达、无法求取最优解的问题。

4. 节点边际电价计算公式

节点边际电价（LMP），指在满足当前输电网络设备约束条件和各类其他资源的工作特点的情况下，在某一节点增加单位负荷需求时所需要增加的边际成本，一般由电能价格、网损价格和阻塞价格三部分组成。求解 SCED 模型即可得到 LMP。下面对上述 SCED 模型进行简化，推导 LMP 的计算表达式，以便理解 LMP 的组成及影响因素。

假设用户需求无弹性，即用户在市场中报量不报价，则市场出清的优化目标从社会福利最大化变为购电成本最小化。同时只考虑有功功率平衡和线路安全两个主要约束，则任一交易时段 t 的 SCED 模型为

$$\min \sum_{i=1}^{n} C_i(P_i) \tag{4-65}$$

s.t.

$$\sum_{i=1}^{n} P_i = P_L(P_i) + D \tag{4-66}$$

$$P_l(P_i) \leqslant P_{l,\max}, \quad l = 1, 2, \cdots, m \tag{4-67}$$

式中，$C_i(P_i)$ 为节点 i 的购电成本；D 为系统总的有功功率负荷；P_i 为节点 i 的注入功率；n 为系统的节点数；m 为有传输容量限制的线路数；$P_L(P_i)$ 为系统的有功功率损耗（网损）；$P_l(P_i)$、$P_{l,\max}$ 分别为线路 l 传输的有功功率和有功功率传输极限。

通过形成拉格朗日方程将上述带约束的优化问题转化为不带约束的极值求解问题。由式 (4-65) ～式 (4-67) 形成如下拉格朗日方程：

$$L = \sum_{i=1}^{n} C_i(P_i) - \pi \left(\sum_{i=1}^{n} P_i - P_L(P_i) - D \right) - \sum_{l=1}^{m} \mu_l \left(P_{l,\max} - P_l(P_i) \right) \tag{4-68}$$

式中，π、μ_l 为拉格朗日乘子。

应用库恩-塔克条件，得最优解条件为

$$\frac{\partial L}{\partial P_i} = \frac{\mathrm{d} C_i}{\mathrm{d} P_i} + \pi \frac{\partial P_L}{\partial P_i} - \pi + \sum_{l=1}^{m} \mu_l \frac{\partial P_l}{\partial P_i} = 0 \tag{4-69}$$

$$\frac{\partial L}{\partial \pi} = \sum_{i=1}^{n} P_i - P_L(P_i) - D = 0 \tag{4-70}$$

$$\frac{\partial L}{\partial \mu_l} = \left(P_l(P_i) - P_{l,\max} \right) = 0 \tag{4-71}$$

$$\mu_l \left(P_{l,\max} - P_l(P_i) \right) = 0, \quad \mu_l \geqslant 0 \tag{4-72}$$

联立求解式(4-69)～式(4-71)形成的方程组即可得到 P_i、π、μ_l 的值。

根据节点电价的定义，由式(4-69)可得节点电价的计算表达式为

$$\mathrm{LMP}_i = \frac{\mathrm{d} C_i}{\mathrm{d} P_i} = \pi - \pi \frac{\partial P_L}{\partial P_i} - \sum_{l=1}^{m} \mu_l \frac{\partial P_l}{\partial P_i} \tag{4-73}$$

式中，$\dfrac{\partial P_L}{\partial P_i}$ 表示节点 i 的网损灵敏度，即节点 i 的注入功率对网损的影响；$\dfrac{\partial P_l}{\partial P_i}$ 表示节点 i 的线路潮流灵敏度，即节点 i 的注入功率对线路潮流的影响。

由式(4-73)可见，节点电价由三部分组成。第一部分是电能价格(π)，它由市场的供求关系决定，是系统中有功功率平衡的拉格朗日乘子的值。第二部分是网损价格 $\left(-\pi \dfrac{\partial P_L}{\partial P_i} \right)$，如果节点 i 的网损灵敏度为正(即节点 i 的注入功率使网损增加)，则网损价格为负值，从而降低节点 i 的总电价；如果节点 i 的网损灵敏度为负(即节点 i 的注入功率使网损减少)，则网损价格为正值，从而提高节点 i 的总电价。因此，网损价格的实施可以鼓励发电机组在网损灵敏度为负的节点增加出力(或在网损灵敏度为正的节点减少出力)，鼓励用户在网损灵敏度为正的节点增加消费(或在网损灵敏度为负的节点减少消费)。第三部分是阻塞价格 $\left(-\displaystyle\sum_{l=1}^{m} \mu_l \dfrac{\partial P_l}{\partial P_i} \right)$，当线路 l 不发生阻塞时，$\mu_l = 0$，阻塞价格为零；当线路 l 发生阻塞时，$\mu_l > 0$，阻塞电价不为零，至于阻塞电价是正还是负，即节点的电价因线路阻塞而升高还是降低取决于该节点的线路潮流灵敏度是正还是负。当线路 l 发生阻塞时，如果节点 i 的线路潮流灵敏度是正值，则阻塞电价为负，该节点电价降低；如果节点 i 的线路潮流灵敏度是负值，则阻塞电价为正，该节点电价升高。由此可见，阻塞电价带来的信号是鼓励线路灵敏度为正的节点上的发电机组减少出力，用户增加消费，鼓励线路灵敏度为负的节点上的发电机组增加出力，用户减少消费，从而降低线路阻塞。

显然，如果不计网损、不发生输电阻塞，则系统中各个节点的电价相等，均为电能价格(π)。考虑到网损价格的占比很小，实际电力市场在计算节点电价时一般不考虑网损价格，即节点电价只包括电能价格和阻塞价格两个部分。

【例 4-3】 两节点系统如图 4-7 所示，东、西部节点的发电成本分别为 $C_E = 100P_E + 0.04P_E^2$ 和 $C_W = 80P_W + 0.02P_W^2$（P_E、P_W 分别为东、西部节点的发电机组出力），两节点间输电线路的输送极限为 800MW。在某一交易时段，东部和西部节点的负荷分别为 1500MW 和 500MW，忽略网损，计算该时段东、西部的节点电价。

解：由图 4-7 可以写出两节点间输电线路的输送功率表达式为 $P_{WE} = P_W - 500$，根据式 (4-69)~式 (4-71) 写出下列最优解条件方程组：

$$\begin{cases} \dfrac{\partial L}{\partial P_E} = 100 + 0.08P_E - \pi = 0 \\ \dfrac{\partial L}{\partial P_W} = 80 + 0.04P_W - \pi + \mu = 0 \\ P_E + P_W - 2000 = 0 \\ 1300 - P_W = 0 \end{cases}$$

求解该方程组得

$$\begin{cases} P_E = 700\,(\text{MW}) \\ P_W = 1300\,(\text{MW}) \\ \pi = 156\,[元/(\text{MW} \cdot \text{h})] \\ \mu = 24\,[元/(\text{MW} \cdot \text{h})] \end{cases}$$

根据式 (4-73) 计算东、西部节点电价分别为

$$\text{LMP}_E = \pi - \mu \frac{\partial P_{WE}}{\partial P_E} = 156 - 24 \times 0 = 156\,[元/(\text{MW} \cdot \text{h})]$$

$$\text{LMP}_W = \pi - \mu \frac{\partial P_{WE}}{\partial P_W} = 156 - 24 \times 1 = 132\,[元/(\text{MW} \cdot \text{h})]$$

该结果与 4.2.1 节的分析结果一致。

4.3 输电阻塞风险管理

为了规避现货市场的价格波动风险，市场交易者可能会选择签订差价合同来固定交易价格。但当输电网络出现阻塞时，各节点电价出现差异，位于不同价区的买卖双方就不能仅依靠差价合同来避险，还需要考虑其他风险管理工具来规避输电阻塞带来的价格风险。本节介绍两种阻塞管理方法：一是点对点金融输电权 (Point to Point Financial Transmission Right, 以下简称 FTR)；二是关口权 (Flowgate Right, FGR)。

点对点金融输电权 (FTR) 赋予其持有者获得网络中任意两节点之间的阻塞收益的权力，该权力的收益为已购输送容量与两节点价格差的乘积。关口权 (FGR) 赋予其持有者获得网络中任一线路的阻塞收益的权力，该权力的收益为已购输送容量与线路最大输送容量影子成本（即线路传输容量约束对应的拉格朗日乘子）的乘积。根据以上定义，FTR 的价值为任意两节点间的价格差；而 FGR 的价值为任一条输电线路的最大输送容量影子成本。这两种输电权如何规避阻塞风险？在规避效果上是否等效呢？以下先从两节点系统介绍其基

本原理，然后在三节点系统进行简单的应用分析。

4.3.1　两节点系统的阻塞风险管理

在 4.2.1 节分析的两节点系统中，假设发电商按边际成本报价，负荷需求无弹性。如果两节点间的线路无传输容量限制，则两节点的电价相等，且会随着用户需求的变化而变化，即需求增加时电价升高，需求减少时电价降低。为了规避现货价格的波动，市场参与者一般会通过签订差价合同来锁定电价。例如，西部的发电商——水电厂 A 与东部的用户——铝厂 X 签订了一个差价合同，交易量为 100MW，履约价格为 145 元/(MW·h)，价格结算点为西部。根据差价合同的规定，当东部现货价格超过 145 元/(MW·h)时，水电厂 A 把价格超出部分补偿给铝厂 X；当东部现货价格低于 145 元/(MW·h)时，铝厂 X 把价格降低部分补偿给水电厂 A。这样，无论现货价格如何变化，只要东、西部的电价相等，水电厂 A 实际以 145 元/(MW·h)卖出电能，收入 14500 元/h；铝厂 X 实际以 145 元/(MW·h)买进电能，支付 14500 元/h，即双方都把价格锁定在 145 元/(MW·h)，规避了现货价格的波动风险。

当系统出现阻塞，东、西部价格出现差异，上述差价合同就不能完全规避价格波动风险。例如，在例 4-3 中，线路最大传输容量为 800MW，负荷总需求为 2000MW 时，系统出现阻塞，东、西部电价分别为 156 元/(MW·h)和 132 元/(MW·h)。交易双方的风险情况(仍规定履约价格的结算点为东部)如下：

位于东部的铝厂 X 按 156 元/(MW·h)支付现货交易费用，100MW 交易量共计 15600 元/h，根据差价合同的规定，水电厂 A 补偿铝厂 X 的费用为(156 − 145)×100 = 1100(元/h)，则铝厂 X 实际支付的费用为 14500 元/h，铝厂实现了对价格波动风险的规避。

位于西部的水电厂 A 按 132 元/(MW·h)收取现货交易费用，100MW 交易量共计 13200 元/h，根据差价合同的规定，水电厂 A 支付铝厂 X 的费用为(156 − 145)×100 = 1100(元/h)，则水电厂 A 实际获得的收入为 12100 元/h，未能实现预期的 14500 元/h 的收入，即未能规避现货价格波动风险。当然，如果将差价合同结算点定在西部，则变为位于西部的水电厂 A 成功规避风险，而位于东部的铝厂 X 遭遇阻塞风险。

在这个例子中，通过差价合同，铝厂 X 规避了现货价格风险，而水电厂 A 却不能规避该风险，其原因在于现货价格包括电能价格和阻塞价格两部分，当差价合同约定履约价格的结算点在东部时，位于东部的铝厂 X 在交易结算中只面临电能价格波动的风险，差价合同能帮助它规避电能价格波动风险；而位于西部的水电厂 A 在交易结算中面临电能价格波动和系统阻塞两种风险，系统出现阻塞时差价合同不能规避水电厂 A 面临的系统阻塞带来的电价波动风险。在这种情况下，水电厂 A 需要用金融输电权来规避阻塞风险，可以选择 FTR 或 FGR。通过本例来分析如何购买输电权，相应的规避效果如何。

1)FTR 购买及规避效果

在本例中水电厂 A 比预期少收入了 2400 元/h，这个金额正好是 100MW 电力交易所产生的阻塞剩余。根据 FTR 的定义，水电厂 A 需要购买从西部到东部线路 100MW 的 FTR 来规避阻塞风险。因此，拥有 100MW 差价合同和 FTR 的水电厂 A 在某一交易时段的结算结果如下：

（1）在现货市场的收益为 $132 \times 100 = 13200$（元·h）；

（2）在差价合同的收益为 $-(156 - 145) \times 100 = -1100$（元·h）；

（3）在 FTR 的收益为 $(156 - 132) \times 100 = 2400$（元·h）；

（4）净收益为 $13200 - 1100 + 2400 = 14500$（元·h）（忽略 FTR 费用）。

以上结算结果表明：水电厂 A 通过差价合同和 FTR 规避了现货价格波动风险，实现了预期收益。

2）FGR 购买及规避效果

根据 FGR 的定义，拥有 FGR 的水电厂 A 可以获得的收益为已购输送容量与线路最大输送容量影子成本（即线路传输容量约束对应的拉格朗日乘子）的乘积。在例 4-3 中已计算出西部至东部线路的传输容量约束拉格朗日乘子 μ 的值为 24 元/h。因此，水电厂 A 为了实现预期收益（14500 元·h），需要购买 100MW 的 FGR，即水电厂 A 通过差价合同和 FGR 同样可以规避现货价格波动风险，实现预期收益。

上述分析表明，拥有输电权的市场参与者在系统出现阻塞时可以获得输电权收益以规避阻塞风险，那么支付输电权收益的经费从何而来？市场参与者如何获得输电权呢？这个经费来源就是系统阻塞时产生的阻塞剩余。当然，阻塞剩余必须高于输电权收益才能保证市场能兑现输电权所有者的收益。关于输电权的分配，一般采用拍卖机制。针对每个交易时段，系统运营商需要确定可用以拍卖的输电权数量，然后将输电权卖给出价最高的购买者。所有发电商、用户，甚至是希望从节点电价差中获利的投机者都可以参加输电权的竞买。如何确定输电权的数量？系统阻塞时输电权拥有者的输电权收益一定是正的吗？下面在三节点系统中进一步讨论这些问题。

4.3.2　三节点系统的阻塞风险管理

在图 4-3 所示的三节点系统中，节点 2 有一个数据中心（用户）的用电需求是 100MW，为了规避现货价格风险，数据中心与节点 1 的水电厂签订了 100MW 的差价合同，履约价格为 200 元/(MW·h)，价格结算点为节点 1。同时数据中心还需要购买相应的输电权。以下分别就 FTR 和 FGR 两种输电权分析数据中心需要购买的输电权数量及规避效果。

1）FTR 组合及规避效果

根据 4.2.2 节的初始网络条件及计算结果，图 4-3 所示的三节点系统的优化调度及节点电价计算结果如图 4-20 所示。因为市场参与者的输电权收益由阻塞剩余支付，所以系统运营商在进行输电权拍卖前需要限制输电权的拍卖数量以保证市场产生的阻塞剩余足够支付输电权收益。依据阻塞剩余等于输电权收益的原则，系统运营商根据图 4-20 所示的经济调度结果给出了表 4-6 所示的输电权数量组合。用户可以从表中选择购买输电权以规避阻塞风险。

由于数据中心位于节点 2，且与位于节点 1 的水电厂签订了差价合同，因此该用户从表 4-6 的输电权组合中选择购买源节点为 1、终节点为 2、数量为 100MW 的输电权，根据图 4-20 所示的市场出清结果，水电厂（发电商）和数据中心（用户）的结算结果如下。

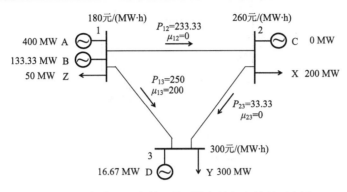

图 4-20　初始运行条件下的系统经济运行结果示意图

表 4-6　初始网络条件下的 FTR 可行组合

组合	FTR			结算				阻塞剩余/元
	源点	终点	数量/MW	源点电价/[元/(MW·h)]	终点电价/[元/(MW·h)]	FTR 收益/元	总计收益/元	
Ⅰ	1	3	283	180	300	33999.6	49999.6	
	1	2	200	180	260	16000		
Ⅱ	1	3	300	180	300	36000	49999.6	49999.6
	1	2	175	180	260	13999.6		
Ⅲ	1	3	200	180	300	24000	49999.6	
	1	2	200	180	260	16000		
	2	3	250	260	300	9999.6		

水电厂收益：

(1) 在现货市场的收益为 $180 \times 100 = 18000$（元/h）；

(2) 差价合同的收益为 $(200 - 180) \times 100 = 2000$（元/h）；

(3) 净收益为 $18000 + 2000 = 20000$（元/h）。

数据中心支付的费用：

(1) 在现货市场的费用为 $260 \times 100 = 26000$（元/h）；

(2) 差价合同的收益为 $-(200 - 180) \times 100 = -2000$（元/h）；

(3) FTR 的收益为 $(260 - 180) \times 100 = 8000$（元/h）；

(4) 净费用为 $26000 + 2000 - 8000 = 20000$（元/h）（忽略 FTR 费用）。

结算结果显示，通过签订差价合同和购买 FTR，水电厂和数据中心均有效规避了现货价格风险，实现了预期的收益/费用。

2）FGR 组合及规避效果

如果市场提供的输电权为 FGR，则每条线路可供拍卖的数量为线路的最大传输容量，即 $\mathrm{FGR}_{12} = 250\mathrm{MW}$、$\mathrm{FGR}_{13} = 250\mathrm{MW}$、$\mathrm{FGR}_{23} = 126\mathrm{MW}$。数据中心可在此数量范围内根据其交易需要确定每条输电线需要购买的 FGR 数量。通过潮流计算可得数据中心 100MW 的电力需求在系统中的潮流分布如图 4-21 所示，因此该用户需要购买的 FGR 为 $\mathrm{FGR}_{12} =$

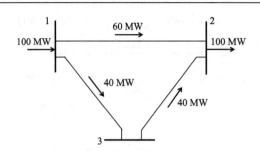

图 4-21　100MW 的电力需求在系统中的潮流分布图

60MW、$FGR_{13} = 40MW$、$FGR_{23} = 40MW$。根据图 4-20 所示的市场出清结果，数据中心（用户）的结算结果如下：

(1) 在现货市场的费用为 $260 \times 100 = 26000$（元/h）；

(2) 差价合同的收益为 $-(200 - 180) \times 100 = -2000$（元/h）；

(3) FGR 的收益为 $0 \times 60 + 200 \times 40 + 0 \times 40 = 8000$（元/h）；

(4) 净费用为 $26000 + 2000 - 8000 = 20000$（元/h）（忽略 FGR 费用）。

结算结果显示，通过签订差价合同和购买 FGR，数据中心也有效规避了现货价格风险，实现了与购买 FTR 同样的规避效果。

3）FTR 与 FGR 的比较

上述分析表明，对于市场成员而言，只要能够购买到等于其交易数量的交易源点至终点的 FTR，或者了解其交易在各条线路上的潮流分布，并购买等于相应潮流数量的 FGR，即可有效规避系统中的阻塞风险。而在实际应用中，FTR 和 FGR 各有优劣。

FTR 定义的源点可以是电力网络中的任一节点，它的终点可以是任意的其他节点，这两个点不一定直接连接在同一条线路上。这种定义方式对市场成员是友好的，因为他们不需要为电力网络的复杂性而烦恼，只需要知道拟交易的电能是从哪个节点流入、哪个节点流出，即可基于对源点和终点电价的波动情况的判断进行交易决策，至于在网络中是怎么流动的并不重要。当然，由于点对点输电容量会随着网络结构的变化而改变，FTR 的价值难以确定，而且点对点输电的组合数量大，导致 FTR 的市场流动性不强。

相对 FTR，FGR 在价值判断和市场流动性上更有优势。因为 FGR 是定义在线路上的，其价值等于相应线路容量约束的拉格朗日乘子值。未发生阻塞的线路的拉格朗日乘子值为零，只有发生阻塞的线路的 FGR 才能带来收益。一般情况下，系统中发生阻塞的线路不多，而且相对网络结构的变化，某一条既定线路的最大传输容量具有更大的确定性。当然，在购买 FGR 时，市场成员必须考虑并理解电力网络运行原理，能够判断其交易在可能产生阻塞线路上的潮流分布。更困难的是判断哪些线路可能发生阻塞，因为只选择一组固定的重要线路进行交易是不够的，只有购买了系统中所有发生阻塞线路的 FGR 才能完全规避阻塞风险。

理论上，在完全竞争市场中，金融输电权（包括 FTR、FGR 等）和物理输电权在规避阻塞风险上是等效的。实际电力市场究竟采用哪种输电权，取决于具体的市场环境、市场规则，不能一概而论。

小　结

对于双边交易,电力网络的输送容量约束使得当出现系统阻塞时需要对双边交易合同进行削减。为保证合同削减的公平合理,一般采用物理输电权方式,但物理输电权存在市场力和输电权数量难以确定的问题。

对于集中交易,为满足电力网络的物理结构约束,需要对各发电机的出力进行经济调度,而不是仅凭其报价安排机组出力。当系统出现阻塞时,各节点电价出现差异,为了规避线路阻塞带来的电价风险,市场成员可以购买金融输电权。金融输电权包括点对点金融输电权(FTR)和关口权(FGR)两种基本类型,FTR 对用户友好(易理解、易操作),但市场流动性差;FGR 市场流动性好,但要求用户具备一定的系统运行知识。

思 考 题

4-1　点对点金融输电权(FTR)和关口权(FGR)在规避阻塞风险的效果上是否等效? 各有何优缺点?

4-2　了解现有电力市场对输电权是如何分配的,各种分配机制各有何优缺点?

习　题

4-1　在习题图 4-1 所示的两节点系统中,已知节点 1、2 的发电成本分别为 $C_1 = 200P_1 + 0.04P_1^2$、$C_2 = 150P_2 + 0.02P_2^2$,两节点的装机容量分别为 2000MW 和 1500MW。计算下列情况下的发电机出力、节点电价、发电商收入、用户费用和商业剩余,并对结果进行分析讨论。

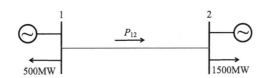

习题图 4-1　两节点系统示意图

(1)两节点间联络线最大传输容量为零;

(2)两节点间联络线最大传输容量为 2000MW,网损系数 $K = 0.00002\text{MW}^{-1}$;

(3)两节点间联络线最大传输容量为 1000MW,网损系数 $K = 0.00004\text{MW}^{-1}$。

4-2　针对习题 4-1 中的两节点系统,写出商业剩余与网损系数和线路潮流(传输容量)的关系式,并讨论线路损耗和潮流对商业剩余的影响。

4-3　在习题图 4-3 所示的三节点系统中,每条输电线路的最大传输容量均相等,发电机组的参数见习题表 4-3。忽略网损和无功潮流。

(1)分析该系统的电力交易受到哪条输电线路的限制;

(2)如果线路的最大传输容量为 200MW,计算各发电机组出力、节点电价、发电机收益、用户费用和阻塞剩余。

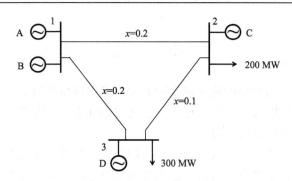

习题图 4-3　三节点系统示意图

习题表 4-3　发电机组参数

发电机组	机组容量 P/ MW	边际成本 MC/[元 /(MW·h)]
A	350	180
B	200	300
C	150	900
D	90	350

4-4　在图 4-20 所示的三节点系统中，位于节点 1 的发电商与位于节点 3 的用户想规避现货市场集中交易的价格风险，将电价锁定在 200 元/(MW·h)，为此双方签订了一个差价合同，履约价格为 200 元/(MW·h)，价格结算点为节点 3，交易量为 200MW/交易时段。某交易时段的市场出清结果如图 4-20 所示。

(1)针对这 100MW 的交易，计算发电商和用户在这一交易时段的结算结果，并判断他们是否规避了现货电价风险；

(2)对仍然存在电价风险的发电商或用户，如果想通过 FTR 或 FGR 规避风险，应如何购买？计算相应的结算结果，并判断是否实现了规避风险的目标。

第5章 辅助服务与系统安全

辅助服务是电力系统安全、可靠、经济运行的保证，也是保障电能质量的必要措施。辅助服务是一种特殊的商品，具有商品价值属性，其使用价值需要使用者以向提供者进行经济补偿的形式来体现。在能源监管部门监督下的电力调度机构从发电厂或其他市场主体购买辅助服务用于电网的统一调度，电网所有用户都是辅助服务的使用者。辅助服务市场既要与电能量市场保持一致，又需要结合辅助服务自身的技术、经济特性与电力系统和电力市场协同发展。本章对辅助服务进行分类，说明每种辅助服务的功能、市场交易和运作模式。

5.1 概　　述

电力市场辅助服务是指为维持电力系统的安全稳定运行或恢复系统安全，以及为保证电能供应质量，满足电压、频率、可靠性等要求所需要的一系列服务。

电力系统的安全稳定运行决定了电力市场辅助服务必须是统一、协同、计划实施，它是电力市场运营的基础条件。所有市场成员共同建立的坚实的物理电力网络需要依靠市场形式来获取辅助服务，如果在辅助服务供给过程中提升效率，就需要引入市场竞争机制，将供给辅助服务的成本与获得服务创造的价值进行匹配。

鉴于目前国际上对辅助服务市场构建未有统一的模式，各国根据自身电力系统特点制定各自的模式以及相应的规则，本章仅对目前认可最多的辅助服务内容进行分析。

5.1.1 辅助服务的概念与分类

《电力辅助服务管理办法》(国能发监管规〔2021〕61号)中对辅助服务的定义为维持电力系统安全稳定运行，保证电能质量，促进清洁能源消纳，除正常电能生产、输送、使用外，由火电、水电、核电、风电、光伏发电、光热发电、抽水蓄能、自备电厂等发电侧并网主体，电化学、压缩空气、飞轮等新型储能，传统高载能工业负荷、工商业可中断负荷、电动汽车充电网络等能够响应电力调度指令的可调节负荷(含通过聚合商、虚拟电厂等形式聚合)提供的服务。

辅助服务内容包括一次调频、自动发电控制(Automatic Generation Control，AGC)、调峰、无功与电压支持、备用、黑启动服务等。其中，一次调频、AGC属于实时负荷偏差调整，归属于调频辅助服务；备用分为旋转备用和非旋转备用，我国电力市场初期，只对旋转备用进行补偿；无功与电压支持是通过对无功备用容量调节输出，实现系统电压的控制。

1. 调频辅助服务

调频辅助服务包含一次调频和AGC。一次调频是指当电力系统频率偏离目标频率时，发电机组通过调速系统的自动反应，调整有功出力，减少频率偏差所提供的服务。AGC 是指发电机组在规定的出力调整范围内，跟踪电力调度交易机构下发的指令，按照一定调节速率实时调整发电出力，以满足电力系统频率和联络线功率控制要求的服务。调频辅助服务处理实时情况下较小的负荷与发电不匹配来维持系统频率稳定，实现控制区内负荷用电功率与发电功率实时偏差最小或在系统可接受范围内。

2. 旋转备用

旋转备用是指为了保证可靠供电，电力调度交易机构指定的发电机组通过预留发电容量所提供的服务。当电力系统故障导致负荷与发电发生较大偏差时，旋转备用可以在 10min 内提供急需的发电出力(增加/降低)，恢复参与调频机组的负荷跟踪服务水平。旋转备用是提升供电可靠性的辅助服务。非旋转备用又称为运行备用，是指 30min 内可以满发的发电备用容量，包括发电机容量和可间断电负荷，用于提高恢复可靠性备用的水平。

3. 无功与电压支持

无功与电压支持是指为保障电力系统电压稳定，并网主体根据电力调度下达的电压、无功出力等控制命令，通过自动电压控制、调相运行等方式，向电力系统注入、吸收无功功率，或调整无功功率分布所提供的服务。

4. 调峰辅助服务

调峰辅助服务是指处理短时期内存在较大的发电负荷偏差，调度中心在各机组出力调整范围内，为了跟踪负荷的峰谷变化而有计划地、按照一定调节速度进行的发电机组出力调整所提供的服务。有偿调峰是指发电机组超过规定的调峰深度进行调峰，以及火力发电机组按电力调度交易机构要求在规定时间内完成启停机(炉)进行调峰所提供的服务。

5. 黑启动

黑启动是指整个电力系统因故障停运后，不依赖其他能源网络的帮助，通过电力系统中具有自启动能力的机组的启动，带动无自启动能力的机组，逐步扩大电力系统的恢复范围，最终实现整个电力系统的恢复。电力系统应根据安全需要，合理设置黑启动电源功率。黑启动电源功率是重大事故发生后系统恢复所需的最小带自启动功能机组的功率。随着新能源发电的占比越来越大，将新能源发电引入黑启动研究中成为当下热点。

5.1.2 电力系统运行状态

电力系统运行状态(图 5-1)是指电力系统在不同负荷水平、出力配置、系统接线、故障等运行条件下系统与设备的工作状况。根据不同的运行条件，电力系统的运行状态分为安全状态和非安全状态；非安全状态包含警戒状态、紧急状态、崩溃状态和恢复状态。

安全状态：在此运行状态下，系统中总的有功和无功出力能与负荷总的有功和无功的需求达到平衡；电力系统的频率和各母线电压在正常运行的允许范围内；各发电设备和输变电设备均在额定范围内运行，系统内的发电和输变电设备均有足够的备用容量。此状态

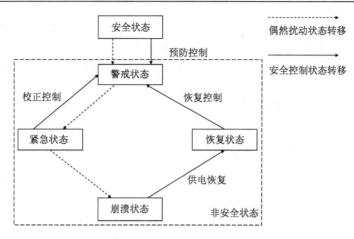

图 5-1　电力系统运行状态转化

下系统能以电压和频率质量均合格的电能满足负荷用电的需求，还具有适当安全的储备，能承受正常的扰动。电力系统实现经济、安全、可靠运行。

警戒状态：电力系统受到一系列轻微的扰动，会使电力系统总的安全水平逐渐降低，进入警戒状态。在此状态下，电压、频率等虽都在容许范围内，但系统的安全储备系数大大减少，所以对于外界扰动的抵御能力削弱了。当发生一些不可预测的扰动或负荷增长到一定程度时，电压、频率的偏差可能超过容许范围。当某些重要设备发生过载时，系统的安全运行可能受到威胁。电网调度要随时监测系统的运行情况，通过静态安全分析、暂态安全分析，对系统的安全水平做出评价。一旦发现系统处于警戒状态，调度中心及时采取预防性控制措施，如增加和调整发电机出力、调整负荷、改变运行方式等，使系统尽快恢复到正常状态。

紧急状态：若系统处于警戒状态，调度人员没有及时采取有效的预防性措施，一旦发生足够严重的扰动，例如，发生短路故障或一台大容量机组退出运行等，系统就要从警戒状态进入紧急状态。这时可能造成某些线路的潮流或系统中其他元件的负荷超过极限值，系统的电压或频率超过或低于允许值。电网调度应及时地采取正确而有效的紧急控制措施，尽可能使系统恢复到警戒状态，或进而恢复到正常状态。

崩溃状态：在紧急状态下，未及时采取适当的控制措施，或者措施不足够有效，或者因为扰动及其产生的连锁反应十分严重，则系统可能因失去稳定而解裂成几个系统。此时，系统由于出力和负荷的不平衡，不得不大量地切除负荷及发电机，从而导致全系统的崩溃。

恢复状态：系统崩溃后，整个电力系统可能已解裂为几个小系统，并且造成许多用户大面积的停电和许多发电机的紧急停机。此时，要采取各种恢复出力和送电能力的措施，逐步对用户恢复供电，使解裂的小系统逐步地并列运行，使电力系统恢复到正常状态或警戒状态。

由于电力系统运行特有的技术特征，电力系统运行状态需要整体调整。电力系统运行的五种状态都与电力市场各个成员紧密相连，他们需通过共同的电力系统来实现电力市场交易。电力系统正常安全运行就需要电力市场各成员协同应对各种可能的扰动以保持电力系统安全、可靠、经济运行的能力，这种应对电力系统不正常运行的能力以及对应的措施称为辅助服务。在电力市场机制下进行辅助服务交易的市场称为辅助服务市场。辅助服务市场需求伴随电力市场的需求、电网结构、电源结构、监控技术、市场运行等发生变动。辅助服务产品类型主要包括调频、调峰、旋转备用、无功与电压支持和黑启动五大类。

5.1.3　辅助服务的需求和市场意义

　　我国电力辅助服务市场发展是一个从无到有、从计划到市场的渐进过程。2002 年以前，我国电力工业主要采取垂直一体化的管理模式，由电力调度机构统一安排电网和电厂的运行方式。电力调度机构根据系统的负荷特性、水火比重、机组特性以及设备检修等方面因素，统一进行发电计划和辅助服务的全网优化。在对电厂进行结算时，辅助服务与发电量捆绑在一起进行结算，未建立单独的辅助服务补偿机制。2002 年初，国务院发布了《电力体制改革方案》（国发〔2002〕5 号），我国电力系统实行了厂网分开，各发电厂分属于不同的利益主体，无偿提供电力辅助服务难以协调各方利益。《发电厂并网运行管理规定》（电监市场〔2006〕42 号）和《电力辅助服务管理办法》（国能发监管规〔2021〕61 号）明确规定我国电力市场中并网发电厂提供的有偿辅助服务需补偿，同时也对因自身原因不能提供有偿辅助服务或达不到预定调用标准的电厂进行考核。42 号、61 号文制定辅助服务交易的基本原则是"谁受益，谁承担"，细化规范辅助服务市场主体行为，从而调动各类发电厂积极提供辅助服务，改善电力系统的安全运行指标。

　　1. 辅助服务的需求

　　1) 电力系统安全性防御的需要

　　电力系统安全运行一直都是电力系统的头等大事，电力系统安全防御包含各类为实现电网安全运行而采取的预防性、校正性与恢复性控制措施。为应对系统可能发生的事故，电网调度需要考虑各类预防性和校正性控制措施。制定预防措施是为了对可能事故做出预先处置，即便发生也能保证系统稳定运行。预先处置就需要准备系统裕量，也就意味着系统不会运行于系统最大容量水平，系统容量就不能充分运用。从经济角度来看，系统容量的使用率就不充分，会降低电能交易量。

　　图 5-2 所示的简单电力系统中，两个机组容量均为 120MW，同时对 150MW 的负荷供电，机组 1 的供电成本低于机组 2。若每条输电线路的最大允许载荷能力为 50MW，机组 1和机组 2 分别按 100MW 和 50MW 供电，此运行方式是最优的，在无扰动情况下，系统可安全、经济运行。但考虑随机发生的各类事故，此运行方式存在一定的安全隐患，需要对最优经济运行状态进行调整，牺牲一定的经济性来提高系统的安全性。假如一条输电线路因故障退出运行，另一条输电线路就会过载，无法实现系统的安全运行，此时就应将机组 1

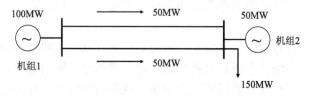

图 5-2　简单电力系统

的出力改为 50MW，机组 2 的出力改为 100MW，这才能保证在任一条输电线路因故障退出运行时系统仍能安全运行。由此看出，为保障输电线路安全运行牺牲了机组 1 的利益。又假如其中一台机组发生故障，则系统只能提供 120MW 的最大负荷，而不能满足 150MW 的负荷需求。前一个假设因输电线路故障牺牲机组利益，后一个假设因机组故障无法满足负荷需求，影响系统安全运行。同时，发电与负荷的平衡经常会受到多种因素的干扰，如发电机出力控制不精准、负荷发生变化、天气变化等。发电与负荷的相互影响，显示出电力系统各部分间是密切相连、相互作用的。

电网中发电功率过剩还会促使电网频率上升，反之发电功率不足会促使电网频率下降，电网发电功率和用电功率不平衡都将引发频率变化，其变化程度取决于系统内所有发电机组与旋转负荷所具有的转动惯量。当系统频率偏差较大时，电网将崩溃。为保障系统安全运行需保证系统具有适当的运行储备容量。当所有发电厂都单纯利用电力市场竞争机制运行时，多种因素叠加会导致电网发电功率和用电功率不平衡，并且这种不平衡还具有时间特性，这就需要调度机构采取针对性辅助服务来解决带有时间特性的功率不平衡。

在传统电力的垂直一体化垄断模式下，电网系统内各相关企业掌握全部的预防和校正措施所需的资源，可通过调度中心下达指令实现相关企业运行状态的调整。然而随着电力市场的建立和完善，预防和校正措施所需的资源已由各类独立核算企业分属，调度中心已无法调配系统进行预防和校正措施所需的资源，此类资源成为需要付费的市场服务，即电力辅助服务，它是系统实现电能交易的保障服务，它的服务成本和收益需要通过交易来体现。这就需要根据电力辅助服务对用户服务需求做出响应的能力来确定服务价格，而不是通过直接在电价中增加辅助服务费来实现成本的回收。电力辅助服务市场是与电能交易市场相伴的市场，但不是电能交易市场附属，需要建立专门的市场运行机制来规范辅助服务市场的需求和供应、成本和收益。

2) 电力市场经济、高效运行的需要

电力市场改革前，电力系统是垂直一体化管理，系统通过对内部的发电机组下达指令让其承担所有的辅助服务供给。随着市场化改革深入，发电企业的辅助服务的供给会影响其电能供给，发电企业不愿无偿承担辅助服务的供给，这就需要建立辅助服务市场机制实现辅助服务的有效供给。在市场机制下发电机组可以提供辅助服务的供给，有能力的用户也可以提供辅助服务，供给对象的增加，将会促进市场竞争，提高辅助服务市场资源利用效率。例如，数量巨大的电动汽车用户与数量有限的大型发电机组相比，辅助服务的供给更可靠，众多电动汽车用户同时出现故障的概率几乎为零，在需求响应方式中最具竞争性。但现阶段电动汽车参与辅助服务市场机制还未建立完善，电动汽车用户对参与辅助服务市场也不太了解，电动汽车大都未参与辅助服务，大型发电机组仍是提供辅助服务的主体。

在电力市场交易中，大型发电机组无论是出力还是提供负荷跟踪、备用、电压支持等辅助服务都要考虑电能和辅助服务市场同步出清。因为发电机组的备用和负荷是可相互转化的。例如，发电机组只带部分负荷的电能收入小于带正常负荷的收入，这将降低发电设备使用效率，但此时发电设备可提供备用容量。电能收入的减少需要辅助服务收入来补偿。电能交易和辅助服务交易是相互影响、相互作用的，比较直接的影响有：

(1)只带部分负荷的机组所出售的电能数量比正常状态小；

(2)为补充部分负荷机组所减少的发电出力，市场需调用成本更高的其他机组，由它们提供更多出力；

(3)提供旋转备用的机组因无法满载运行，机组工作效率会下降，因此需要在电能生产时获得更多的补偿。

电能和辅助服务交易是同时进行的，这种相互结合的交易需要同时兼顾电能和辅助服务总成本最优，以保证发电机组提供辅助服务和电能之间无获益差别。

【例 5-1】　现有一区域电力市场，电力需求为 300~720MW。假设保证系统稳定运行只需要一种备用辅助服务，需求备用容量为 300MW。系统包含 4 台机组，表 5-1 列出了各机组相关参数。

表 5-1　某区域电力市场机组参数

机组编号	电能边际生产成本/[元/(MW·h)]	最大出力 P_{max}/MW	最大备用容量 R_{max}/MW
1	20	250	0(不能提供备用服务)
2	170	230	160
3	200	240	190
4	280	250	0(不能提供备用服务)

假设负荷需求量为 D，发电商按边际成本进行电能量报价，不对备用进行报价；市场按成本最小化进行出清，则相应的优化数学模型如下。

优化变量：四台机组各自电能生产量(P_1、P_2、P_3、P_4)，备用供给量(R_1、R_2、R_3、R_4)。

目标函数：

$$\min(20P_1 + 170P_2 + 200P_3 + 280P_4) \tag{5-1}$$

功率平衡约束：

$$P_1 + P_2 + P_3 + P_4 = D \tag{5-2}$$

最小备用容量：

$$R_1 + R_2 + R_3 + R_4 \geqslant 250 \tag{5-3}$$

发电机组出力约束：

$$\begin{aligned} 0 \leqslant P_1 \leqslant 250 \\ 0 \leqslant P_2 \leqslant 230 \\ 0 \leqslant P_3 \leqslant 240 \\ 0 \leqslant P_4 \leqslant 250 \end{aligned} \tag{5-4}$$

发电机组备用容量约束：

$$\begin{aligned} R_1 = 0 \\ 0 \leqslant R_2 \leqslant 160 \\ 0 \leqslant R_3 \leqslant 190 \\ R_4 = 0 \end{aligned} \tag{5-5}$$

发电机组整体容量约束：

$$P_1 + R_1 \leqslant 250$$
$$P_2 + R_2 \leqslant 230$$
$$P_3 + R_3 \leqslant 240 \tag{5-6}$$
$$P_4 + R_4 \leqslant 250$$

不同负荷数值，对应不同的发电机组出力和备用容量的求解结果如表 5-2 所示，具体求解过程分析如下。

表 5-2　求解数值表　　　　　　　　　（单位：MW）

需求	P_1	R_1	P_2	R_2	P_3	R_3	P_4	R_4
300～420	250	0	50～170	60	0	190	0	0
420～470	250	0	170	60	0～50	190	0	0
470～720	250	0	170	60	50	190	0～250	0

当系统负荷为 300MW 时，机组 1 的成本最低，即为边际成本，机组 2 和机组 3 有能力提供备用，当机组 2 最多提供 160MW 备用时，机组 3 就至少提供 90MW 备用。此时机组 3 因提供备用，其电能生产就不能超过 150MW。

$$0 \leqslant P_3 \leqslant 150 \tag{5-7}$$

当机组 3 最多提供 190MW 备用时，机组 2 就至少提供 60MW 备用。此时机组 2 因提供备用，其电能生产就不能超过 170MW。

$$0 \leqslant P_2 \leqslant 170 \tag{5-8}$$

当系统负荷为 300～420MW 时，机组 2 是边际机组，发电出力范围为 50～170MW。此时机组 1 满发，电能价格由机组 2 的边际成本决定，为 170 元/(MW·h)。最小备用要求未起作用，机组 2 和机组 3 提供备用均超过 250MW，故备用价格为零。

当系统负荷为 420～470MW 时，机组 2 生产的电能最多不超过 170MW，至少提供 60MW 备用。机组 3 是边际机组，电能价格由机组 3 的边际成本决定，为 200 元/(MW·h)。备用价格即最后 1MW 的备用来自机组的供应价格。机组 3 在 0～50MW 范围出力，机组 3 备用为 190MW，且不可再增加，要满足 250MW 备用就需要机组 2 来实现。机组 2 减少的发电量可由机组 3 增加发电量来实现，机组 2 新增 1MW 发电量，成本是 200 元，机组 2 减少 1MW 发电量可节省 170 元，备用价格为 200－170＝30 元/(MW·h)。

当系统负荷为 470～720MW 时，机组 4 是边际机组，机组 4 生产的电能最多不超过 250 MW，电能价格为 280 元/(MW·h)。机组 2 和机组 3 生产的电能分别为 170 MW 和 50MW。备用价格即最后 1MW 的备用来自机组的供应价格。机组 4 新增 1MW 发电量的成本是 280 元，机组 2 减少 1MW 发电量可节省 170 元，备用价格为 280－170＝110 元/(MW·h)。图 5-3 总结需求变化时的电能价格和备用价格。

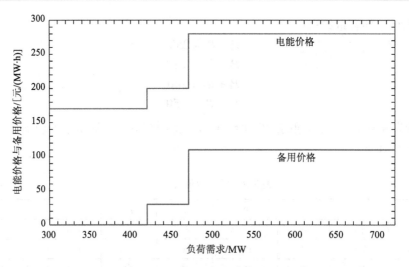

图 5-3　不同需求下的电能价格和备用价格

3) 用户供电可靠性的需要

供电可靠性对不同用户具有不同的价值。例如，普通居民和化工企业对于停电带来的损失就不能相提并论，化工企业停电将严重影响生产过程、产品质量，因此化工企业更愿意支付更多的费用来提高供电可靠性；普通居民则愿意改变用电行为，接受供电可靠性较低的服务。供电可靠性的定价是具有经济效率的机制，但在现有技术水平下，供电商未能提供多样的可靠性服务，供电可靠性主要基于配电网的平均安全水平。用户提高供电可靠性主要还是基于自身备用电源的投入，若用户有高于平均安全水平的供电可靠性要求就愿意分摊更多地涉及供电可靠性的费用，而不是投入更多的备用电源建设。

另外，部分用户的不当用电行为也会对系统安全运行产生严重影响，需要用经济手段对其不当用电行为做出相应的处罚，促使用户改变不当的用电行为，总体减少系统扰动，降低系统所需辅助服务的投入。

2. 辅助服务的市场意义

在传统垄断模式下，强制机制体现并沿袭垂直一体化管理模式下系统的运行经验，可以将(电压、频率)偏差控制到最小，能确保提供足够资源以维持系统运行安全。强制机制操作简单，任务清晰，但与竞争的市场机制有矛盾，强制性的手段会导致不必要的投资，有时可能违背供需关系及规律；在技术或商业上有可能会抑制发展的效率，削弱创新的积极性。因此，从市场化改革的角度出发，强制机制的存在显得缺乏依据。既然强制机制不符合竞争市场的规律，就需要建立市场机制，或者部分采用市场机制。市场机制采用的具体形式取决于辅助服务的特点。

长期辅助服务合同适用于需求量不变或者变化很小的辅助服务，以及提供服务的多少主要由设备特性决定的辅助服务，如黑启动能力、系统调频调峰控制、备用与 AGC 方案等。一天内需求变化很大的辅助服务，或市场交易受供应量变化影响的辅助服务适合于建立实时辅助服务市场，例如，旋转备用往往只能通过短期市场交易实现。辅助服务的长期与短期市场往往是配合实施的。例如，在实际运行中，系统运行员可以签订一些长期备用合同，以降低备用不足的风险或成本，同时，又允许这些辅助服务的提供者通过参与短期市场甚至实时市场的竞争来提供服务。

5.2　辅助服务市场交易

电力市场辅助服务的模式一般有三种：统一型、投标型和双边合同型。统一型指辅助服务必须由系统调度员统一安排协调，在结算时根据各参与者对辅助服务命令执行的情况，对其进行奖惩。投标型指各客户分别对每一种辅助服务进行投标，调度员根据他们的投标情况，排定优先次序，安排辅助服务供应计划，使提供辅助服务的费用最小。双边合同型是指某一辅助服务的用户直接与供应者签订双边合同，从而得到其所需的辅助服务，而无须通过系统运行人员。

某一服务到底应采用哪种供应方式与整个电网的管理运行水平和电力市场发育程度有关。例如，英国、阿根廷等国家采用统一型方式提供频率响应与无功控制等服务，而美国西部加利福尼亚电网，以投标型与双边合同型结合的方式提供负荷跟踪与频率响应服务。目前，世界上还未出现完全非调控状态下的双边合同市场。

5.2.1　辅助服务市场框架

我国辅助服务市场交易体系如图 5-4 所示。以下对辅助服务市场各主体进行分析。

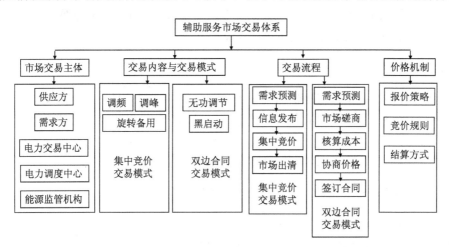

图 5-4　我国辅助服务市场交易体系示意图

1. 辅助服务责任方

辅助服务责任方是指引起电力系统有功和无功不平衡等带来频率与电压不稳定的电厂和用户。因此，为保障电网的安全可靠性以及确保电能质量，需要调用各种必需的辅助服务。辅助服务的责任方直接决定了辅助服务的需求量，这些需求量可以通过需求者直接拥有的资源解决，也可以通过调度分配或者市场交易获得。

2. 辅助服务需求方

辅助服务需求方是指购买辅助服务产品的实体。辅助服务的需求方可大致分为三类：电力调度中心、发电厂商和售电主体。

1) 调度部门为需求方

电网调度部门负责统一购买现行的辅助服务。调用辅助服务需要遵守"按需调度"的基本原则，由电力调度部门依据电网运行状况以及机组的发电特性，理性调用可以提供辅助服务的发电机组，确保调度的有效性和公平性，并且运行工作人员有权按照被调用者对辅助服务的实际供应情况，对其进行相应的奖励或惩罚。

2) 发电厂商为需求方

各类发电厂之间按照发电量或者机组容量分配辅助服务份额，当某一发电厂无法履行其规定的辅助服务份额时，可向其他发电厂或可中断用户、储能用户等购买；同理，当某一发电厂有份额之外的辅助服务容量时，也可向其他辅助服务购买方出售。区域发电厂之间可以成立集合发电厂商联合体(包含风电、水电、火电等不同电源类型电厂)，形成市场联盟来参与辅助服务市场的交易。

3) 售电企业为需求方

售电企业按市场规则参与辅助服务市场交易，根据辅助服务需求按其交易电量或者注册买卖容量分配辅助服务份额，再由市场售电主体利用自身资源或通过市场交易获取资源以履行所分配的辅助服务义务。在这种模式下，辅助服务处于市场化的实践阶段，辅助服务属于商业化服务，需要配合现货市场同步发展。

3. 辅助服务提供方

辅助服务提供方是指直接提供辅助服务资源的实体，可以是发电侧的发电厂商，也可以是负荷侧的用户，包括可中断负荷、储能等。辅助服务提供方供应的辅助服务资源分为两部分：一部分作为公共辅助服务的资源，免费供应；剩余部分作为有偿服务资源，用于市场交易，并根据需求方需求量出售给辅助服务购买方。

4. 辅助服务市场运营机构及市场管理委员会

1) 辅助服务市场运营机构

辅助服务市场运营机构主要包括电力交易中心和电力调度机构两类。随着我国电力市场的稳健发展和完善，两类市场运营机构的职责也逐步明确。电力交易中心主要负责电力市场运营方面的各项事务，按市场运营规则及实施办法组织、管理辅助服务市场交易，编制辅助服务未来的交易计划，负责辅助服务市场交易主体的注册管理等；而电力调度部门主要的职责是维持电力系统电力电量平衡，确保电网安全，同时配合电力交易中心履行市场运营职能，在辅助服务交易前向电力交易中心提交所需的关键电力系统潮流、稳定性等信息。

2）辅助服务市场管理委员会

市场管理委员会主要履行辅助服务市场监管，协调市场之间的主体关系和起草、修订相关文案的工作。市场管理委员会是电力市场发展的配套机构，是规范电力市场交易和提高运营效率的重要手段，也是整个电力市场及辅助服务市场走向完备和成熟的标志。

5.2.2　辅助服务市场调度和交易

各国电力辅助服务市场的调度和交易各不相同，本节以我国南方区域电力市场为例进行介绍。

1. 辅助服务市场调度

辅助服务市场主要决定了对各项辅助服务的购买，在系统的实际负荷与短期负荷预测出现偏差时，具体如何调整则由实时市场来决定。在实时市场的调度顺序是：

（1）调用 AGC 机组进行快速的自动发电和频率调整，维持系统负荷平衡；

（2）调用旋转备用机组替换 AGC 机组，维持系统 AGC 容量；

（3）组织 15min 实时市场交易，通过在实时市场购买机组的出力，替换旋转备用机组，维持系统正常运行所需的旋转备用容量。

无功调节服务根据需要按照不同层次、不同地区就近平衡原则，由发电侧通过签订长期合同获取，并以双方协商价格进行结算。黑启动服务市场需求相对较少，同时具有较明显的地域性，由具有黑启动能力的机组通过公开竞价后与调度中心签订年度合同。

2. 辅助服务市场交易流程

市场运作按交易日进行，每个交易日为一个日历日，分为 48 个交易时段，每个交易时段 30 min。交易日从北京时间 0:00 开始，第 1 个时段为 0:00～0:30，第 2 个时段为 0:30～1:00，以此递推到次日。现货市场公布需求的同时，电力交易中心向所有市场成员发布各类辅助服务市场的需求总量。当日 14:00 前所有获得辅助服务许可证的发电公司申报完毕，申报程序负责对申报数据进行粗校验。电力交易中心按照交易规则，决定各市场的交易方案以及市场出清价，并于 17:00 前发布。

在实时调度过程中，若电力调度中心认为有必要，可调用获得辅助服务合同的机组参与系统调节。在实际运行后 2 天内，电力交易中心根据交易规则对各辅助服务提供商的辅助服务以及电量的偏差进行清算，并于下月初进行统一结算。

3. 辅助服务市场交易机制

1）竞价

对各类辅助服务，电力交易中心将各申报机组的报价从低到高排序，报价低者优先。出于系统安全和可靠性的考虑，电力交易中心可以酌情改变部分机组的优先级，若出现以上情况，电力交易中心必须给出合理的分析和解释，并存档备查。运行备用可以代替替代备用，其出清价格高于替代备用；替代备用可以替代冷备用，其出清价格高于冷备用。电网调度中心应根据电网调频的要求，根据发电企业的数据申报选定足够的机组提供调频服务，并比较均匀地分配电网的调频容量，分配时应考虑机组增减负荷速度的要求。

2) 交易

电力交易中心每日组织调频服务、调峰服务、旋转备用服务、无功与电压支持辅助服务交易。各辅助服务的报价同时申报，在确定市场交易时按照如下次序进行：AGC、调峰、旋转备用。未能在前一市场获得市场份额的机组将自动进入下一市场。各类辅助服务的交易决策的优化目标为：最小化决策周期内电量付费与所有辅助服务费用之和。

(1) 调频服务(AGC)。

选取调频机组时，应尽量选择无约束发电出力计划已安排运行的机组，同时考虑机组的调整幅度和调整速度。调频机组的基值取自经安全校核后的约束发电出力计划，并根据调频的需要进行修正。任何交易时段，调频机组申报的调整上限与基值之差为该机组的正调频容量，基值与调整下限之差为该机组的负调频容量。所有调频机组正调频容量之和为电网正调频总容量，所有调频机组负调频容量之和为电网负调频总容量。

(2) 调峰服务。

若系统负荷的波动幅度不大，电力调度中心向获得调频服务的机组发出调度指令。每5min调度中心可以根据AGC调整机组的基准值。若系统负荷的波动超出预测负荷值的3%，或者由于出现机组、线路非计划停运而引起线路拥塞，电力调度中心调用各类备用，对预调度计划进行修正。如果系统需要，电力调度中心优先选取旋转备用以应对负荷的意外波动以及其他小扰动；非旋转备用次之。调峰服务的优化目标为最小化计划调整引起的系统费用的增加值。

(3) 旋转备用。

所有经过竞价而投运且具有承担旋转备用能力的机组均有承担电网旋转备用服务的义务。任何交易时段，具有调整能力的发电机组申报的最高出力与计划出力之差为该机组的正旋转备用容量，计划出力与该机组的最小出力之差为该机组的负旋转备用容量。所有投运机组正旋转备用容量之和为电网正旋转备用总容量，所有投运机组负旋转备用容量之和为电网负旋转备用总容量。

任何交易时段，电网正旋转备用机组增加出力的速度必须满足电网增负荷速度的要求，并且正旋转备用机组增负荷速度的要求及正旋转备用机组增负荷速度应满足电网内运行的最大单机容量机组解裂或甩负荷。电网负旋转备用机组减负荷的速度必须满足电网降负荷速度的要求。

电力调度中心综合考虑调频机组的调频容量、调频速度及其运行成本，确定若干运行机组的剩余发电能力作为旋转备用；同时按照停机机组的响应能力，确定若干机组充当非旋转备用。被确定为旋转备用和非旋转备用的机组将获得相应的备用服务费。一旦这些机组被调用，则额外获得发电补偿费用，该费用基于该机组相应时段的报价而确定。对于按照调度中心的指令而增发无功的机组，将得到相应的补偿。补偿价格采用非线性递增的定价方法，弥补这些机组因多发无功而引起的成本增加。

(4) 黑启动。

黑启动辅助服务一般是每年各省调度中心根据本省电网运行方式的实际情况，将次年全网黑启动分区及各分区黑启动机组需求公示，采用集中竞价交易的组织方式确定黑启动发电机组的能力费和使用费。黑启动服务费分为能力费和使用费，综合考虑机组报价、黑启动耗时、机组容量、全厂机组台数、申报时间等因素对各分区竞标机组排序。调度中心根据系统安全需要和交易出清结果确定中标机组。我国大多数省份的黑启动辅助服务实行按月结算的方式。

5.3　调频辅助服务市场

调频辅助服务是指发电机组或储能电站在规定的出力调整范围内，能够通过 AGC 自动响应区域控制偏差（Area Control Error，ACE），按照一定调节速率实时调整发电出力，以满足电力系统频率和联络线功率控制要求的服务，其调节效果通过调频里程和调频性能综合指标来衡量。

调频辅助服务市场通过引入调频资源价格的市场机制，以市场化手段对调频资源进行经济补偿，通过市场机制确定调频资源的调用次序及补充价格。通过引入竞争，将发电企业报价作为重要选取依据，调动发电企业提高调频辅助服务资源的积极性，形成适应市场要求的价格发现机制，使市场在调频资源的配置中起决定性作用，降低调频服务的供应成本，促进清洁能源消纳，实现全网的资源优化配置。

5.3.1　调频辅助服务运作模式

各国电力调频辅助服务市场的调度和运作模式各不相同，本节以我国南方区域电力市场为例进行介绍。

1. 市场组织构成

调频辅助服务市场主体包括调频服务提供者和调频服务补偿费用缴纳者。市场成员包含参与交易的各个市场主体、电网企业和市场运营机构。市场主体包括并网发电企业（火电、水电、风电、太阳能、核电等）、拥有自备电厂的企业、售电企业、参与电力市场交易的电力用户、储能电站等辅助服务供应商。市场运营机构包括各省电力调度中心。

2. 市场交易流程

目前，主要调频市场以发电单元的调频里程和调频容量为交易标的，交易组织采用日前报价、日内集中统一出清的模式。发电企业对发电单元进行里程报价，并将报价信息封存到实际运行日，实际运行日以小时为周期集中统一出清。市场出清分为日前预出清和日内实时出清，日前预出清结果形成次日发电计划的边界条件，编制次日发电计划时应为各时段预出清中标的发电单元预留调频容量。为确保系统备用分布合理和电网运行安全，根据电网主要断面控制要求在区域电网、各省电网两级统一调频控制区内划分调频资源分布区。

调频市场中标发电单元或因电力系统运行需要调用未中标发电单元，出现以下情况之一的，将取消对应中标时段的调频里程补偿和调频容量补偿。一是未按照调度指令擅自退出 AGC 装置的，该时段调度机构因调频容量不足征用其他未中标发电单元，相关费用由退出 AGC 装置的相关责任方共同分摊，不纳入调频市场费用分摊。二是中标时段内提供调频服务期间的综合调频性能指标 k 小于 0.5 的。

此外，当发生以下情况时，能源监管部门可对市场进行调整，也可授权市场运营机构进行临时调整：电力系统故障或技术支持平台不能正常运行影响本省(辖区)调频市场运营；电网出现电力平衡紧张、调峰困难、断面约束矛盾严重等其他必要情况；市场主体滥用市场力、串谋及其他严重违约等情况导致市场秩序受到严重扰乱；其他影响本省(辖区)调频市场正常运行的情况。

3. 市场调整手段

市场调整的主要手段包括：根据电网实时备用等情况调整调频容量需求及中标发电单元调频容量，调用未中标发电单元；调整市场限价；调整发电单元参与市场出清资格标准；暂停市场交易，处理和解决问题后重新启动。市场暂停期间所对应的结算时段，市场主体的补偿费用以最近一个交易日相同时段的本省(辖区)调频市场价格作为结算价格；市场运营机构为保证电力系统安全运行而采取的必要措施。

5.3.2 调频辅助服务获取

全国多省调频市场相关费用采用收支平衡、日清月结的方式结算。费用分为补偿、缴纳、考核三部分，按照"谁受益、谁承担"的原则，参照规则规定的市场费用缴纳者，按照其月度抄见电量进行分摊。调频容量补偿根据调频市场主体参与现货能量市场的情况，按照不同标准进行调频容量补偿。

1. 调频市场补偿费用

调频市场补偿费用包括 AGC 容量补偿和调频里程补偿。

(1)AGC 容量补偿。

计算公式为

$$R_1 = \sum_{a=1}^{m}(C_a \cdot T_a \cdot s) \tag{5-9}$$

式中，R_1 为月度 AGC 容量收益；m 为每月总调度时段数；C_a 为该发电单元在第 a 个调度时段的发电单元 AGC 容量，取发电单元当前出力点在 5 min 内向上可调容量与向下可调容量之和；T_a 为该发电单元在第 a 个调度时段的调频服务时长；s 为 AGC 容量补偿标准。

(2)调频里程补偿。

计算公式为

$$R_2 = \sum_{b=1}^{n}(D_b \cdot Q_b \cdot K_b) \tag{5-10}$$

式中，R_2 为月度调频里程补偿；n 为每月当地调频市场总的交易周期数；D_b 为该发电单元在第 b 个交易周期提供的调频里程，即发电单元响应 AGC 指令后结束时的实际出力值与响应指令时的出力值之差的绝对值；Q_b 为第 b 个交易周期的里程结算价格；K_b 为发电单元在中标时段的综合调频性能指标。

【例 5-2】　某发电商参与调频辅助服务市场，已知某月参加 5 个时段调度；第一调度时段的发电单元 AGC 容量为 30MW，服务时长为 3min；第二调度时段的发电单元 AGC 容量为 50MW，服务时长为 6min；第三调度时段的发电单元 AGC 容量为 20MW，服务时长为 12min；第四调度时段的发电单元 AGC 容量为 35MW，服务时长为 3min；第五调度时段的发电单元 AGC 容量为 40MW，服务时长为 9min；中标时段的平均 AGC 容量补偿标准为 12 元/(MW·h)。计算调频市场 AGC 容量补偿费用。

根据式(5-9)，计算如下：

$$
\begin{aligned}
R_1 &= \sum_{a=1}^{m}(C_a \cdot T_a \cdot s)\\
&= (30 \times 0.05 + 50 \times 0.1 + 20 \times 0.2 + 35 \times 0.05 + 40 \times 0.15) \times 12\\
&= 219 \text{(元)}
\end{aligned}
$$

2. 调频性能指标

以发电单元最近 8 个中标时段计算综合调频性能指标。综合调频性能指标 K_b 由调节速率 K_V、响应时间 K_t、调节精度 K_p 这 3 个分项指标加权形成，计算公式如下：

$$
\begin{aligned}
K_V &= \frac{V_i}{V_{SV}}\\
V_i &= \frac{|P_{i1} - P_{i0}|}{t_1 - t_0}\\
K_t &= 1 - (T_{\text{del}} / 5)\\
K_p &= 1 - (P_{\text{accu}} / P_{\text{accu0}})\\
K_b &= 0.25(2K_V + K_t + K_p)
\end{aligned}
\tag{5-11}
$$

式中，V_i 为计算时段 i 的发电单元实测速率；V_{SV} 为调频资源分布区内 AGC 发电单元平均标准调节速率；t_0 为计算时段 i 的起始时刻，即发电单元出力与下发调节指令时的出力之差首次大于计算时段起始动作设定门槛 P_2 的时刻；t_1 为计算时段 i 的终止时刻，为合理避开目标死区，真实反映调节速率，选取发电单元完成本次调节指令 70% 的时刻；P_{i0} 为 t_0 时的发电单元出力；P_{i1} 为 t_1 时的发电单元出力；T_{del} 为发电单元接到 AGC 命令到 AGC 动作的延迟时间；P_{accu} 为发电单元调节误差；P_{accu0} 为发电单元调节允许误差，通常取发电单元额定出力的 1.5%。

调频辅助服务市场进一步提升了大电网的调控能力及调频资源优化配置能力，更好地满足了电力系统安全、稳定、经济运行的要求。但随着电力辅助服务市场化不断深入，调频辅助服务市场的机制需要根据现货电能量市场的建设和市场主体的变化等要素不断发展和完善，下一步将逐步市场化用户纳入市场分摊费用的缴纳范围。通过挖掘调频资源，大力发展新型储能设施建设，减少基荷机组的调频费用。

5.3.3　自动发电控制

AGC 是现代电力系统最重要的一种控制手段,其基本目标是使发电能够自动跟踪电力负荷的随机变化,维持电力系统频率在规定值,或维持区域间净交换功率为计划值。

电力市场环境下发电公司与电网公司成为不同的利益主体。由于 AGC 需要发电机组预留发电容量,并且机组参与 AGC 调整增加了运行成本,因此发电公司不愿无偿将机组投入 AGC,运行 AGC 逐渐成为有偿辅助服务。电力市场中 AGC 辅助服务交易有两种基本组织方法:一种为签订长期合同并在系统需要 AGC 服务时直接调用机组;另一种为组织 AGC 市场,通过竞标获取 AGC 服务。由于机组发电容量既可用于电力市场的竞争,又可用于 AGC 辅助服务市场的竞争,且 AGC 运行基值点同时又是机组在电力市场的竞标结果,因此 AGC 辅助服务交易与电能交易必然产生耦合。

本节分析国内区域电网 AGC 运行、AGC 调节容量计算方法及 AGC 辅助服务交易决策方法。

1. AGC 运行

ACE 反映了一个区域发电与负荷实时平衡的结果,每隔一定周期由能量管理系统计算一次。实际运行时,AGC 根据 ACE 的计算结果调整本区域发电功率,从而把 ACE 控制在一定范围内,最终实现控制频率和区域间净交换功率的目标。ACE 的基本计算公式如下:

$$\mathrm{ACE} = \beta\Delta f + \Delta P_T \tag{5-12}$$

式中, β 为区域频率偏差因子; Δf 为频率偏差; ΔP_T 为区域净交换功率偏差。

根据不同的 ACE 计算公式,AGC 的控制方式可分为 3 种:完整采用式(5-12)时为联络线和频率偏差控制(Tie-line Load Frequency Bias Control,TBC);忽略 $\beta\Delta f$ 时为恒定交换功率控制(Constant Exchange Power Control, CEPC);忽略 ΔP_T 时为恒定频率控制(Constant Frequency Control, CFC)。省级区域调用多采用 CFC 方式。

电网不存在网络约束时,在交流互联电力系统的不同地点调整有功功率效果基本相同,而且独立的电力系统联成更大系统后,AGC 调节容量的需求将小于原各个独立系统 AGC 调节容量需求之和。我国区域电网中,如省(市)间电网联络线容量足够,也可取消省(市)级的 AGC,而由区域调度统一控制全区域 AGC 资源,可在较大范围内共享资源,降低运行费用。

电力市场环境下,虽然 AGC 调节容量成为有偿资源,需经市场交易的形式获得,但 AGC 系统运行与控制方式并不改变,因此区域电力市场 AGC 交易的组织必须与 AGC 系统的运行与控制方式一致。例如,区域电网中存在区域与省(市)两级 AGC 系统,各调度中心都必须获得一定的 AGC 调节容量,若只存在区域级 AGC 系统,则只需区域调度获得 AGC 调节容量。

2. AGC 调节容量的确定

AGC 调节容量既要维持系统安全运行,又要满足系统运行经济性,因此调节容量不宜太多。在电力市场 AGC 交易时,调度中心首先必须算出需要的调节容量。传统的 AGC 调节容量根据系统负荷的变化及调度员经验以系统最大负荷的 7%～10%计算调节容量。最佳的调节容量必定是系统可靠性和经济性相互协调的结果。

3. AGC 机组辅助服务经济补偿

当前，国内电力市场尚处于初级阶段，AGC 机组容量占总容量的比例尚低，需要由电网调度来控制 AGC 的发电运行，这需要在功能上分开不同机组，如电力市场与辅助服务市场的机组要彼此独立。提供 AGC 服务的发电公司原则上依据电网调度中心的相关办法实施管理，辅助服务接受调度指令安排。

AGC 机组一般经济补偿为 AGC 经济补偿费用=欠发电量补偿费用(或多发电量补偿费用)+AGC 调节成本。

4. 区域电力市场备用辅助服务交易

当前，我国 AGC 容量按实际运行调度值确定，未投入 AGC 的调度时段，其容量服务供应量为零。现阶段备用辅助服务采用日前出清、日内调整的模式开展备用市场交易。当省级电网出现电力运行备用容量不足时，可由市场机构实施跨省备用市场，省内备用容量优先满足区域内需求，跨省备用市场以成本最低原则配置。当备用容量需跨省交易时，输出省全体发电单元共同获得交易收益，并按各发电单元实际备用容量占比分享；输入省全体发电单元共同支付交易补偿，并按各发电单元实际利用备用容量占比支付费用。用户侧根据实际用电量参与跨省备用市场补偿费用分摊。

5.3.4　调频辅助服务的市场优化配置

我国现行调频辅助服务产品类型简单，未充分反映不同类型机组的调频特性，下一步，电力市场建设需考虑对调频产品的性能成本特性进行精细化区分，完善电力市场竞争，深化基于负荷侧代理商及售电商负荷比例分摊的责任承担机制的调频辅助服务市场，逐步实现调频辅助服务费用向用户侧的传导机制。结合现货市场的建设，采取与电能量市场独立运行，建立逐步过渡到联合出清的集中竞价模式，并根据辅助服务的责任分配，引入售电公司与发电厂之间的双边交易机制。国内现阶段多个省均采取固定价格的方式对调频辅助服务产品进行结算，并对发电机预留的调频容量进行补偿。在进行调频价格出清时，将不同类型资源参与调频辅助服务市场的机会成本纳入出清价格之中，以此来补偿机组预留的调频容量，并将机会成本纳入成本。下一步，在国内为适应新能源大规模发展而配套投资建设储能系统的背景下，应充分考虑储能系统的技术经济特性，逐步引入储能和需求响应资源提供调频辅助服务，进一步丰富调频辅助服务资源类型，加强电力调频辅助服务市场竞争，调动各类型调频辅助服务产品市场积极性，提高我国电力调频辅助服务效率及降低调频辅助服务成本。

5.4　旋转备用市场

旋转备用是指在发电或输电系统故障时可快速提供的同步容量。传统的旋转备用以常规机组为来源，按负荷百分比进行配置。旋转备用始终处于开机状态，可以极短的时间响应调度。一般而言，旋转备用是系统中同步机组的当前出力与其最大可用出力之差的总和。发电机组上留有足够大的旋转备用，可以提高系统应对可能出现的系统频率偏移、快速系统负荷投切、机组被迫停机及其他系统扰动等问题的能力，保证系统稳定运行。

旋转备用容量是一种发电能力，它与系统同步，随时可以用于满足负荷需求。电网必须拥有或购买一部分旋转备用容量，以便在运行的发电机组、输电线路或其他设备突然发生故障时仍能可靠供电。长期以来，电力系统所需的备用容量是根据系统内单个机组最大容量或者系统负荷百分比来确定的。旋转备用服务是指为了保证可靠供电，根据电力调度指令第三方独立主体提供在短时间（10～30 min）内可以上调或下调的预留用电容量服务。

我国近段时期备用需求不断增长，主要跟可再生能源发电的增长与电网交直流特高压互联相关，这使得系统的事故备用与净负荷功率波动的备用需求显著增加。而传统仅以常规机组为来源按负荷百分比配置的方法，因受制于常规机组爬坡速率低以及负荷峰谷差大的缺点，常规机组预留备用能力愈显不足。负荷侧、储能备用资源将成为传统常规电源备用的重要补充。通过对电动汽车、智能用电设备等负荷的优化管理和对工业生产的智能升级改造，负荷侧可为电网提供灵活丰富的备用资源。储能技术的提升、成本的下降，其应用规模、领域不断拓展，也将大大增加备用资源。

【例 5-3】　　本例以例 5-1 假设所给的市场规则增加计入机组提供备用服务成本。机组 4 最多提供 150MW 的备用容量。表 5-3 给出各发电机组的报价及相关机组参数。

表 5-3　　例 5-3 中电能边际生产成本与备用边际生产成本、最大出力与最大备用容量

机组编号	电能边际生产成本/[元/(MW·h)]	备用边际生产成本/[元/(MW·h)]	最大出力 P_{max}/MW	最大备用容量 R_{max}/MW
1	20	0	250	0(不提供备用服务)
2	170	0	230	160
3	200	50	240	190
4	280	70	250	150

备用服务成本反映机组部分载荷的效率损失和因提供备用带来的额外维护费用。在电力辅助服务市场中，发电商需对提供的旋转备用服务单独报价，根据旋转备用服务的边际供应成本给出报价。电力市场调度中心将根据约束条件和各发电商备用服务成本，制定优化调度方案。

优化变量：四台机组各自电能生产量（P_1、P_2、P_3、P_4），备用供给量（R_1、R_2、R_3、R_4）。

目标函数：

$$\min(20P_1 + 170P_2 + 200P_3 + 280P_4 + 50R_3 + 70R_4) \tag{5-13}$$

该优化问题的约束条件与例 5-1 相似，发电机组备用容量约束修改为

$$\begin{aligned} &R_1 = 0 \\ &0 \leqslant R_2 \leqslant 160 \\ &0 \leqslant R_3 \leqslant 190 \\ &0 \leqslant R_4 \leqslant 150 \end{aligned} \tag{5-14}$$

表 5-4 求解了不同旋转备用需求下优化调度运行数值，图 5-5 给出了电能价格与旋转备用价格的变化趋势。

表 5-4　不同旋转备用需求下求解数值表　　　　　（单位：MW）

需求	P_1	R_1	P_2	R_2	P_3	R_3	P_4	R_4
300～320	250	0	50～70	160	0	90	0	0
320～470	250	0	70	160	0～150	90	0	0
470～560	250	0	70	160	150～240	90～0	0	0～90
560～620	250	0	70～130	160～100	240	0	0	90～150
620～720	250	0	130	100	240	0	0～100	150

注：表的每行对应一段不同的需求取值范围，并在此时仅有一台机组的出力发生变化。

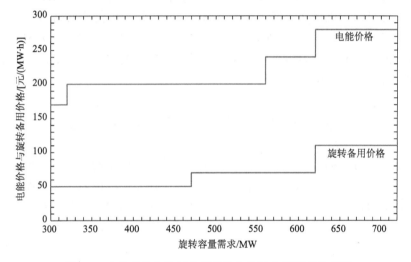

图 5-5　电能价格和旋转备用价格与旋转容量需求关系图

当系统负荷为 300～320MW 时，机组 1 运行在最大运行极限 250MW，剩余需求由机组 2 发电来满足，机组 2 是边际机组，电能价格为 170 元/(MW·h)。机组 2 备用容量报价为 0，此时机组 2 所提供的 160MW 备用容量将全部中标，若系统还存在旋转备用容量不足，则由机组 3 来供应，机组 3 是旋转备用市场的边际机组，机组 3 备用边际生产成本为此时的旋转备用价格 50 元/(MW·h)，机组 2 提供的备用容量可实现 50 元/(MW·h) 的利润，而机组 3 可获得价格和成本的平衡。

当系统负荷在 320～470MW 时，机组 2 运行在出力 70MW 不变，可提供 160MW 旋转备用容量。机组 3 为边际机组，它的电能边际生产成本成为电能价格为 200 元/(MW·h)。同时机组 3 也是旋转备用市场的边际机组，机组 3 备用边际生产成本成为此时旋转备用价格，为 50 元/(MW·h)，机组 2 电能销售利润为 30 元/(MW·h)，旋转备用服务利润为 50 元/(MW·h)，此时机组 2 可获得电能销售利润和旋转备用服务利润，机组 2 电能销售虽受电力市场约束，但所获总利润却增加了。

当系统负荷为 470～560MW 时，机组 2 运行在出力 70MW 与提供 160MW 旋转备用容量不变，机组 3 是电能边际机组，电能价格由机组 3 的边际成本决定，为 200 元/(MW·h)。随着机组 3 的电能生产量的提高，它所提供的旋转备用容量相应减少，需增加机组 4 来供应系统旋转备用容量需求，机组 4 成为旋转备用市场的边际机组，备用边际生产成本成为此时旋转备用价格，为 70 元/(MW·h)。

当系统负荷为 560～620MW 时，机组 3 运行在最大运行极限 240MW，无法提供旋转备用服务，此时机组 2 又变为边际机组，但电能价格为 240 元/(MW·h)。尽管机组 2 增加 1MW 的成本为 170 元/(MW·h)，但增加出力就会降低机组 2 提供的旋转备用容量。又因为机组 2 备用容量报价为 0，此调度不能减少机组 2 的运行成本，为补偿 1MW 旋转备用容量服务，需让机组 4 多中标 1MW，即最后 1MW 的备用来自机组 4，此时旋转备用价格为 70 元/(MW·h)。

当系统负荷为 620～720MW 时，机组 2 和机组 3 出力分别为 130MW 和 240MW，机组 4 是出力边际机组，机组 2 是旋转备用市场的边际机组，电能价格为 280 元/(MW·h)。为增加 1MW 旋转备用容量，需减少机组 2 单位兆瓦出力，可节约 170 元/(MW·h)的成本，机组 2 所减少的单位兆瓦出力将由机组 4 来替代，这将增加 280 元/(MW·h)的成本，两者相减得出此时旋转备用价格为 110 元/(MW·h)。

5.5　无功与电压支持辅助服务市场

无功与电压支持辅助服务主要是通过发电机或输电系统中的其他无功电源向系统注入和从系统吸收无功功率，以此来维持输电系统的电压在允许范围内。它是保证电力系统安全、稳定运行的前提条件之一，也是使得电能交易顺利实施的一个重要条件。

在交流电力系统中，没有无功功率的支持，有功功率就无法传送到用户。特别是当输电系统交易数量增多、电压水平成为限制额外功率传输的"瓶颈"时，无功功率的支持作用就更加重要。无功平衡做得好可以提高系统运行的可靠性和效率，保证合适的电网运行的经济效益。同时，无功功率的最优分配可以降低系统的有功网损，其正确的管理可以改善电压波形，减少由电压引起的系统故障，提高系统稳定性。电力系统中无功功率的生产和消耗，可以提升区域之间的功率传输能力；控制系统稳态下的电压质量；控制系统暂态过程中的电压质量。鉴于无功功率服务对电力系统的经济、安全和可靠运行的特殊作用，在电力市场中，对于每一个交易，必须提供满足可靠性要求的一定数量的无功功率，以维持输电电压在规定的范围内。

5.5.1　无功功率平衡

1. 无功功率需求

电力系统的无功功率需求是多层次的，包括备用需求、使用需求和响应需求。

1) 无功的备用需求

正常运行情况下，动态无功电源不应以最大容量运行，所有同步机和无功补偿装置都应留有无功备用，以便无功负荷跟踪和故障后的无功供应。根据无功就地平衡原则，备用无功应分配于系统各个节点，这是保证系统电压稳定的基本要求。无功备用水平依赖于系统运行状况，在特殊情况下，无功备用的增长应快于无功输出的增长。

　　2) 无功的使用需求

　　电力系统运行时，用户会消耗无功功率，同时系统会有较大的无功功率损耗，这些就构成了系统的无功功率使用需求。

　　3) 无功的响应需求

　　在不同的工况下，系统对无功供应响应的时间和速度有不同要求的，从时间上可以划分为暂态响应、动态响应和慢速响应(表 5-5)。

表 5-5　系统无功响应需求

响应类型	响应方式	作用	响应时间	手段
暂态响应	自动	系统稳定性	短暂时延	AVR、SVC
动态响应	自动	无功负荷跟踪、故障后的无功供应	固定时间可延长	有载调压、同步调相机、AVR、SVC 等
慢速响应	手动/自动	大量无功负荷的投切	较长时间	电容器、电抗器

注：AVR 为自动电压调节器(Automatic Voltage Regulator)，SVC 为静止无功补偿装置(Static Var Compensator)。

　　2. 无功功率供给

　　无功功率供给是由拥有提供无功/电压支持的设备提供的，这些设备称为无功电源，可以分为动态无功电源和静态无功电源两种。动态无功电源是指那些可以在短时间内快速控制无功功率出力的无功源设备，包括发电机、调相机、静止无功补偿器等。静态无功源则不具备动态控制出力的能力，包括并联电容器、并联电抗器等设备。

　　同步发电机既是有功功率电源，又是无功功率电源。通过调节转子的励磁电流，发电机可以发出或吸收感性无功功率。发电机的无功功率的出力在运行极限之内可以连续调节。

　　调相机是只能发无功功率的发电机。它在过激运行时向系统供应感性无功功率，欠激运行时从系统吸取感性无功功率，欠激运行时的容量约为过激运行时容量的 50%。

　　电容器和电抗器分别发出和吸收感性无功功率。它们一般通过成组地投切容量从而控制无功出力，不能连续调节，是一种静态的电压控制手段。电容器和电抗器的出力由其所在节点的电压大小决定，因此在系统事故时会加剧故障的影响，对系统稳定产生不利的影响。

　　静止无功补偿器在内部可控硅的控制下连续且迅速地调节其感性或容性无功功率的出力。

　　3. 系统无功功率平衡

　　电力系统无功功率平衡的基本要求是：①系统中的无功源可能发出的无功功率应该大于或等于负荷所需的无功功率和网络中的无功功率损耗之和；②保持区域内发出和消耗的无功功率大致平衡，减少区域间线路无功功率的传输量。

　　电力系统无功功率平衡的特点：

　　(1) 无功供应原则上应就地平衡。

(2)正常运行时,必须具有规定的无功功率储备,以保证系统电压在规定的范围内运行,防止事故出现电压崩溃和同步稳定性破坏。

(3)电力部门一般只编制无功功率平衡表或各枢纽点电压曲线。因为电压控制需要无功的平衡,而电压在各节点是不同的,必须依赖于该节点的电压控制。

系统无功功率平衡关系的表示为

$$\sum Q_G - \sum Q_L = \Delta \sum Q \tag{5-15}$$

式中,$\sum Q_G$ 为系统无功功率电源出力总和;$\sum Q_L$ 为系统无功功率负荷总和;$\Delta \sum Q$ 为系统无功功率损耗总和。

5.5.2　无功与电压支持辅助服务供给

电力市场中无功与电压支持由各省调度中心组织、获取和调度,以确保电力系统的安全运行。在获取无功与电压支持辅助服务时,需要考虑的主要因素包括:①负荷特性(如容性无功负荷和感性无功负荷所占比例及其分布)及功率因数的范围;②系统中无功电源的种类、分布及输电线路的充电电容情况。

1. 无功补偿点的选择

无功供应的地域性要求无功备用分布于各个节点上。电网中不同位置的无功源提供的无功对于系统的资源价值差异大,无功补偿点的选择原则如下:

(1)根据优化潮流计算得到系统各个节点的无功边际电价,选择边际电价最小的几个节点进行无功补偿。

(2)根据网络的结构特点选择几个电压中枢点进行电压控制。

(3)根据无功就地平衡的原则,尽量减少由于无功在线路上流动而引起的有功网损和无功网损。

2. 电力市场中获取无功与电压支持辅助服务的方式

(1)按费率结算:无功功率服务成本通过一定的费率从电价中回收,这种机制可使无功功率服务提供者获得一定的经济收益,例如,容量报酬,根据提供无功与电压支持辅助服务的发电机组容量来付费。

(2)双边合同:无功与电压支持辅助服务的供需双方签订无功功率服务合同,其价格是双方协商形成的。

(3)竞标市场:通过市场竞标机制实现无功功率服务交易,即无功与电压支持辅助服务提供者通过投标市场按他们认为值得的标价依次提供指令性的无功功率服务,调度中心按照投标价格、服务效能在多个供给区间进行安全、经济选择。双方签订中长期合同,在合同有效期内价格固定。

3. 无功与电压支持辅助服务成本

在无功与电压支持辅助服务市场中,无功功率的成本分析是无功定价的基础。无功功率服务的价格必须能够让提供者回收成本并有一定的利润，保证市场的健康发展。其辅助服务成本需合理分摊发电机组及无功设备在生产有功功率和无功功率过程中的所有成本。

发电机组无功与电压支持辅助服务成本包含设备投资增加、能量损耗增加、设备磨损增加，以及维护和维修等其他费用的增加。同时，发电机提供无功功率服务还有可能导致其他有功功率服务的减少，从而形成机会成本。

无功设备无功与电压支持辅助服务成本包含无功设备购置费用、能量损耗费用、设备磨损费用，以及维护和维修等其他费用。因为无功设备要么投入运行，要么退出运行，所以无功设备不存在机会成本。

4. 无功与电压支持辅助服务市场的实现

由于考虑安全因素，即电压约束、无功约束等，可能使得无功实时电价大大超出无功电价的合理范围。因此，为了保护用户利益，应该设定一个无功实时电价上限。另外，无功市场希望发电商的无功竞价在一个合理的范围之内。从发电商的角度看，影响无功竞价的因素主要有两个：无功电能生产成本和市场特性。无功电能生产成本是固定的或是比较确定的，但是无功市场有许多不确定因素，发电商可能利用这些不确定因素提高竞价。例如，由于无功电能具有局域特性，因此，在系统某一区域中存在电压问题时，可能只有该区域中的一台或几台发电机可以提供无功电能，这将导致这些发电机组通过提高竞价来垄断无功电价，所以无功竞价也应该有一个上限。对于不同的系统，上限值可能不同，但是在设定上限时，既要考虑调动发电商的积极性，又要充分考虑用户的承受能力。可采用抑制价格不确定性的措施：

(1) 无功市场中仍然需要存在一定数量的长期合同；

(2) 提供长期竞价(未来一年或更长)；

(3) 确定竞价上限；

(4) 确定系统需要的无功电能的最小量；

(5) 至少提前两年为所需的无功进行投标。

5.6　调峰辅助服务市场

5.6.1　调峰辅助服务市场概况

调峰辅助服务是指并网发电机组、可中断负荷或电储能装置，按照电网调峰需求，平滑、稳定地调整机组出力或改变机组运行状态或调节负荷所提供的服务。开展辅助服务市场的主要目的是解决电网新能源消纳问题和峰谷差实施电量平衡的需要。随着新能源消纳力度的加大，调峰辅助服务正在全国区域积极开展。

2014 年，我国首个电力调峰辅助服务市场正式启动，标志着市场化补偿电力调峰辅助服务尝试的开始。2015 年 3 月，《中共中央国务院关于进一步深化电力体制改革的若干意见》中提出，以市场化原则建立辅助服务分担共享新机制以及完善并网发电企业辅助服务考核机制和补偿机制。截止到 2021 年，电力辅助服务市场机制已在东北、华北、华东、西北、华南、西南等多省共计30个地区启动。从实际效果来看,电力辅助服务市场的建设提升了火电机组的调峰能力,在转轨阶段通过市场化手段充分调动了火电企业参与调峰的积极性和主动性,降低了新能源弃电率,促进了节能减排。

以下以我国东北电网为例介绍调峰市场的基本情况。

1. 市场出清机制

电力调峰辅助服务市场采用统一边际电价出清机制,分96点出清。卖方发电企业、电化学储能电站分段申报日前96点调峰(充电)"电力-电价"曲线,申报电价的最小单位为1元/(MW·h),申报电力的最小单位为50MW,不足50MW部分按单段申报,分段报价时须按照价格递减方式逐段申报。

2. 市场组织流程

电力调峰市场分为省间市场和省内市场,一般将区域电网作为统一控制区参与省间市场;省内市场在省网(控制区)内统一开展。省间市场包括日前市场和日内市场,于每年11月至次年4月全天96点、24h全覆盖开展,全网统一出清,充分满足了华北调峰困难的省网每15 min调峰的需求。在省网备用不足时,由需求省网提出购买需求,向调峰资源充足的省网购买调峰辅助服务,通过省间联络线计划调整的方式实现。省内市场为实时市场,每年11月至次年4月开展,开展时段为00:15~07:00、12:15~16:00,每15min动态出清,形成分时价格信号,反映本区域内电网调峰实际供需情况,并优先满足省网调峰服务需求。

3. 市场申报机制

在电力调峰市场中,申报机制为全容量段申报,如图5-6所示。火电机组按额定容量(增容机组按照原容量计算调峰挡位)进行分挡申报,以额定容量的 70%~100% 为一挡,70%以下每10%为一挡报价,按照价格递增方式逐挡申报,每一挡全天报价相同,价格单位为元/(MW·h),报价最小单位为10元/(MW·h),报价周期为1天。

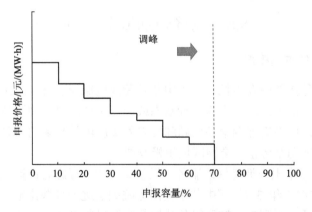

图 5-6　电力调峰市场申报曲线

4. 市场费用分摊机制

调峰服务费用按照"谁提供、谁受益，谁使用、谁承担"的基本原则，以省网为单位进行分摊和支付，每 15min 时段清算、每日统计、每月进行结算。省内市场开展时段，每 15min 时段清算、每日统计、每月进行结算。

调峰市场交易费用分摊以市场主体交易日上网电量为基准，并考虑不同电源峰谷差率进行分摊。以实际调峰贡献来获得调峰费用分摊公式如下：

$$R_{i,j} = \frac{Q_{i,j}K_{i,j}}{\sum Q_{i,j}K_{i,j}} \cdot R_i \tag{5-16}$$

式中，$R_{i,j}$ 为交易日 i 市场主体 j 承担调峰服务获得的金额；$Q_{i,j}$ 为交易日 i 市场主体 j 的上网电量；R_i 为交易日 i 调峰服务总费用；$K_{i,j}$ 为市场主体 j 的调峰影响系数。

其中，$K_{i,j}$ 的计算公式为

$$K_{i,j} = \frac{\alpha_i}{P_{h,j} / P_{i,j}} \tag{5-17}$$

式中，α_i 为交易日 i 系统实际的峰谷比；$P_{h,j}$ 为交易日 i 市场主体 j 高峰时段的平均负荷；$P_{i,j}$ 为交易日 i 市场主体 j 低谷时段的平均负荷。

目前，我国调峰辅助服务交易主要包括深度调峰和启停调峰两种类型，近期也开始试点电储能调峰。

5.6.2　机组深度调峰

深度调峰就是受电网负荷峰谷差较大影响，而导致各火电厂降出力，发电机组超过基本调峰范围进行调峰的一种运行方式，一般深度调峰的负荷率为 30%～40%。

火电机组受用户负荷增长乏力以及太阳能、风力发电大量接入系统等因素影响，全国火电平均利用小时数连续两年创历史新低(2020 年仅为 4216h)，燃煤发电企业普遍亏损严重。为解决电网运行的迫切需要，激励电源提升调峰能力，急需通过市场化机制设计机组深度调峰，深挖资源优化机组深度调峰能力。

调峰的技术要求主要体现在机组出力相对于可调出力的比率上，一般定为火电机组最大可调出力的 50%左右。然而，随着调峰压力的增加，需要引入更多的调峰资源，包括电储能装置、抽蓄电站、需求侧资源等，将各类调峰放在统一的平台上进行优化配置。之前，根据《电力辅助服务管理办法》(国能发监管规〔2021〕61 号)规定，主要考虑火电和水电作为系统调峰资源，应对的主要是用电负荷的日内周期变化，通过分析火电和风电调峰成本，采用统一的补偿标准对机组深度调峰做出定性补偿。随着可再生能源的大规模并网，以及近期负荷增长的放缓，统一机组深度调峰补偿标准难以适应系统运行要求。

1. 燃煤机组深度调峰成本

燃煤机组深度调峰成本由能耗成本、机会成本两部分构成。

1) 能耗成本

燃煤机组深度调峰过程可分为不投油(不投等离子)与投油(投等离子)两个阶段。当燃煤机组下压出力至基准调峰值以下时,机组处于不投油阶段,此阶段深压出力将使得机组转子轴系的热应力过大,过大的交变热应力作用会引起低周疲劳、寿命损耗和蠕变损耗,可导致机组本体发生严重的变形和断裂,缩短设备寿命,此时能耗成本由运行煤耗成本、设备损耗成本构成;当燃煤机组不断下压出力至一定程度时,锅炉需投油助燃才能稳定燃烧,此时机组处于投油阶段,该阶段会导致机组脱硫效率降低,污染排放物中含硫量增加,机组燃油会增加氮氧化物、烟尘等污染物质的排放量,导致火电厂废气排污费增加,此时能耗成本由运行煤耗成本、设备损耗成本、投油油耗成本、环境附加成本构成。

2) 机会成本

燃煤机组参与深度调峰会导致其发电量减少,该部分减少发电量在电能量市场所应获取的利润,即燃煤机组参与深度调峰的机会成本。机会成本的计算取决于能量市场交易机制。

(1)如果电能量仅在中长期市场交易,没有现货市场,则燃煤机组参与深度调峰所减少发电量的利润损失即为该机组的中长期合同电价与其无偿调峰时段度电成本之差;

(2)如果电能量能在现货市场交易,则燃煤机组参与深度调峰的利润损失为单纯现货电能量市场中机组可中标出力与调峰辅助服务市场中机组实际出力之差乘以 LMP 与机组电能量报价之差。

2. 申报价格上限设定方法

下面以广西电力调峰辅助服务市场为例,介绍如何制定机组申报价格的上限值。广西电力调峰辅助服务市场各深度调峰挡位设置见表 5-6。

表 5-6 广西电力调峰辅助服务市场各挡位设置

深度调峰挡位	对应负荷率	报价上限
第 1 挡	(50%, 40%]	M_1
第 2 挡	(40%, 30%]	M_2
第 3 挡	(30%, 25%]	M_3
第 4 挡	(25%, 20%]	M_4
第 5 挡	20%以下	M_5

选取该省近 3 年历史调峰运行数据,并根据调峰时段所对应深度调峰挡位差异对数据进行分类汇总。以近 3 年所有深度调峰最深挡位达到第 k 挡(即被调用的最后一台机组在对应负荷率范围内)的调峰时段为例,假设其深度调峰小时数为 T,则调峰辅助服务卖方收益计算公式如下:

$$F_{\text{sell}} = \sum_{t=1}^{T} Q_t M_k - \sum_{t=1}^{T} \sum_{i=1}^{N} (C_{\text{nh},i,t} + C_{\text{loc},i,t}) \tag{5-18}$$

式中,F_{sell} 为调峰辅助服务卖方收益;Q_t 为在深度调峰时段 t 内系统调峰需求容量;M_k 为

第 k 挡报价上限；$C_{\mathrm{nh},i,t}$ 为机组 i 在深度调峰时段 t 内的深度调峰能耗成本；$C_{\mathrm{loc},i,t}$ 为机组 i 在深度调峰时段 t 内的深度调峰机会成本；N 为调峰辅助服务卖方机组数目。

同样基于以上假设，调峰辅助服务买方(即补偿费用分摊方)收益计算公式如下：

$$F_{\mathrm{buy}} = \sum_{t=1}^{T} Q_t (R_t - C_t) M_k - \sum_{t=1}^{T} Q_t M_k \tag{5-19}$$

式中，F_{buy} 为调峰辅助服务买方收益；R_t 为参与补偿费用分摊的各类型机组上网电价；C_t 为参与补偿费用分摊的各类型机组度电成本。

R_t 是根据机组在深度调峰时段 t 内的上网电量比例进行加权平均而求得的平均上网电价；C_t 是根据机组在深度调峰时段 t 内的上网电量比例进行加权平均而求得的平均度电成本；当调峰辅助服务卖方收益与买方收益达到均衡时，可确定出合理的 M_k 值，即

$$F_{\mathrm{sell}} = F_{\mathrm{buy}} \tag{5-20}$$

根据以上计算方法，结合历史调峰运行数据，可得出兼顾调峰辅助服务卖方与买方合理收益的各分挡挡位价格上限。

5.6.3 机组启停调峰

机组启停调峰指因电力系统运行需要，开机的燃煤机组根据交易结果及调度命令解列，并按照电力调度机构要求在 10h 内按电力调度机构命令，4h 内再次启动本机组或者同一电厂内其他机组，从而为系统提供的调峰服务。

1. 机组申报价格限制

机组启停调峰交易分机组报价，不同容量等级设定不同报价上限，如表 5-7 所示。

表 5-7 启停调峰申报价格限价表

机组额定容量级别/MW	≤350	>350
限价/(万元/台次)	0~80	0~160

燃煤机组启停调峰供应量为机组按照交易出清结果执行调度指令提供启停调峰的次数。

2. 机组启停成本计算

机组每启停一次，需要消耗煤、油、水、电、汽以及化学药品，停炉后还会造成热能损失等，按照启停消耗量及各自单价就可计算出启停一次的成本。机组的启停成本与机组的容量、机组启动效率、机组性能等多种因素有关系，主要由变动成本和固定成本组成。变动成本包括机组启停过程中消耗的燃料费用、厂用电费用、除盐水费用、给水加热及汽封汽耗等。固定成本指机组启停过程无形中所发生的员工工资、财务费用、折旧费等需要分摊的固定费用。以下以一台 300MW 级机组为例，进行说明。

(1)燃料费用。

$$F_{\text{燃煤}} = 2.5\mathrm{h} \times 20\mathrm{t} \times 1000 \text{ 元/t} = 5 \text{ 万元}$$

$$F_{燃油} = 10t \times 7000 \text{ 元/t} = 7 \text{ 万元}$$

(2)厂用电费用。

$$F_{用电} = 0.48 \text{ 元/(kW·h)} \times 100000(\text{kW·h}) = 4.8 \text{ 万元}$$

(3)除盐水费用。

$$F_{除盐水} = 20t \times 200 \text{ 元/t} = 0.4 \text{ 万元}$$

(4)耗汽费用。

该厂启动可直接利用辅汽进行汽动给水泵冲转,加上机组轴封系统所用辅汽,启动过程合计用汽约 60t。

$$F_{耗汽} = 150 \text{ 元/t} \times 60t = 0.9 \text{ 万元}$$

(5)固定费用。

按照一般 300MW 固定成本折算至单台机组分摊费用约为 15 万元(此项各机组差异较大)。

统计以上成本,可得出本次启停调峰费用合计约为 33.1 万元。此外,机组启停也会造成机组寿命的缩短,而启停造成的机组寿命缩短成本由于缺乏统计或实验数据很难进行测算或估算。

5.6.4　电储能调峰

电储能调峰辅助服务是利用建设电储能设施,通过在低谷或弃风、弃光、弃核时段吸收电能,在其他时段释放电能,从而在电源侧或负荷侧为电网提供调峰辅助服务,通常按照深度调峰管理费用计算和补偿。

1. 电储能调峰辅助服务的成本

电储能调峰辅助服务的成本主要从成本结构分析,包括固定成本和变动成本两部分。其中,固定成本一般包括折旧费、摊销费、工资及福利费、修理费、财务费用、其他费用及保险费等;变动成本主要包括电费、水费、材料费等运维费用,占比较大。

2. 定价机制

多省根据电储能参与辅助服务的市场定位或效果制定固定价格。例如,南方电网对电力机构直接调度的储能电站提供的调峰服务按 0.5 元/(kW·h)给予补偿;新疆对根据电力调度机构指令进入充电状态的电储能设施所充的电量补偿标准为 0.55 元/(kW·h);山西对独立储能电站市场交易申报价格参考现货市场火电机组深度调峰第 4 挡区间 0.75~0.95 元/(kW·h)来执行;以锂电池为介质的储能电站的单次充放电价格为 0.5 元/(kW·h)。仅从调峰单价看,电储能参与部分地区调峰辅助服务已具备一定经济可行性,但考虑到系统调峰需求存在明显的季节性差异,电储能实际能够参与调峰的频次取决于系统需求。

3. 电储能交易

电储能交易是指蓄电设施通过在低谷或弃风、弃光时段吸收电能,在其他时段释放电能，从而提供调峰服务的交易。以我国南方区域电储能市场为例，电储能可在发电企业计量出口内或用户侧为电网提供调峰服务，要求充电功率在 1 万千瓦及以上、持续充电时间 4h 以上。储能获得辅助收益的方式有两种：一是火电企业计量出口内建设的电储能设施，可与机组联合参与调峰，在深度调峰交易中抵减机组发电出力进行费用计算及补偿，最多可抵减至出力为零，对抵减后出力为负的部分不予补偿。在风电场、光伏电站计量出口内建设的电储能设施，由电力调度机构监控、记录其实时充放电状态，其充电能力优先由所在风电场和光伏电站使用，由电储能设施投资运营方与风电场、光伏电站协商确定补偿费用。二是用户侧电储能设施可与风电、光伏企业协商开展双边交易，并设置双边市场交易价格上下限。

5.7　黑启动辅助服务

伴随工业的成长，电网技术和理论不断成熟和发展，电网建设规模日益扩大，世界各国已建成许多跨地区、跨国的大电网，但各国几十年的电网运行发现，电网在遭遇恶劣天气、偶发事件影响下，即便电网加强其防范和抵御事故的能力，仍会发生区域大面积停电和电网全网停电事件。由于现代电网规模较大，一旦出现故障，影响面也很大，容易由局部故障而影响全局，乃至发生恶性连锁反应，造成灾难性的严重后果。2009 年 11 月 10 日，大型水电工程伊泰普坝供电系统突然瘫痪，大约 1/3 的巴西人口陷入了 4h 的停电事故，包括巴西的两个最大城市，邻国巴拉圭也陷入了此次停电事故。印度于 2012 年 7 月 30 日爆发大停电事故，造成了地球上 1/10 的人口无法用电，停电时间长达两天。电网的复杂性和庞大性，也使得电网的恢复过程变得空前复杂，因此现代大电网并不是无懈可击。

在电网大面积停电后，电网利用黑启动辅助服务可大大减少电网停电时间，尽快恢复电网的正常运行。2005 年 9 月 26 日，海南省电网受第 18 号台风"达维"的严重影响，导致了罕见的全省范围大面积停电。海南电网公司立即启用"黑启动"方案，这是国内除演练以外第一次实施"黑启动"。在正式下达"黑启动"命令 85min 后，就有电厂宣告"黑启动"成功，海南电网开始逐步恢复供电。

5.7.1　黑启动技术要求

1. 黑启动过程

"黑启动"中的"黑"字说明这种电网启动的原始状态和条件的恶劣。黑启动的启动条件就是电网因各类事故或外部事件影响发生区域或全国性大面积停电。黑启动辅助服务是在电网因事故全停后，不依赖其他正常运行电网的帮助，通过系统中应具有自启动能力的机组(即黑启动电源)启动，进而带动无自启动能力的其他机组启动，然后逐步扩大系统的恢复范围，最终在尽可能短的时间恢复整个电网运行和正常供电。一般将黑启动分为三个阶段。

1)黑启动初始阶段

该阶段包括水轮发电机的自启动、空载线路及变压器充电，大功率电机组启动等，此过程一般耗时 30～60min。这一阶段主要是用系统中的黑启动电源向停止运行的火电厂提供启动功率，使其能重新并入电网，恢复发电能力，并与黑启动电源一起，形成一个独立的子系统。

2) 网络恢复阶段

这一阶段通常历时 3～4h。在这一阶段里，将重新建立稳定的输电网络。一方面，通过加强发电厂之间的联络来提高用电可靠性，启动大型的带基本负荷机组来稳定发电机运行和系统电压；另一方面，对一些子系统进行重新并列，从而建立稳定的网络构架，为恢复负荷创造条件。这一阶段主要涉及的问题是发电机吸收无功，可能超过其进相能力，且空载架空线可能产生大量无功电流。因此，为了吸收无功，需投入一定数量的负荷。

3) 负荷恢复阶段

此阶段的火电机组已经启动并有一定的发电能力，且已建立较为稳定的网架，发电机输出有功功率和无功功率增加，可逐渐恢复负荷。这一阶段涉及的主要问题是如何使负荷的增量和系统的频率特性相适应，保持系统频率和电压在允许范围内，且线路不过载。

2. 黑启动电源

电网黑启动成功的关键是黑启动电源。从电网的结构特点和迅速恢复的角度考虑，每个地区安排两个电厂各 1 台黑启动机组提供黑启动辅助服务。确定黑启动服务机组需综合考虑机组报价、黑启动耗时、机组容量、全厂机组台数等因素。

电网调度中心依据黑启动测试实验确定机组的黑启动电源资格并明确其现场运行规程以及黑启动方案。

黑启动电源分为系统内具有黑启动能力的机组和系统外电源，优先选择系统外电源作为黑启动电源。黑启动服务机组的选择有以下原则。

(1)具备自启动能力：在没有外部电网支持的情况下有自启动的能力，启动速度快。

(2)在电网中的位置：离大容量机组近，启动的路径短，电压等级变换少，离重要负荷中心近。

(3)具备带负荷的能力：有足够容量带动非黑启动服务机组厂用负荷。负荷调整、频率控制、电压控制能力强，供电时间长。

水电、燃气机组、新能源电源以及微电网可作为黑启动服务机组。当区域电网中黑启动电源种类和数量较充足时，电源的优化选择成为关键问题。水电机组和燃气机组因其厂用电负荷低，启动速度快，可在 5～10 min 完成自启动，成为黑启动电源的首选。区域内没有水电机组，可以将新能源电源作为黑启动电源。风电/光伏发电的厂用电较少，启动快速简单，通过配置一定容量的储能装置为风电/光伏提供外部稳定的电压，风电/光伏与储能协同实现功率输出，提供黑启动服务。

5.7.2 黑启动辅助服务的成本与服务模式

1. 成本

黑启动辅助服务成本分为能力成本和使用成本，当前各省多采用集中竞价交易的组织方式确定黑启动发电机组能力成本和使用成本。黑启动辅助服务成本中的能力成本主要包含提供黑启动辅助服务的改造新增投资成本、运行维护成本、黑启动测试成本和人员培训成本等的补偿，一般采用最高限价，通常为 2 万～3 万元/(月·台)。使用费主要是对其实际调用所投入的燃料、人力等进行补偿，通常为 100 万～200 万元/次。

黑启动辅助服务实行按月或年结算的方式。黑启动服务机组因自身原因不能提供黑启动时(不含计划检修、全停避峰)，应及时向调度中心汇报，并按相关规定赔偿。

2. 服务模式

黑启动辅助服务模式根据各个区域电网黑启动服务能力的不同分为三种模式：

(1)区域电网内有足够的黑启动服务能力，在系统大停电时能根据黑启动服务的恢复计划自行恢复系统供电，这是一般系统常用的形式。

(2)区域电网内没有能够满足黑启动服务要求的机组，或黑启动服务机组的数量不能满足系统恢复的需要，而在本区域内有满足条件但不属于本电网的黑启动服务机组。本区域电网必须与黑启动服务机组及机组所属区域电网调度中心签订合同，约定黑启动服务的提供方式和费用计算方法。

(3)区域电网内没有能够满足黑启动服务要求的机组，或黑启动服务机组的数量不能满足系统恢复的需要，也没有其他电网的黑启动服务机组可以利用。这种形式的恢复过程相对较为被动，只有在其他区域电网部分恢复系统有能力向本区域提供黑启动服务的紧急功率支持的情况下，才能逐步地恢复系统的供电。这种形式不需要维持黑启动服务能力的费用，只需要支付黑启动服务紧急功率支持的费用，所以费用较低。但存在的代价是供电恢复的时间延长，并具有一定的不确定性。这种形式的系统恢复方案必须与相邻的电网区域签订黑启动服务的服务合同，约定提供黑启动服务紧急功率支持的时间及相应的费用。

小　结

电力市场辅助服务市场机制的基本原则可归纳为四个方面：①电力市场辅助服务补偿机制能正确反映并合理弥补辅助服务市场参与者的成本；②电力辅助服务市场能激励供给方保持并提升辅助服务质量和效率，使系统能获得长期、稳定和充足的辅助服务；③电力市场辅助服务吸引各类参与者提供辅助服务，并能不断提高辅助服务效率；④电力市场辅助服务成本中包括机会成本，辅助服务价格应反映不同辅助服务价值的差异等。

电力市场辅助服务费用按并网发电机组提供有偿辅助服务的贡献量对其进行补偿，对同一类型有偿辅助服务的并网发电机组，按贡献量补偿：AGC 贡献量依据可用率、调节容量、调节速率、调节精度和响应时间计算，或按调节电量计算；有偿调峰贡献量依据深度调峰损失电量及启停调峰次数计算；旋转备用贡献量依据备用容量和备用时间计算；无功调节贡献量依据无功调节对有功电量的影响计算；黑启动依据电网系统安全可靠要求进行补偿。

思　考　题

5-1　简述我国当前电力市场开展的辅助服务的种类及基本内容。

5-2　针对你所在区域或你充分了解的其他区域，分析各类辅助服务市场的价格和成交量。

5-3　查阅你所在区域或选择其他区域的辅助服务市场交易规则，在服务基于市场竞争机制下，描述调峰辅助服务的市场结构（如交易过程、报价参数、成本构成等）。

习　　题

5-1　某独立电力系统仅有三台发电机，它们的额定容量分别是 150MW、200MW 和 250MW。如果不可能发生两台发电机同时停运的事故，则此系统可安全接入的最大负荷是多少？

5-2　某发电商参与调频辅助服务市场，已知某月参加 5 个时段总调度：第一调度时段的发电单元 AGC 容量为 30MW，服务时长为 12min；第二调度时段的发电单元 AGC 容量为 50MW，服务时长为 15min；第三调度时段的发电单元 AGC 容量为 60MW，服务时长为 3min；第四调度时段的发电单元 AGC 容量为 40MW，服务时长为 9min；第五调度时段的发电单元 AGC 容量为 80MW，服务时长为 6min。AGC 容量补偿标准为 20 元/(MW·h)。计算调频市场 AGC 容量补偿费用。

5-3　分析 AGC 机组辅助服务成本的组成。

5-4　抑制无功与电压支持辅助服务市场价格不确定性的措施有哪些？

第6章 电力需求响应

随着电力市场改革的推进，电力需求响应作为电力市场化交易中最能体现灵活互动特征的重要业务，以更积极灵活的形式参与到电力系统的调度运行中，并为系统经济、安全、稳定运行提供了新的调控手段。本章介绍电力需求响应的相关基础知识。一方面，从理论角度介绍需求响应的基本概念和发展趋势；另一方面，从实际应用的角度出发，着重阐述需求响应实施的市场机制和商业模式，并指出其在实施过程中应该具备的关键技术及功能。

6.1 概　　述

6.1.1 电力需求响应的概念及产生背景

化石能源的不可再生性及其生产消费导致的环境污染问题日益凸显，世界各国不约而同地将节约能源和保护环境置于突出地位，并制定了一系列相应的法规、标准和政策，以推动能源节约和能源开发两种资源并举，鼓励节能研究和开发高效节能产品，强化民众的节能意识，积极研究更适应现代社会发展要求的资源配置方法和管理方式。在此背景下，20 世纪 70 年代美国率先提出了需求侧管理(Demand Side Management，DSM) 的概念，旨在通过提高终端用电效率和改善用户用电方式，克服由经济体制变化、资源短缺、燃料价格上涨、环境挑战等对电力规划和电力供应造成的种种不确定因素，从而降低对电量和电力的需求，尽可能延缓新电厂和电力设施的建设，提高供电可靠性和经济性。需求侧管理概念的提出，改变了过去单纯依靠电力供应侧的发展来满足不断增长的电力需求的固定思维，将需求侧作为供应侧电能的补充资源加以利用，所以需求侧管理一经提出，很快就在国际上得到了广泛的认同和推行。随着电力市场化改革的深入，针对需求侧管理如何在竞争市场中发挥作用以维持系统可靠性和市场运行效率，需求侧管理向着更能反映市场竞争和需求弹性的需求响应发展，需求响应更加强调电网中供应侧和需求侧的双向互动，需求侧根据电力市场价格和电网要求改变其负荷需求以获取一定的利益回报。因此需求响应可以定义为：电力市场中的用户针对市场价格信号或者激励机制而做出反应，参与电力系统的调控，并改变传统电力消费模式的市场参与行为。

我国从 1992 年开始陆续将需求侧管理技术介绍引入，比西方发达国家开展这项工作晚了十多年，但是该技术一经引入，立即引起了政府有关主管部门的高度重视和学术界的注意，并不断在理论和实践中进行研究和探索。为了使需求侧管理成为提高电能利用效率、降低社会用电成本的有效措施，多年来政府部门积极引导，最早在 2004 年下发了《加强电力需求侧管理工作的指导意见》，还将电力需求侧管理列入电力工业"十五"规划、能源节约与资源综合利用"十五"规划和节能中长期专项规划等相关规划内容。随着经济的发展，电力需求不断增长，同时风电、太阳能光伏发电等可再生新能源的规模不断扩大，电力系统的运行方式更加多样化，稳定机理更趋于复杂，电力系统需要更多的灵活资源来满足系统的安稳运行需求。我国在强化已有的政策实施力度之外，进一步发布了一系列的政策、法规，积极推进需求响应的深度实施。2015 年，《中共中央国务院关于进一步深化电力体制改革的若干意见》（中发〔2015〕9 号）明确提出积极开展需求侧管理和能效管理，通过运用现代信息技术、培育电能服务、实施需求响应等，促进供需平衡和节能减排。2016 年国家发展改革委和国家能源局印发的《能源生产和消费革命战略(2016—2030)》（发改基础〔2016〕2795 号）明确开展工业领域电力需求侧管理专项行动，并在交通、建筑、商业领域推广示范。制定工业领域电力需求侧管理指南，形成一批示范企业和园区。工业和信息化部印发了《工业领域电力需求侧管理专项行动计划(2016—2020 年)》，明确通过制定工作指南等重点任务，鼓励工业园区能源服务体系，建设电力需求侧管理系统平台，创新综合能源模式；引导工业企业完善电力需求侧管理制度建设，改善电能质量，加强用电设备改造和信息化建设，促进电能替代、分布式电源利用、能源清洁和循环利用，全面提升工业领域用能效率和需求响应能力。随后在 2020 年，为了更好地落实行动计划的工作部署，工业和信息化部还公示了《全国工业领域电力需求侧管理第三批参考产品(技术)目录》。2017 年，由国家发展改革委印发了《关于深入推进供给侧结构性改革做好新形势下电力需求侧管理工作的通知》（发改运行规〔2017〕1690 号），并在附件中发布了《电力需求侧管理办法(修订版)》，通知指出，新的形势下，电力需求侧管理除继续做好电力电量节约，促进节能减排工作以外，还应重点做好推进电力体制改革，总结推广需求响应试点经验；实施电能替代，扩大电力消费市场；促进可再生能源电力的有效消纳利用，推进能源绿色转型与温室气体减排；提高智能用电水平等工作。2019 年，工业和信息化部印发了《工业领域电力需求侧管理工作指南》（工信部运行〔2019〕145 号），指导工业企业(园区)优化用电结构、调整用电方式、优化电力资源配置，促进工业转型升级。2020 年，国家能源局下达的《国家能源局综合司关于做好可再生能源发展“十四五”规划编制工作有关事项的通知》（国能综通新能〔2020〕29 号）中将“在用户侧结合新型用电领域(电动车、电供暖等)、电力需求侧响应、综合能源服务等用能新模式新业态，充分发挥需求侧灵活性，研究可再生能源消纳空间”设定为规划编制的任务之一。为了进一步加快推进电价市场化改革，完善主要由市场决定电价的机制，保障电力安全稳定供应，2021 年，国家发展改革委发布了《关于进一步深化燃煤发电上网电价市场化改革的通知》（发改价格〔2021〕1439 号），部署进一步深化燃煤发电上网电价市场化改革工作，明确了四项重要改革措施：一是有序放开全部燃煤发电电量上网电价。燃煤发电电量原则上全部进入电力市场，通过市场交易在“基准价+上下浮动”范围内形成上网电价。二是扩大市场交易电价上下浮动范围。将燃煤发电市场交易价格浮动范围由现行的上浮不超过 10%、下浮原则上不超过 15%，扩大为上下浮动原则上均不超过 20%，高耗能企业市场交易电价不受上浮 20%限制。三是推动工商业用户都进入市场。各地要有序推动工商业用户全部进入电力市场，按照市场价格购电，取消工商业目录销售电价。对暂未直接从电力市场购电的用户由电网企业代理购电。鼓励地方对小微企业和个体工商户用电实行阶段性优惠政策。四是保持居民、农业用电价格稳定。

6.1.2　电力需求响应的实施目的及意义

需求响应作为一种促进供电和用电系统互动的策略，通过电能用户的主动负荷调整来有效提高整体系统资源的使用效率，保证电力系统的供需平衡，是实现能源系统开放协同的重要途径。对于引入竞争后的电力市场来说，需求响应更成为保证系统可靠性、促进市场有效运作的必要手段。无论是对国民经济发展还是对电力工业以及环境保护方面，都有着十分重要的战略作用。

1. 需求响应有利于缓解系统电能供需紧张，增强系统的稳定性和可靠性

当电力系统的电能供需平衡被打破，系统运行的安全稳定裕度降低时，如果能依托于相应的技术支撑平台，将需求侧资源作为与供应侧资源同等价值的调节手段参与系统整体的调控，就可以利用其瞬时改变需求水平的优势，为系统提供一种具有成本竞争力的可调度资源，帮助调度中心及供电企业有效地解决输电阻塞、备用容量短缺以及区域内输配电能力不足和有效平抑可再生能源出力波动等问题，同时也可大大降低由系统容量短缺而造成的停电损失成本，为系统可靠运行提供保障。

2. 需求响应可以增强系统对新能源的消纳

为了实现低碳排放的要求，未来新能源电力所占比例将会稳步提升。风电、太阳能光伏发电等新能源的出力具有明显的间歇性，出力会受到季节和气候因素的影响，没有办法保证它们一定会按照预定计划进行发电，所以这些新能源的接入会大大增加系统运行的随机性和不可控性。需求响应是一个非常好的互补资源，具有很好的相关性，如果将发电方与需求方结合起来，共同参与系统的整体调控，就可以利用需求侧资源能瞬时改变需求水平的优势有效平抑新能源出力波动等问题，也就能极大提高了新能源发电的渗透率，增强了系统对新能源的消纳能力，从而推动清洁能源节能减排。

3. 需求响应可以提升电力市场的良性运转，优化配置社会资源

从社会资源的角度来看，当需求响应可以产生固定、持久的负荷削减能力时，可以将其作为一种发电侧的替代资源来进行综合规划，这样就把需求响应资源转化为供应方的替代资源，从而减少发电、输电和配电基础设施的建设投资，提高各种供电设备的利用率及使用寿命，实现对现有生产能力的有效、充分而又合理的利用，进而促进环境保护。又由于电力系统的基础设施属资金密集型，所以相对来说，需求响应资源是可以获得的、相对低价的系统运营资源。此外，对于用户来说，用户可以根据自己预计的用电成本，通过更改自身用电方式或用电时间来对市场中的电价和各种经济激励做出响应，在满足电力需求的同时，就能以较少的投入换取降低电能消耗、减少电费支出、降低生产成本的效益。

4. 需求响应可以提升电力市场的良性运转，保证电力市场稳定

需求响应能通过价格信号和激励机制有效引导用户在用电低谷时多用电，高峰或电力供应紧张时少用电，提高系统的负荷率，实现削峰填谷，这就增加了需求价格弹性在市场中的作用，使市场竞争更为有效，价格更加合理，是保证电力市场稳定的一个有效措施。同时，需求响应运用市场手段给予用户更多的选择权，可以帮助用户或供电公司防范系统紧急事故或价格波动带来的风险。

5. 需求响应是售电公司用电增值服务的重要切入点

随着我国售电侧市场的逐渐放开，需求响应将成为未来售电公司用电增值服务的重要切入点，逐步形成的需求响应集成商，对于未来我国电力市场的建设和完善具有十分重要的意义。将需求响应引入电力市场并有效刺激电力市场的竞争，通过不同的价格信号和激励机制，增加负荷需求侧价格弹性在电力市场中起到的作用，可以减少电力竞价市场中的市场操纵力，使市场竞争更加有效，价格更加合理。

6.1.3　电力需求响应的现状及发展趋势

电力需求响应已在许多国家不同程度、不同形式地实施，目的都是实现电力系统安全、可靠、经济和高效的运行。智能电网、能源互联网等新概念、新技术的提出和建设，为各类需求响应项目的成功实施提供了强有力的技术支持，并促使电力需求响应的发展提升到新的层次。

1. 国外电力需求响应现状

国外在需求响应的研究方面起步较早，早在 20 世纪 70 年代，美国率先启动需求管理来应对日益增长的电力需求，同时制定了电力市场中的相关政策法规，开展了需求响应中各种各样的理论研究并付诸实施。美国俄亥俄州立大学基于机组组合模型，进一步分析了需求弹性在消纳新能源方面的作用，结果表明需求弹性能够明显提高新能源利用率，合理配置市场需求响应资源。美国得克萨斯州 A&M 大学将市场的需求响应资源作为日内调度计划矫正资源，用于平衡日前发电计划与日内前瞻时间窗口内负荷侧的偏差，并采用加权方式控制预测误差随时间尺度变化对系统成本的影响，在此基础上提出计及需求响应的计划模型，保证市场平衡和稳定运行。欧洲国家在需求响应的市场机制方面也进行了示范性验证工作，欧盟第七框架计划中的大型智能电网试点项目——欧盟智能生态电网(EcoGrid EU)项目，开展了考虑需求侧主动响应的市场机制研究，此项目在中小用户侧装上智能电表和智能控制器等设备，通过短时间间隔的实时电价，让中小规模用户参与到电力市场平衡调节中，实现需求侧和供给侧的友好互动。英国巴斯大学利用安全约束下的机组组合分析了市场需求响应资源在提高含高渗透率可再生能源的电力系统中的作用。日本的能源主要依赖进口，国内能源匮乏程度较为严重，近年来峰负荷也呈现出逐年增长的态势，为此，日本政府实施了一系列需求响应措施，同时采取了提高国内核电利用率、实施强制性的节能节电措施等手段来缓解国内电力供需矛盾。但是福岛核事故以后，日本国内出现了比较严重的电荒现象，主要是由于政府强迫关停了一批可能存在安全隐患的核电机组。为解决比较尖锐的电力供需矛盾，需求侧资源受到了日本政府以及电力企业的重视，一些电力公司(如东电公司)实施针对大用户的需求响应机制。日本经济产业省也发布了针对需求响应的论证报告，以此来评估需求响应机制在负荷管理以及为系统提供平衡服务方面的作用。

2. 国内需求响应现状

我国在电力需求响应方面的研究和实施相对起步较晚。需求响应是通过采用某种方式，引导用户减少负荷或推移负荷的使用时间段，是一种经济手段，用户自愿参与。国家发展改革委在 2011 年 4 月印发了《有序用电管理办法》，该办法要求在对终端用户进行有序用电管理时，应优先考虑错峰和避峰方案，同时鼓励建立完善的可中断电价和高可靠性电价，优化负荷控制系统，适当补偿满足前提条件的中断负荷用户。有序用电主要是通过行政的手段，引导用户减少负荷或者推移负荷，可以认为是一种特殊的需求响应。2011 年 1 月，我国开始施行《电力需求侧管理办法》，2012 年 7 月 16 日，财政部以及国家发展改革委联合印发《电力需求侧管理城市综合试点工作中央财政奖励资金管理暂行办法》，其中奖励资金支持范围包括：建设电能服务管理平台；实施能效电厂；推广移峰填谷技术，开展电力需求响应；相关科学研究、宣传培训、审核评估等。同年确定北京市、江苏省苏州市、河北省唐山市和广东省佛山市为首批试点城市。

随后，我国各省根据省内实际情况也分别出台了相应的实施细则和方案。江西省在 2014年出台了《江西省实施可中断负荷奖励试点工作方案》，方案规定了中断条件为用电容量在 1 万千伏安以上、可中断负荷在 3000 千瓦以上、符合国家产业政策、用电负荷能够实时监测、可在确定的时间段内按照调度指令主动中断的负荷，可中断负荷补偿标准为 1 元/(kW·h)。浙江省的可中断负荷补偿方式与江西省类似，均是通过中断时间和容量，给予电费减免和容量补贴。2015 年 6 月，江苏省经济和信息化委员会印发《江苏省电力需求响应实施细则》（试行），以安全可靠、公正平等、开放透明为原则，以建立完善的需求响应体系、缓解电力供需矛盾、削减尖峰负荷、引导用户优化用电负荷为目标，从而推进用电服务个性化，最大限度地保障社会经济稳定运行，提高电网负荷率和运行效率。2023 年国家发展改革委等部门又发布了《电力需求侧管理办法(2023 年版)》（下简称《办法》），《办法》从管理职能、实施目标、具体工作、资金来源等方面给予规定，为开展需求侧管理提供指导。

3. 需求响应发展趋势

需求响应的有效实施需要从技术和市场机制上提供双重保障，其中技术是根本，机制是保障。在技术上，智能电网等新概念、新技术的提出和建设，极大地支撑了需求响应的实施需求。制定合理的需求响应市场机制，是提高电力负荷参与需求响应的积极性以及推动需求响应项目有序开展的重要基础。

未来需求响应技术是建立在集成的、高速双向通信网络的基础上，通过先进的传感和测量技术、先进的设备技术、先进的控制方法以及先进的决策支持系统技术的应用，实现电力用户与电网公司的互动。参数量测技术是智能电网基本的组成部件，随着智能电网的发展，电网中将安装越来越多的传感器和智能电表，先进的参数量测技术获得数据并将其转换成数据信息。高速双向通信系统使得各种不同的智能电子设备、智能表计、控制中心、电力电子控制器、保护系统以及用户进行网络化的通信，这些都为需求响应的实施提供了技术支撑。

随着智能电网逐渐成为未来电网的发展方向，建立灵活的电力市场机制成为电力发展的新需求，供电企业不仅要对电力用户提供更为丰富便捷的用电服务，还要能满足不同用户差异化的用电需求，这就需要电力企业更广泛地部署需求响应机制，实现供电方和用电方的高效互动。就我国而言，需求响应的市场框架设计还要考虑与电力市场改革现状相结合，在政府的推动下，建立和完善电价机制和经济激励机制是大方向，同时需要关注能源服务公司的参与，注重工程实践效果。

6.2　实施电力需求响应的市场机制

需求响应的实施需要为电力用户提供一系列激励机制和措施。激励机制和措施可以划分为两种主要类型：基于电价的需求响应（Price-Based DR）和基于激励的需求响应（Incentive-Based DR）。基于电价的需求响应机制是指以电价作为激励措施，促使用户根据电价的变化调整用电量和用电时间，尤其是在系统高峰时期。基于激励的需求响应是指通过实施一些经济激励或补偿措施，来促使用户在电价较高或者系统可靠性受到影响时参与负荷削减计划。

除了常见的这两大方面，不同的国家和地区针对自身电力营销终端市场的具体情况以及各自电能调节需求，在上述两种市场机制的基础上提出了一些具有不同特色的需求响应的互动激励机制，如图 6-1 所示。通过实施不同的激励机制，电力用户能够更加合理地安

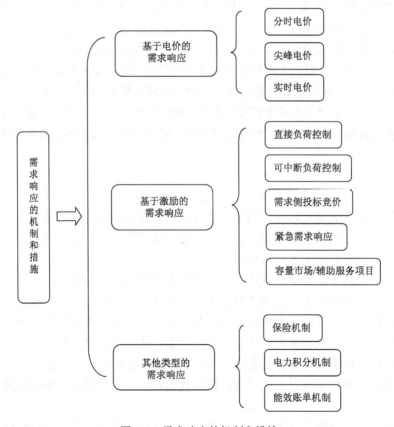

图 6-1　需求响应的机制和措施

排用电方式，从而提高电力系统的运行效率，减少运行成本。

6.2.1　基于电价的需求响应市场机制

电价是基础性的电力资源调配指挥棒，合理的电价对于负荷的调节作用将起到事半功倍的效果，同时也是电力需求响应最直接的市场化实施手段，能够有效挖掘用户侧的需求响应潜力，促使用户自发进行削峰填谷，改善系统负荷特性，所以电价的确定既要能激发供电方实施需求响应的积极性，又要能激发用户主动参与需求响应。常采用的电价包括分时电价(Time of Use Pricing，TOU)、实时电价和尖峰电价(Critical Peak Pricing，CPP)等。

1. 分时电价

分时电价是一种可以有效反映电力系统不同时段供电成本差别的电价机制，电价随用电所处时段、日期、季节不同而不同，简单来说，就是对用户按照用电时段来收费，从而激励用户更仔细地安排用电时间。峰谷电价、季节电价和丰枯电价等是分时电价常见的几种变异形式。

为了满足峰荷时段的负荷需求，系统必须备有相应的调峰容量，如果从系统的运行成本进行分析，峰荷供电的边际成本是要成倍地高于低谷时段的供电边际成本的，因此高峰时段的电价就应该高于平时和低谷时段的电价。同时，低谷时段供电时，由于机组容量和其他系统设备不能充分利用，也使得设备利用效率低下，造成了资源的浪费。峰谷负荷差越大，单位电能的平均生产成本也就越高，并影响供电的质量和系统的安全，为了提高供电质量和系统的安全系数，有必要抑制高峰时段的负荷需求，鼓励低谷时段的用电，这就导致了峰谷分时电价的产生。

季节电价和丰枯电价都是为了改善电力系统季节性负荷不均衡或是水利资源季节性不同导致发电出力差异，所采取的是一种鼓励性电价，有利于充分利用水利资源和选择价格相对便宜的发电燃料，降低系统的供电成本，特别是在水利资源丰富的地区尤为适合。

需要说明的是，分时电价的一种改进形式是负荷选择，参与负荷选择措施的用户，可以根据不同的负荷时段的电价水平选择负荷削减量、削减时间、提前通知时间等，而电价水平与提前通知时间有关，提前通知时间越短，电价越高。现阶段，我国部分地区已实行过分时电价政策，通过价格直接影响用户的用电行为。江苏、上海和浙江对居民群体实行峰谷电价。上海、广东、江苏实行工业峰谷电价，其比例达到 5∶1。湖南实行差别电价，例如，湖南 470 家高耗能企业，在原销售电价基础上，平均提高 0.01 元/(kW·h)。

2. 实时电价

实时电价方案主要是为用户提供反映电力系统实际情况的电价，它着眼于电能的瞬时供需平衡，兼顾电力系统的安全运行，既能反映各个时刻电能供应与需求的变化关系，又能自动反馈调节用户负荷。实时电价在一小时或者更短时间间隔内变动，能够直接反映批发市场的电力供需情况，它有利于加强批发市场与零售市场的联系。参与实时电价项目的用户，需要安装相应的通信和控制装置，方便将批发市场的电价实时传导给用户，用户收到电价信息后，根据自身情况和用电成本来判断是否调整其用电需求。

设计实时电价方案的一个重要环节就是设置向用户公布的电能价格和实际使用时的时间差。若采用较长的时间差，例如，使用日前价格，很难准确反映当前电力系统的负荷状态。若采用较短的时间差，例如，基于当日电力市场，这种方式虽然能更好地反映供需，但会增加用户对电能消耗的规划难度。实行实时电价的电力市场，由于其价格取决于电力生产和消费，电价还可能会随着间歇性能源发电而波动。

上述实时电价的定义，主要从电价的时间精细度来说，一般是提前一天或提前几个小时确定这个小时内的电价。对于间歇性很强的新能源来说，往往无法准确预知几小时后新能源的发电情况，因此这种实时电价已经难以适应智能电网和新能源的发展。未来的实时电价不仅在一小时内变动，更多的将在更短时间间隔内变动，是未来一小时、半小时乃至几分钟后的电价，甚至是一分钟后的电价，这已经成为即时电价。实行实时电价的电力市场，由于其价格取决于电能生产和消费，电价可能会随着间歇性能源的实时变动而波动，这种方式虽然能更好地反映供需，但目前受到技术发展的限制而难以实现。随着智能电网和信息通信技术、人工智能技术等的发展，实时电价必然会逐步走向用户，这种实时电价将成为未来研究的重要课题。

3. 尖峰电价

尖峰电价是在分时电价和实时电价的基础上发展起来的一种动态电价机制，其主要思想是在分时电价上叠加尖峰费，是对负荷尖峰的一种额外的电价安排。规定在一定天数或小时内收取高电价，以引导用户在较高的电力批发价格时减少用电或转移用电。尖峰电价的思想是实施机构预先公布尖峰时间的时段设定标准(如系统紧急情况或者电价高峰时期)以及对应的尖峰费率，在非尖峰时段执行分时电价(用户还可以获得相应的电价折扣)，在尖峰时段执行尖峰费率，并提前一定的时间通知用户(通常为 1 天以内)。用户既可做出相应的用电计划调整，也可通过高级电表来自动响应尖峰电价。尖峰电价反映了系统尖峰时段的短期供电成本，有利于激发用户降低尖峰时段的负荷，也有利于供电方降低尖峰时段的购电风险。

美国加利福尼亚太平洋天然气与电力公司实施的尖峰电价项目，是加利福尼亚公共事业委员会在全州范围要求的削减方案之一。该项目是在分时电价的基础上，尖峰时段(下午2 时到 6 时)增加额外的电价。每年有 9～15 天为尖峰需求响应事件日。用户需要提前一天收到通知，参加此项目的用户在 5 月 1 日至 10 月 31 日期间可享受电费优惠。目前参与的用户为大中小型工商业用户。

6.2.2　基于激励的需求响应市场机制

需求响应中常常采用的激励措施有直接负荷控制(Direct Load Control，DLC)、可中断负荷(Interruptible Load，IL)控制、需求侧投标竞价(Demand Side Bidding，DSB)、紧急需求响应项目(Emergency Demand Response Program，EDRP)、容量/辅助服务项目(Capacity / Ancillary Service Program，CASP)等。

1. 直接负荷控制

直接负荷控制是用户在系统用电高峰期间或紧急情况下向电网公司提供可中断的负荷，由于它是随机控制的，常常会冲击生产秩序和生活节奏，降低用户高峰期用电的可靠性，所以电网公司远程中断该负荷时，需要给予用户一定的经济补偿，以减少用户的停电损失。

直接负荷控制多用于工业用户的用电控制，近年来，随着智能技术的发展，智能空调、智能热水器、智能冰箱和电动汽车的广泛普及，直接负荷控制项目在居民用户中也越来越常见，如家中的空调或热水器。虽然这种方式实行起来比较容易，但是也存在一些缺陷，它需要先进的计量系统。例如，如果没有进行测量，参与需求响应的用户即使在中断负荷时使用该设备，也不会得到电网公司的补偿。直接负荷控制虽然有利于电力系统的运行，可减少增加发电量的投资，但是实际上没有提升正常运行下的电力系统性能。

2. 可中断负荷控制

和直接负荷控制类似，可中断负荷控制的目的是减少电力负荷对电力系统的压力。和直接负荷控制不同的是，参与可中断负荷控制的用户与供电公司签订可中断负荷协议，在系统用电高峰时期的固定时段或是供电公司要求的任何时段内，减少用户的用电需求，参与可中断电力供应的负荷不被远程控制，而是参与者同意在约定情况下主动削减负荷并获得一定经济补偿，否则将接受惩罚，这些负荷大多是工业负荷。供电公司或是负荷聚合商给这些负荷的电力用户一定的折扣，并与他们签订负荷减少的补偿合同，若不能使负荷减少将受到处罚。签订的可中断负荷合同中通常会明确提前通知时间、停电持续时间、中断容量和补偿方式等因素，用户根据合同削减相应的负荷量。和直接负荷控制类似，这种方式也不能提升正常运行的电力系统性能。

3. 需求侧投标竞价

需求侧投标竞价是需求侧资源参与电力市场竞争的一种实施机制，需求侧参与到批发市场竞价，充分挖掘用户的响应能力和积极性，在参与者获得回报的同时，可以提高系统的安全性和备用能力。需求侧投标竞价使用户能够通过改变自己的用电方式，以投标的形式主动参与市场竞争并获得相应的经济利益，而不再单纯是价格的接受者。供电公司、大用户可以直接参与需求侧投标，而小型的分散用户可以通过第三方的综合负荷代理机构间接参与需求侧投标。

4. 紧急需求响应项目

紧急需求响应项目是指用户为应对突发情况下的紧急事件，根据电网负荷调整要求和电价水平发生响应而中断电力需求的一种方式，它是由系统运营商在系统紧急情况下，向电力用户发出请求，用户削减负荷可获得奖金，当然用户也可以忽略该请求而不会遭受惩罚。奖金是事先设定的，在美国一般是 $350\sim500$ 美元/(MW·h)。它结合历史数据、价格数据、短期负荷预测以削减高峰负荷，避免发生尖峰价格。

5. 容量市场/辅助服务项目

容量市场/辅助服务项目是指用户提供削减负荷作为系统备用,替代传统发电机组或提供资源的一种形式。

1) 容量市场项目

容量市场项目是指运营商提前支付一定补偿给用户侧,以获得系统紧急情况下的稳定资源。当用户未按照要求进行负荷削减时,将处以罚款。参与者的可削减负荷必须具有随时可获得性和可持续性。美国容量市场采用可靠性定价模型(Reliability Pricing Model, RPM)竞价方式,该竞价方式有 3 个时间尺度(即基准剩余竞价、附加竞价和条件附加竞价),从交易年前的第三年开始组织竞价,在基准剩余竞价中,交易失败的容量仍可选择是否在后续的重复竞价中进行交易,竞价成功的则需要在交易年内进行规定的负荷削减。

2) 辅助服务市场项目

辅助服务市场项目实施方为电网系统运营商。当系统出现安全稳定问题时,运营商将对参与竞价并按要求削减的负荷提供补偿,以保障电网的稳定性。参与该项目的用户需要满足的条件:响应时间快(按分钟计),最小容量要求更高,先进的实时遥信计量控制装置。

6.2.3 其他需求响应的互动激励市场机制

国内外在对需求响应的研究和实践中针对市场机制的分析和制定主要是从上述电价机制和经济激励机制两个方面展开的,除了常见的这两大方面,在上述两种市场机制的基础上,还有其他一些具有不同特色的需求响应的互动激励机制。

1. 保险机制

保险是以经济合同方式建立保险关系,集合多数单位或个人的风险,合理计收分摊金,对特定的灾害事故造成的经济损失或人身伤亡提供资金保障的一种经济形式。保险机制适用于激励型需求响应项目,基于保险原理的需求响应机制是允许用户根据自身的生产情况向供电方提出个性化的供电服务要求,并签订一对一的合同,用户根据往年经验,结合当年年度生产计划,自行决定是否参保,用户投保金额越高,在负荷紧张情况下,优先用电权越高(除去保障性负荷),但是在特别紧张的情况下,用户也需服从供电方的调度安排,但可获得与投保金额赔率成正比的赔偿。保险机制合同主要包括用户投保容量和用户投保金额、赔偿金额两大部分内容。

1) 用户投保容量

投保容量由用户自行决定。用户根据当年该地区负荷总缺额形势和以往被分配削减负荷指标,结合生产计划以及调整负荷的能力,估算投保负荷量并向供电方申请。

2) 用户投保金额、赔偿金额

供电方根据行业类型、用户负荷容量等级确定用户单位容量投保金额基准值和赔偿金额基准值。如果用户希望提高自己在负荷紧张时的优先供电权,可提高投保金额,赔偿金额也会按比例提高。供电方最终根据投保金额赔率对用户进行排序,同等情况下优先保障投保金额赔率高的用户的供电。

保险机制克服了传统有序用电方案对用户归一化限制的缺点，用户可以按照自身的生产状况签订合同保障用电，供电方协调配置具有转移能力和对供电保障要求高的用户需求。

2. 电力积分机制

电力积分机制是指商家根据消费者消费行为的累计记录给予某种正反馈，从而鼓励消费者再次消费时优先选择的一种营销策略。供电方和用户之间的供电服务交易具有连续性，用户的负荷响应需要一定的激励动机（正激励或是负激励），因此供电方通过积分记录用户的响应行为，结合需求响应的实施现状制定正激励或是负激励标准，能进一步发挥需求侧的潜力。

具体来说，电力积分机制是指在电网紧急状态下，用户根据供电方发布的信息调整用电，供电方依照积分标准对用户的响应行为累计积分，根据积分兑换标准用户可以获得额外的用电服务效益。该机制对基于电价的需求响应和基于激励的需求响应都适用，用户参与门槛低。实施细则的重点在于积分的累计和兑换标准，但是同时也要综合用户类型、季节和用户信用等级等多种因素。从时间角度出发，电力积分机制包括积分生成和积分兑换两大部分。

1) 积分生成

当供电紧张时，供电方向用户发布进入积分时段的信号，用户分别在基线负荷和当日计划削减配额的基础上按削减负荷比例积分。一般来说，电价型需求响应的削减持续时间要求是高峰日峰时段，激励型需求响应要求参照约定的提前通知时间和削减时间。积分的累计周期以年为单位，采用动态积分累计的方式，当年的积分可以顺延至下一年使用。

2) 积分兑换标准

积分兑换标准可以分为负荷削减指标和电费折扣两种形式。累计积分达到兑换标准的用户可以申请预期高峰日的冲抵负荷削减指标，避免高价值的缺电损失，也可以在结算时兑换积分有效期间用电费用的折扣。

3. 基于节能意识的能效账单机制

传统的节能降耗方案将激励重点集中于节省用能费用和支持环境保护等道德层面，这种方案很难广泛且有效地激励用户做出响应，效果甚微。用户开展需求响应的积极性不强，其根本原因在于促使其作出需求响应行为的激励不够，动机不足。国际上已有通过非价格的激励手段有效实施需求响应的成功先例，能效账单就是其中一种。能效账单是以直观、感性的方式反映用户及其所在地一定范围内的同类用户用能情况的账单。能效账单将用户的用电情况进行分类列示，分析用户本身及其邻近同类用户的用能情况，并做出了一系列的横向对比。从行为科学的角度对用户用能的心理和行为做出相关分析，结果表明，这种对比能够很容易地激起用户参与需求响应的积极性。

美国弗吉尼亚州能源管理服务公司 Opower 从行为科学的角度出发，在不依赖动态电价和硬件设施建设的情况下，借助一张能效账单，通过软件系统与用户及时沟通，就能有效地实施需求响应，降低了用电高峰时的负荷峰值。Opower 推出了面向居民用户的能效账单，在能效账单中，对用户家中的制冷、采暖、基础负荷、其他各类用能等用电情况以柱状图、折线图等形式进行可视化分类列示，并将用能情况与用户的邻居进行比较，还根据用户的用能情况，在账单或报告上印上"笑脸"或"愁容"的图标。通过将用能情况以简洁、清晰、直观、感性的方式呈现在能效账单中的方法，可以在极短时间内对用户造成有效冲击，便于引导用户的下一步行动。在出现高峰负荷的前一日，Opower 会通过邮件、电话联系用户，向用户提出第二天的节电方案。若用户参与了需求响应，除直接的节能收益外，在部分项目中 Opower 还会对用户给予相应的奖励。Opower 做出的有关统计结果表明，与一些基于动态电价、智能用电设备实施的需求响应方案相比，这种技术方案更经济，且取得了更好的效果。

6.3　电力需求响应的商业模式

6.3.1　参与系统运行的电力需求响应商业模式

电力需求响应不仅是一种技术行为，更是一种商业模式，它会受到众多因素的影响，如市场机制、电力系统的特性、系统资源以及系统内硬件设施等。电力需求响应最早提出来的目的是通过改变用户的用电模式来调整负荷曲线形状，从而增强电力系统的运行可靠性，延缓电力设施建设。随着电力市场的建设和不断完善，特别是系统中配套的先进测量、通信设施的建设，电力系统的运行不再是传统的"发电跟踪负荷变化"的运行模式，需求响应不仅能抑制峰荷，优化负荷曲线，还减少了市场中的价格波动，增强了电网的安全可靠性。传统的需求响应实施往往是集中在电力系统的运行环节，主要体现在增强系统的可靠性、提高电力市场效率以及两者的混合模式。

1. 增强系统可靠性的商业模式

需求侧作为调节资源来增强系统运行可靠性的模式一直以来都是传统应用模式。在这种商业模式下，当电力系统的电能供需平衡被打破时，系统运行的安全稳定裕度降低，参与需求响应的主体就会根据需求进行需求响应。与发电机组进行电能调节相比，需求响应的优点是响应时间短、调节速度快，具有很高的可靠性和调节灵活性。利用需求响应来增强系统可靠性的商业模式主要有以下两种形式。

1）通过辅助服务市场交易

参与需求响应的主体可以像系统中的发电资源一样，利用他们的负荷调节能力在辅助服务市场进行竞价投标。参与需求响应的主体可以是负荷零售商、负荷聚合商，也可以是大用户。市场的出清机制决定了投标的需求响应服务是否被接收以及最终的出清价格。与合约型的交易相比，在这种商业模式下，参与需求响应的主体可以自由选择他们愿意参与响应的时段和响应量。一旦投标成功，不仅参与响应的电能量需要付费，参与响应的容量也是要付费的，即使系统不需要参与方进行需求响应，参与方仍然可以获得一定的容量补偿费用。

参与辅助服务市场的需求响应主体不仅要有一定的负荷可调节能力，还要具有一定的响应快速性，同时还需要配备传输速度快、精度高的通信系统和量测系统。例如，进行针对短期和超短期的调频服务时，需求响应用户要能以分和秒级速度来增减负荷，用户响应的信号就是传统的 AGC 信号。在保证系统的中长期电能供需平衡时，需求响应用户可以以备用容量的形式来保持系统的冗余度，系统运营商就能在未来负荷高峰期减少对发电资源的依赖。

需求响应参与到辅助服务市场中，不仅可以帮助系统运营商降低运行成本，提供更有效的系统规划，还可以以较低的成本维持系统必需的安全备用容量。美国的 6 大主要运营商(CAISO、ERCOT、MISO、PJM、NYISO 和 SPP)都将需求响应引入到辅助服务市场中，此外，澳大利亚、英国、新西兰等国的辅助服务市场都有不同的需求响应项目投标。

2) 通过合约交易

通过合约形式进行需求侧交易的商业模式是指参与需求响应的主体与系统运营商直接进行协商并签订双边合同，合同的内容和实施时间是由系统运营商根据系统运行的需求确定的，在系统用电的高峰时期或是系统紧急状况下实施。当系统运营商和参与实施需求响应的主体签订了双边合约后，实施方是不能自由调整和变更合同内容的。通过合约来采购需求响应服务的常见种类如表 6-1 所示。

表 6-1　合约型需求响应服务

类型	响应方式	参与响应用户特性
直接负荷控制	对参与响应用户进行直接断电控制	对停电敏感性不高，并且能接受不事先通知停电的负荷
可中断负荷控制	参与响应的用户在提示下自行断电	对负荷响应的快速性要求不高，但是用户需要承受的中断供电时长比直接负荷控制要长
紧急需求响应	参与响应的用户根据启动阈值自动进行断电	对负荷响应的快速性要求高，并且能接受不事先通知停电的负荷

以上三种类型都属于基于激励的需求响应措施。参与直接负荷控制的需求响应实施主体和系统运营商将签订一份合同，系统运营商根据系统的运行情况在需要时将不通过用户而直接对用户的供电负荷进行断电控制，在中断供电后会按照合同规定对用户进行一定的经济补偿。参与直接负荷控制的负荷一般是对停电敏感性不高，并且能接受不事先通知停电的负荷。

与直接负荷控制不一样，参与可中断负荷项目的用户是在得到系统运营商的提示后自己进行断电，中断供电的时间相对较长，如 4h 或 8h。参与响应的主体会被提前告知中断时间、中断供电量。中断供电的补偿形式(电费折扣或是直接经济补偿)等都是事先由系统运营商和参与响应的主体共同协商后签订合同规定的。与直接负荷控制相比，可中断负荷服务对负荷响应的快速性要求不高，因为会给中断供电的用户一个提前告知时间，但是用户需要承受的中断供电时长比直接负荷控制要长。

在紧急需求响应模式下，参与响应的用户会自动根据系统参数的偏差进行负荷削减，通常这个参数是系统的频率。系统运营商会设定一个启动触发阈值，当系统频率超过这个触发阈值时，参与紧急需求响应的用户就会根据事先签订的合同削减负荷以阻止频率的下降，用户是不能得到事先通知的，作为回报，用户可以获得相应的电费折扣或是经济补偿，当然用户如果不响应中断请求也不会受到惩罚。

2. 提高电力市场效率的商业模式

提高电力市场效率的需求响应的商业模式与增强系统可靠性的商业模式不同，这种商业模式更强调用户电能消费方式的灵活性和断电的时效性，而不是用户响应的快速性，这种响应的灵活性和时效性能帮助系统运营商更加经济和有效地规划和运行系统，系统运营商更注重用户的负荷曲线的整形能力，如负荷转移、移峰填谷等形式，所以这种商业模式更适合于在实施需求响应时能承受较长时间断电但不必具有很快的响应速度的用户。提高市场效率的需求响应实施目的更多的是出于系统运行的经济性而非可靠性，在实施中常常是将电价信号作为交易实施的信号。

美国加利福尼亚的需求响应代理项目(Proxy Demand Response，PDR)就是一个通过需求响应来提高市场效率的例子，当预测的电价超过需求响应主体的投标报价时，就会启动需求响应，参与的主体也会得到相应的经济补偿。在新加坡的电力市场中，当现货市场的价格上涨时，参与需求响应的主体就会收到削减电能消费的激励信号，以此通过需求侧的用电调节来平抑电价。新西兰电力市场中的需求侧投标与预测项目(Demand-side Bidding and Forecasting)也是类似项目，但是补偿给用户的是电费折扣而不是经济补偿。

3. 混合模式的商业模式

虽然从实施目的上看，参与系统运行的需求响应商业模式可以分为增强系统可靠性和提高电力市场效率两种，但是实际上不同的商业模式很难划分出一个严格的边界，相同的需求响应措施会影响到系统运行的众多方面，或者说同一个需求响应措施的实施是可以达到多个复合目标的，这就是需求响应的混合商业模式。在这种商业模式下，实施需求响应可以达到既保持系统运行可靠性，又维护系统运行经济性的目的。例如，可中断负荷或直接负荷控制可以在系统运行的紧急情况下实施，也可以在电价增长过高时为了维护市场稳定时实施。

6.3.2　参与发电运行的电力需求响应商业模式

传统的需求响应基本都集中在系统的运行环节，随着电力市场的健全，可再生新能源渗透率不断提高，需求响应不仅可以参与到电力系统的运行环节，还可以参与到系统的发电环节。需求响应参与到发电环节中的商业模式主要有减少可再生新能源出力间歇性、提供电能供需平衡服务和负荷整形三种模式。

1. 减少可再生新能源出力间歇性的商业模式

参与电力市场的发电方是要按照投标时确定的预定发电计划进行发电的，如果发电方不能按照计划执行，就得不到预定的收益。对于出力具有明显间歇性的可再生新能源发电方来说，如风能发电、太阳能发电，出力会受到气候因素的影响，没有办法保证他们一定会按照预定计划进行发电，需求响应就是一个非常好的互补资源，具有很好的相关性，如果将发电方与需求响应结合起来，就能极大提高新能源发电的渗透率。在这种商业模式下，参与发电运行的需求响应主体除了具备所需负荷调节能力外，一般还要装有储能设施，以增强负荷调节的可调性和灵活性，才能更好地补偿新能源发电出力的间歇性。

需求响应与可再生新能源配合使用还有另外一种情形，在一些偏远地区，网络设施老化而且网络连接薄弱，如果这些地区还有分布式可再生新能源的接入，就更增加了电网的运行压力。如果需求响应参与到电网的运行中，就能缓解这种压力，提高网络的运行稳定性，还能延缓网络建设投资。

1) 减少可再生新能源出力间歇性成本

在电力市场中，出于系统安全稳定运行的考虑，像风能发电、太阳能发电这种出力不稳定的可再生新能源在系统运行时，根据需要可能会被削减出力，或是会被要求承担一部分系统进行供需不平衡调节的成本，这就直接或间接地削减了这些发电方的收益。如果发电方与需求响应主体进行市场交易，联合形成一个共同的商业体，在发电方出力偏离预定计划时，就可以由需求侧资源特别是具有储能设施的资源来补偿发电方的出力偏差。在发电方出力超过计划时，用户可以利用已有的储能装置进行充电，吸收多余的电能，反之，在发电方出力不足时，就进行放电操作。通过发电方与需求响应主体的市场交易，就能保证两者的联合输出满足既定的发电计划，发电方就无须在超过计划时只能以一个极低的价格销售多余的电能或是直接进行削减出力，就不会出现弃风、弃光的现象了。

2) 增加容量收入

在一些电力市场，发电方在系统负荷高峰时段即使没有出力，他们的有效发电容量也会被补偿，但是对于像风力发电这样的新能源，具有明显的反调峰性，风电出力的高峰时段一般是夜间，特别是半夜，而负荷用电的高峰时段往往又是在白天，两者是完全相反的，发电方就只能获得很低的容量补偿费用。如果发电方和需求响应主体进行市场交易，利用需求侧的资源来改变发电方的出力曲线，使之符合系统负荷的用电规律，发电方就能获得更高的容量补偿费用。

2. 提供电能供需平衡服务的商业模式

电力市场中，大用户是可以直接与发电方进行双边交易的，但是购电方和售电方都没有自己的输/配电网络，他们需要提前告知系统运营商在输/配电网络中预期的注入和输出电能，并支付网络使用费用。当售电方和购电方的电能供需出现偏差时，他们需要承担这种偏差带来的额外费用。如果发电方和需求响应主体签订交易合同，就能利用需求侧资源的负荷调节灵活性来补偿这种电能供需的不平衡，通过需求侧资源的响应调节，维持发电方按预定计划向输/配电网络中注入功率，原来需要支付的由电能不平衡造成的额外费用就可以节约下来在自己和需求响应方之间分享。但是这种商业模式对参与需求响应负荷的分布位置是有要求的，参与响应的负荷必须靠近发电方的接入位置，才能控制发电方对网络的注入功率。

日本电力市场的 Power Producer and Supplier(PPS)电力公司就实施了提供电能平衡服务的市场交易，PPS 与需求响应资源签订合同，利用需求侧的负荷增减来确保 PPS 在输电网络中按照预先计划注入功率，以避免供电偏差造成的高成本，节省下来的费用和需求响应用户进行分享。

3. 负荷整形的商业模式

对于发电机组，特别是火电机组，启停成本是很高的，他们会由于电能的需求情况在非经济区范围内长时间运行，为了减少这些运行成本，发电方可以和需求响应主体进行交易，实施负荷整形，在负荷整形的商业模式下，需求响应主体可以根据自己的负荷调节能力调节出发电方希望的用电负荷曲线，将发电机组运行在非经济区范围内供电的部分负荷转移到经济运行区内，以减少运行成本。

目前这种商业模式还是使用较少的，因为仅靠参与需求响应用户进行负荷调节，调节能力是有限的，用户必须具有足够的储能装置，才能持续维持负荷曲线按预期的变化规律进行响应。随着电动汽车的普及，电动汽车具有的灵活充电特性为负荷整形的市场交易提供了发展动力，电动汽车既可以集中充电，也可以分散充电，还可以根据规划需求在预定时段进行充电，它是一种很好的负荷调节资源，未来利用电动汽车可以得到期望的用电负荷曲线，当然也就可以利用这个调节特性去参与负荷整形的市场交易。

6.3.3　参与输/配电运行的电力需求响应商业模式

对于输/配电网来说，在运行中如果网络中某些部分趋于功率极限，就会使电力系统运行承受很大的风险，这就是通常所说的网络阻塞问题。网络阻塞对于输/配电网的安全稳定、最优经济运行都会产生负面影响，所以缓解电力网络的阻塞是保证电力市场环境下系统安全运行的关键，也是输/配电网络在运行时需要优先考虑的问题。缓解阻塞可以通过常规的投资新建和升级电网的硬件设施来实现，但是这种技术方法投资大，建设周期也相对较长，所以一直以来其他的缓解手段、预防策略及分析方法也在同时开展研究并实施，电力需求响应就是一种快速有效的缓解阻塞的手段之一。需求响应的参与主体利用他们在电网中所处的合适位置，在网络发生阻塞的有限时段内进行负荷调节以缓解阻塞，从而减少或延迟输/配电网的网络建设。当然，阻塞管理是一个复杂的过程，单独利用需求响应来进行缓解也是很难实现的，需要多种措施共同实施才能缓解甚至消除。

美国的爱迪生联合电气公司推出的配网负荷缓解项目(The Distribution Load Relief Program，DLRP)和网络缓解项目(Network Relief Program，NRP)就是这种商业模式，对存在阻塞问题的区域，具有位置优势的需求侧资源就能利用它们可以进行负荷调节的灵活性参与需求响应，当然也能获得相应的经济回报，参与主体既能获得调节容量的补偿，又能获得参与调节电能数量的补偿。

6.3.4　参与电能零售的电力需求响应商业模式

在电能零售环节，需求响应的交易发生在负荷零售商和他们所供电的中小用户之间，这种需求响应不仅会影响负荷零售商电能采购交易的形式，还会影响零售电价的制定。

1. 减少电能采购风险

负荷零售商在对中小用户进行供电时，同样也会遇到供需不平衡的情况，例如，由于负荷预测误差造成签订的合同电量不足，或是由于用户的用电行为突然改变造成供电存在缺额，在这种情况下，负荷零售商就只能在现货市场中购买所缺的电能，现货市场中的电价是波动的，如果需要购买的电能多，现货市场的电价就会趋于上涨。但负荷零售商往往是以一个相对稳定的零售电价向他所供的用户售电，如果负荷零售商在现货市场中以较高的电价采购所需的电能缺额，但是又以一个较低的零售电价销售给他的签约用户，这就使得负荷零售商面临向用户卖电反而亏本的风险。为了减少这种风险，负荷零售商可以采用系统运营商为维持系统稳定采用的做法，即负荷零售商可以和他所供的用户进行需求响应交易，当在电能零售过程中出现电能缺额或负的电价差时，可以要求用户进行需求响应来补偿这个缺额，以避免负荷零售商去现货市场中采购高价电能。

常采用的措施是可中断负荷控制。在电能零售环节采用的可中断负荷控制的交易方式和在系统运行环节采用的可中断负荷控制是类似的，可以将负荷零售商与系统运营商之间的可中断服务的交易模式借鉴到负荷零售商与用户之间，用户根据负荷零售商的需求进行削峰操作，负荷零售商就可以利用用户响应情况调整现货市场中的购电计划，特别是在电价高时尽量少采购电能。作为回报，负荷零售商应该向执行可中断服务的用户支付补偿，这个补偿可以是直接的经济补偿，也可以是用户的电费折扣，无论哪种补偿方式，都应该考虑执行可中断服务双方的利益，负荷零售商向执行可中断服务的用户支付的补偿不应该高于在现货市场中购买相同电量的成本，用户执行可中断服务所获得的收益也应该大于中断供电所遭受的损失，这样的可中断负荷服务才是可以长期执行的。

2. 负荷整形

在电能零售部分的负荷整形交易与在发电部分的负荷整形交易本质上是类似的，只是参与的部分不一样，服务的对象也不一样。在电能零售部分的负荷整形交易，用户利用自己的负荷调节能力达到负荷零售商的期望供电曲线，以减少负荷零售商的购电成本，增加收益。

这种模式下，强调的是用户具有的负荷转移的能力而不是削峰能力，当负荷零售商采购电能时，如果电价较高，就希望用户将一部分负荷转移到电价低时段。目前这种交易相对较少，这是因为虽然对用户调节响应的速度要求不高，但是需要参与的用户进行负荷调节的时段较长，负荷调节的能力也要强。随着电动汽车和各种储能装置的普及，用户进行负荷调节的能力增强，这种交易模式的应用必将会越来越广泛。

3. 容量管理

在一些电力市场，为了保证系统的安全稳定，负荷零售商会被分配一定的电能容量，这个容量是基于他们的峰值容量确定的，如果超过这个既定容量，负荷零售商就要支付额外费用，当负荷零售商需要更多的容量时，就需要在市场中购买。

需求响应就给负荷零售商提供了另外一种进行容量管理的途径。负荷零售商可以利用需求响应来调整负荷曲线，确保负荷不会超过规定的容量，避免了未来可能需要在市场中购买多余的容量，或因为短时的容量越限而受到惩罚。

6.4 实施电力需求响应的关键技术

6.4.1 需求响应的技术支持系统构架

在实施电力需求响应时，结合先进的软硬件技术，实现需求响应系统的信息交互以及相关信息的自适应调整，以达到负荷波动平抑、电网供需平衡、供电方和用户效益最大化的目的。需求响应的技术支持系统应该涵盖调度侧和用户侧两部分，两者之间建立有双向通信网络，但是两者之间又是相对独立、交互信息也相对单一的。

需求响应的调度侧系统是从调度侧视角出发，构造全局的业务系统。具体来说，需求响应的调度侧系统以用户基本信息库作为基础数据支撑，主要包括调度侧需求响应智能决策系统、需求响应效果评估系统和需求响应信息交互系统。该系统的主要功能是供电方根据市场信息、电网实时状态以及其他约束条件制定需求响应的实施决策。而需求响应用户侧系统则是在接收到需求响应的相关信息后，由用户侧需求响应智能决策系统进行个性化智能决策，决策的响应模式会输入到用电优化系统中，用电优化系统为不同类型用户提供个性化、差异化的用电服务，最终实现调度侧和用户侧在松耦合状态下的供需平衡。需求响应的技术支持系统构架如图 6-2 所示。

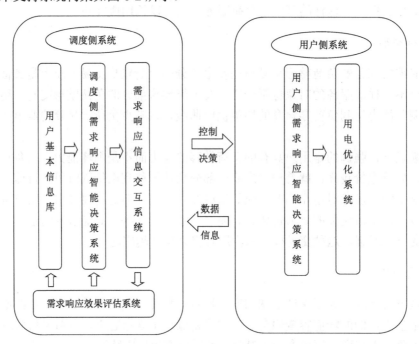

图 6-2 需求响应的技术支持系统构架

6.4.2 调度侧需求响应系统

1. 用户基本信息库

用户基本信息库的建立实际上就是系统数据的导入和预处理，数据主要依赖于现在较为普及的智能用户采集系统记录的用户历史信息，包括负荷历史数据、用电负荷曲线、历史用电信息、削减信息。在数据导入之后进行归一化处理和异常数据处理，建立不同类型数据之间的对应关系。

随着智能电网的发展，除了用户的历史用电信息外，用户需求响应的实时参与信息以及在线状态信息也将有效安全地通过智能电网接入设备反馈给调度侧，使供电方能够更好地对用户需求响应能力进行分析预测，从而制定出更利于发挥杠杆作用和能反映供需变化关系的激励措施。

2. 调度侧需求响应智能决策系统

需求响应智能决策系统除了以用户基本信息库提供的用户负荷信息作为数据驱动之外，还需要一些实时的信息作为响应决策制定的依据，包括电网的运行状态、采购电价、合同交易量和预测消耗电量等。如果供电方还拥有自身发电设备，则还需对拥有的发电设备进行发电量的预测。

此外，对于激励型需求响应机制，需求响应智能决策系统会依据实施的不同措施决定参与用户的类型、数量、时长、方式等。电价型需求响应机制希望利用电价作为唯一媒介，促进用户主动、自动地参与响应，则系统还需要根据市场信息、电网实时状态以及其他约束条件制定相应的电价。电价的制定模型与算法在现有研究中已有许多数学者提出，基于不同的理论获得不同的目标函数，如基于能耗调度理论的实时电价算法、基于阻塞管理的实时电价算法、基于统计需求弹性模型的实时电价算法和基于效益模型的实时电价算法等，前两种分别从用户侧和电网侧出发，而后两者皆是以实现用户端和供电端的双方效益最大化为目标。

3. 需求响应效果评估系统

需求响应效果评估系统就是对执行的需求响应效果进行跟踪，为智能决策系统中的参数自动调整提供相关依据。需求响应效果评估系统的输入可由需求响应信息交互系统提供。

4. 需求响应信息交互系统

需求响应信息交互系统对设定时段内的跟踪信息进行处理，并反馈到效果评估系统，在提升信息流通速度的同时，也要确保信息有效无误地传至效果评估系统。需求响应信息交互系统另一个主要的功能是实时准确地将电价或是各种经济激励信息下发至各个需求响应参与者，确保用户收到下发的电价或是激励信号之后参与响应。

6.4.3　用户侧需求响应系统

1. 用户侧需求响应智能决策系统

未来需求响应的用户侧系统同样也是基于智能电网的，通信方式也应该是灵活多变的。用户侧需求响应智能决策系统将根据用户的用电信息及其周围环境信息，结合用户用电行为习惯，例如，用户根据自身当天的实际用能需求，提前在用户侧的响应系统中输入响应的边界条件，包括室内温度、水温范围，洗衣机、微波炉、电动汽车等可转移负荷的工作时间范围等。利用边缘计算和人工智能算法，建立用户在不同运行工况下的响应模型。通过实时接收到的电价信息或激励信息，结合记录的历史电价或激励信息和环境变化趋势，主动优化用户的用电方式，得出用户能够获得效益的响应策略，从而确定参与响应的负荷的实际响应模式，如负荷的启停（包括启停时间和启停顺序）、恒温控制负荷的温湿度调节（包括调节范围和调节时间）等。

2. 用电优化系统

用电优化系统包括用户的用电能效管理和用户响应效果分析。用电优化系统将根据智能决策系统制定的响应策略，决定用电时间和用电数量，实现用户的优化用电。同时，在用户参与需求响应之后，系统还应将用户参与需求响应后的用电信息整合后综合反馈给用户，以提高用户的体验和感知。反馈的信息包括实时提供用户日、月累计用电信息，设备运行时间、运行参数及其累计用电量，同时还要估计用户调整用电行为后所能节约的用电量，进行用户参与需求响应前后的对比分析，例如，参与需求响应前后用电设备日用电量对比图、参与需求响应前后用电设备电费累计对比图。通过展现用户参与需求响应的节能效果，帮助用户智能化用电，激励用户积极参与需求响应。

小　　结

本章围绕电力需求响应的基础知识，首先介绍了需求响应的产生背景及发展趋势；其次从实施需求响应的市场机制入手，详细分析了现阶段两种主要的市场机制：基于电价型的需求响应和基于激励型的需求响应，同时还介绍了其他一些互动型的激励机制；然后就需求响应在不同应用场景下的商业模式进行了介绍，帮助读者深刻理解需求响应应用于电力系统不同环节中对于系统可靠、经济运行的重要作用和价值；最后针对需求响应在实践中的应用，介绍实施需求响应的关键技术和功能。

思 考 题

6-1　解释电力需求响应的含义，如何判断一个用户的用电行为是否属于需求响应？举例说明。

6-2　从市场机制的角度分析，有哪些不同的需求响应类型？在电力系统运行中，不同类型的需求响应适用于哪些场合？对响应用户有什么要求？对系统运行有何影响？

6-3　电力需求响应是否可以贯穿到电能生产、传输和消费的任何环节？如果可以，在不同环节能起到什么作用？

第7章 电力市场建设与实践

本章主要从电力市场的发展历程、运营模式、交易模式三个方面介绍中国、美国、英国和北欧四个电力市场的建设与实践情况。此外,基于各个市场的特点特别介绍美国、英国和北欧三个市场的辅助服务交易品种,美国和英国的容量市场,以及中国的输配电价改革和北欧市场的分区定价(Zonal Pricing,ZP)与电力金融产品。

7.1 中国电力市场建设与实践

7.1.1 中国电力市场发展历程

在改革开放的大背景下,电力行业不断解放思想、深化改革,经历了电力投资体制改革、政企分开、厂网分开、配售分开等改革。电力体制改革既是我国经济体制改革的重要组成部分,也是我国垄断行业走向竞争、迈向市场化的一种探索。

1. 早期电力体制改革及电力市场建设

改革开放前,我国一直实行集中统一的计划管理体制,投资主体单一,基本上是国家投资,运行机制僵化,导致电力投资不足且效率低,电力供应满足不了用电需求。1985 年,我国开始实行集资办电、多渠道筹资办电的政策,从而揭开了我国电力行业改革的序幕。1995 年,由于垄断体制的"独家办电"仍不能明显缓解电力短缺的情况,我国又开始实行多家办电,允许外商投资。发电侧投资主体多元化对电力发展起到了重要的推动作用。

1) 体制准备阶段

1997 年 1 月,国家电力公司成立,电力行业开始实施政企分开,公司改制。1998 年 8 月,国家电力公司推出以"政企分开,省为实体"和"厂网分开,竞价上网"为主要内容的改革方案,并首先在上海、浙江、山东、吉林、黑龙江、辽宁这六个省市开展发电侧电力市场试点,向着打破垄断、走向竞争的电力市场方向迈出了第一步,并为我国全面开展市场化改革创造了体制条件。

2) 电力市场全面建设启动

2002 年 3 月,国务院出台 5 号文(《国务院关于印发电力体制改革方案的通知》(国发〔2002〕5 号)),标志着我国开始全面建设电力市场。5 号文明确了电力市场化改革的总体方向,提出构建政府监管下的政企分开、公平竞争、开放有序、健康发展的电力市场体系,确立了"厂网分开、主辅分离、输配分开、竞价上网"4 大改革任务。2002 年 12 月,国家电力公司完成电力资产重组,拆分为 2 家电网公司、5 家发电公司和 4 家辅业公司。2003 年,中国电力监管委员会成立。

3）区域电力市场建设

首轮电力市场建设的重点是培育和建设区域电力市场。2004年1月15日，东北区域电力市场模拟运行在辽宁沈阳正式启动，成为我国第一个正式建立的区域电力市场。东北区域电力市场2005年转入试运行，2006年暂停试运行进入总结阶段。东北区域电力市场试运行阶段主要取得了以下成果：①试运行了发电侧两部制电价、全电量竞争模式；②发电权有偿替代交易全面推进；③送华北电量交易实现市场化，跨省调峰辅助服务实现市场交易。

华东区域电力市场于2004年5月18日启动模拟运行，2006年4月进入试运行阶段，采用"全电量竞争加差价合同"的市场模式。2009年6月进入跨省集中竞价交易制度化、规范化运行。跨省集中交易中，购电主体为华东电网有限公司，上海市、江苏省、浙江省、安徽省电力公司，福建省电力有限公司以及华东区域内经过国家批准的可以参加直接交易的电力大用户；售电主体为除购电省(市)外，华东电网内拥有单机容量在30万千瓦及以上常规燃煤脱硫机组的发电企业及受发电企业委托的省(市)电力公司。

南方区域电力市场于2005年11月启动模拟运行，主要有以下几个特点：一是采用多买多卖的双边交易市场模式，广东、广西、云南、贵州四省(区)电网公司均作为购电主体参与市场竞争；二是首次选择电力市场交易机构和调度机构分设体制；三是统筹考虑省(区)政府间协议电量和竞争电量，保持"西电东送"的良好态势；四是在竞价排序中引入输电费用、输电损耗等市场交易相关参数；五是以部分电量交易起步，注重市场机制的建立，保证计划安排电量向市场交易电量的平稳过渡。

2. 新一轮电力体制改革及电力市场建设

2015年3月，《中共中央国务院关于进一步深化电力体制改革的若干意见》(中发〔2015〕9号)印发，开启了新一轮电力体制改革。同年11月，国家发展改革委、国家能源局印发了6个配套文件，即《关于推进输配电价改革的实施意见》《关于推进电力市场建设的实施意见》《关于电力交易机构组建和规范运行的实施意见》《关于有序放开发用电计划的实施意见》《关于推进售电侧改革的实施意见》《关于加强和规范燃煤自备电厂监督管理的指导意见》。随后各项改革试点工作迅速推进。

1）新一轮电力体制改革拟解决的问题

电力行业发展急需通过改革解决的问题主要有五个方面：一是交易机制缺失，资源利用效率不高。售电侧有效竞争机制尚未建立，发电企业和用户之间市场交易有限，市场配置资源的决定性作用难以发挥。节能高效环保机组不能充分利用，弃水、弃风、弃光现象时有发生，个别地区窝电和缺电并存。二是价格关系没有理顺，市场化定价机制尚未完全形成。现行电价管理仍以政府定价为主，电价调整往往滞后成本变化，难以及时并合理反映用电成本、市场供求状况、资源稀缺程度和环境保护支出。三是政府职能转变不到位，各类规划协调机制不完善。各类专项发展规划之间、电力规划的实际执行与规划偏差过大。四是发展机制不健全，新能源和可再生能源开发利用面临困难。光伏发电等新能源产业设备制造产能和建设、运营、消费需求不匹配，没有形成研发、生产、利用相互促进的良性循环。五是立法修法工作相对滞后，制约电力市场化和健康发展。现有的一些电力法律、法规已经不能适应发展的现实需要，有的配套改革政策迟迟不能出台，亟待修订有关法律、法规、政策、标准，为电力行业发展提供依据。

2）新一轮电力体制改革的主要内容

新一轮电力体制改革初期重点完成以下 7 个方面的任务：一是通过单独核定输配电价、分步实现公益性以外的发售电价价格由市场形成、妥善处理电价交叉补贴等措施有序推进电价改革、理顺电价形成机制。二是推进电力交易体制改革，完善市场化交易机制，具体包括规范市场主体准入标准、引导市场主体开展多方直接交易、鼓励建立长期稳定的交易机制、建立辅助服务分担共享新机制、完善跨省跨区电力交易机制等五项措施。三是遵循市场经济规律和电力技术特性定位电网企业功能，建立相对独立的电力交易机构，形成公平规范的市场交易平台。四是有序缩减发用电计划，完善政府公益性调节性服务功能，进一步提升以需求侧管理为主的供需平衡保障水平，推进发用电计划改革，发挥市场机制的作用。五是稳步推进售电侧改革，有序向社会资本放开售电业务。六是开放电网公平接入，建立分布式电源发展新机制。七是加强电力统筹规划和科学监管，提高电力安全可靠水平。

3）新一轮电力市场建设初见成效

新一轮电力体制改革启动以来，电力市场化交易大幅推进，逐步建立了规则明确、组织有序、形式多样、主体多元化的市场化交易体系；全国统一电力市场体系初步形成，市场交易规模持续扩大，市场建设成效初显，中长期、现货、辅助服务市场积极推进建设，市场主体市场化交易选择逐步丰富，售电侧市场竞争机制初步建立。

截至 2017 年 12 月，包括北京、广州两个国家级电力交易中心在内，全国除港、澳、台外的 30 余家省级电力交易中心陆续成立，其中广州、山西、湖北、重庆、广东、广西、云南、贵州、海南等 9 家电力交易中心为股份制公司，其他省级电力交易中心也在按照国家改革要求积极开展股份制改造工作。

2017 年，国家启动电力现货市场试点建设，选择南方（以广东起步）、内蒙古西部、浙江、山西、山东、福建、四川、甘肃等 8 个地区作为第一批电力现货市场建设试点，真正开始尝试通过建立"现货发现价格，中长期交易规避风险"的现代电力市场体系，以代替执行近 70 年的发用电计划管理制度，全国各地通过电力直接交易、跨区跨省交易、发电权交易等交易品种，开展电力市场化交易。

2018 年 8 月，南方（以广东起步）正式启动现货市场试运行，山西、甘肃、山东、浙江、福建、四川等 6 个现货试点省积极开展规则编制、运营系统开发调试、市场主体培训等工作，全力推进现货市场连续结算试运行。

7.1.2　中国电力市场运营模式

我国目前的电力市场分为区域和省（区、市）电力市场两种类型，市场之间不分级别。区域电力市场包括在全国较大范围内和一定范围内资源优化配置的电力市场两类。其中，在全国较大范围内资源优化配置的功能主要通过北京电力交易中心（依托国家电网公司组建）、广州电力交易中心（依托南方电网公司组建）实现，负责落实国家计划、地方政府协议，促进市场化跨省跨区交易；一定范围内资源优化配置的功能主要通过中长期交易、现货交易，在相应区域电力市场实现。省（区、市）电力市场主要开展省（区、市）内中长期交易、现货交易。同一地域内不重复设置开展现货交易的电力市场。

1. 市场主体

市场主体包括各类发电企业、供电企业（含地方电网、趸售县、高新产业园区和经济技术开发区等）、售电企业和电力用户等。各类市场主体均应满足国家节能减排和环保要求，符合产业政策要求，并在交易机构注册。参与跨省跨区交易时，可在任何一方所在地交易平台参与交易，也可委托第三方代理。现货市场启动前，电网企业可参加跨省跨区交易。

售电企业分三类：①电网企业的售电公司；②是社会资本投资增量配电网，拥有配电网运营权的售电公司；③是独立的售电公司，不拥有配电网运营权，不承担保底供电服务。目前，我国允许发电企业及其他社会资本投资成立售电公司。拥有分布式电源的用户，供水、供气、供热等公共服务行业，节能服务公司等均可从事市场化售电业务。

发电企业组建的售电公司在初期可以通过较低的电价抢占市场份额，今后可能形成一定程度上发售一体化的地区性垄断。

公共服务行业组建的售电公司具有节能服务优势。供水、供气、供热等公共服务行业，较为贴近用户，在为用户提供能效管理等增值服务方面具备较强潜力，今后可能形成集水、热、气、电综合一体的公共服务公司。这类公司在节能降耗和合理用电方面具有显著优势，可以为用户提供更加系统的集成解决方案。

高新技术产业园组建的售电公司具有用户优势。该类公司对客户有较为深刻的了解，能够提供针对性较强的售电增值服务。该类公司的目标用户都是优质用户，由于其自身的机制、运营手段更加灵活多变，可以预见，优质客户群会更加偏向于该类售电公司。

含分布式电源及微网系统的售电公司具有清洁发电优势。近年来，分布式电源由于其绿色环保优势得到了国家的大力发展。该类售电公司多发清洁电，在政府的扶持下又能保障电能的销售，产生较大利润。

其他社会资本组建的售电公司具有市场灵活性优势。该类售电公司，在电力资源和用户资源方面都处于劣势，但该类公司社会资本长期从事竞争性业务，并且以用户为重点，面对市场环境的灵活性较高，能够将一些自己领域的先进思想融入售电领域，创新售电发展方式。

2. 交易机构

为构建统一开放、竞争有序的电力市场体系，为市场成员提供公开透明、功能完善的电力交易平台，各区域/省(区、市)电力市场组建了相对独立的电力交易机构——电力交易中心。

1)职能定位

电力交易中心不以营利为目的，在政府监管下为市场主体提供规范、公开、透明的电力交易服务。交易中心主要负责市场交易平台的建设、运营和管理；负责市场交易组织，提供结算依据和相关服务，汇总电力用户与发电企业自主签订的双边合同；负责市场主体注册和相应管理，披露和发布市场信息等。

2)与调度机构的关系

电力交易中心主要负责市场交易组织，调度机构主要负责实时平衡和系统安全。日以内即时交易和实时平衡由调度机构负责。日前交易要区别不同情形,根据实际运行的情况和经验,逐步明确、规范交易机构和调度机构的职能边界。

电力交易中心按照市场规则,基于安全约束,编制交易计划,用于结算并提供调度机构。调度机构向交易中心提供安全约束条件和基础数据,进行安全校核,形成调度计划并执行,公布实际执行结果,并向市场主体说明实际执行与交易计划产生偏差的原因。交易中心根据市场规则确定的激励约束机制要求,通过事后结算实现经济责任分担。

3. 市场模式

市场模式主要分为分散式和集中式两种模式。其中,分散式主要是以中长期实物合同为基础,发用双方在日前阶段自行确定日发用电曲线,偏差电量通过日前、实时平衡交易进行调节的电力市场模式;集中式主要是以中长期差价合同管理市场风险,配合现货交易,采用全电量集中竞价的电力市场模式。各地根据地区电力资源、负荷特性、电网结构等因素,结合经济社会发展实际选择电力市场建设模式。例如,广东电力市场目前采用的是集中式市场模式。因为广东电网输电阻塞较为严重,受限断面众多,系统运行已接近安全稳定的边界与极限。在此情况下,若采用分散式市场,实物合同电量需刚性物理执行,提前固化了多数发电资源,也间接锁定了部分输配电设备的运行方式,大幅压减了系统运行的调整空间,削弱了调度应对计划外变化、预测偏差和预控风险的能力,从而给电网的安全稳定运行带来极大压力。此外,由于广东电网运行方式复杂多变、不确定性较大,调度机构只有到了日前和日内才能将电力供需情况、运行方式和网络约束条件全部看清,中长期时间尺度上无法对分散式的实物合同进行准确的安全校核,实物合同可能因为边界条件变化导致难以完成物理交割。随着市场规模扩大,系统安全运行的压力与合同如期履约的难度将越来越大。因此广东电力市场采用集中式市场模式。

7.1.3　中国电力市场交易模式

中发〔2015〕9 号文配套文件《关于推进电力市场建设的实施意见》明确提出:电力市场主要由中长期市场和现货市场构成。中长期市场主要开展多年、年、季、月、周等日以上电能量交易和可中断负荷、调压等辅助服务交易。现货市场主要开展日前、日内、实时电能量交易和备用、调频等辅助服务交易。条件成熟时,探索开展容量市场、电力期货和衍生品等交易。广东电力市场是我国最早开展现货交易的电力市场,2021 年 12 月又在总结 2018 年以来市场运行的基础上,对市场实施方案进行了修改完善。以下以广东电力市场为例,介绍具体的市场交易模式。

1. 市场架构

广东电力市场分为电力批发市场和电力零售市场。

电力批发市场指发电企业与售电公司(电力大用户)之间开展电力交易的市场。电力批发市场采用"电能量市场+辅助服务市场"的市场架构;通过双边协商、集中竞争、挂牌等多种方式,实现中长期电能量市场的灵活交易;建设全电量竞价的日前、实时现货电能量市场,形成基于 LMP 的发用两侧现货市场价格;建设调频、备用等辅助服务市场,形成市场化的辅助服务调用和价格机制。

电力零售市场指售电公司与电力用户之间开展电力交易的市场。电力零售市场由售电公司与电力用户自主签订零售合同，建立零售关系，根据合同约定价格进行结算。为促进零售市场有序竞争，设置售电公司零售市场份额上限。

2. 中长期交易

中长期交易主要提供年、月、周等多频次交易品种，发挥电力市场"压舱石"作用，规避现货市场价格波动风险。具体交易方式包括但不限于双边协商、挂牌、集中竞争、合同转让、用电批发合同转让等品种。

(1)双边协商交易。市场主体通过自主协商形成交易结果的交易方式，由合约双方在规定时间节点前通过交易系统完成交易申报与确认，采用自定义分解曲线，经交易校核通过后生效。

(2)挂牌交易。市场主体对外发布需求电量或可提供电量的数量和价格等信息邀约，由符合资格要求的另一方提出接受该邀约的申请，采用自定义分解曲线，经交易校核通过后生效。

(3)集中竞争。包括集中竞价交易和滚动撮合交易，其中，集中竞价交易按照统一出清方式成交；滚动撮合交易按照价格优先、时间优先的原则进行滚动撮合成交。采用常用分解曲线，经交易校核通过后生效。

(4)合同转让。包括发电合同转让和用电批发合同转让交易，通过线下协商交易或线上集中交易的方式，市场主体之间可转让合同电量。

为合理控制市场流动性，防范市场风险，保障市场平稳运行，设置相关中长期交易约束，中长期交易需满足下述约束条件：

(1)市场主体约束。仅限发电企业、电力用户和有实际用户代理关系的售电公司参与交易，不引入自然人投资者和投资机构。

(2)交易电量约束。根据发电侧市场主体的实际发电能力、用电侧市场主体的历史用电量或用电需求，设置市场主体净合约电量约束和累计交易电量约束。

(3)交易调整约束。市场主体在单个交易日内，对同一标的只可进行买入或卖出的单一操作，以其第一笔成交合约电量的方向为准。对合约电量的大额调整交易进行限制。

(4)履约担保约束。根据市场主体的信用额度，量化计算出对应的可交易电量上限。

3. 现货交易

按照日前市场申报、目前及实时出清(包括安全校核)、发电调度执行的流程开展现货交易组织。

1)日前市场

日前市场采用全电量申报、集中优化出清的方式开展。起步采用"发电侧报量报价、用户侧报量不报价"方式组织日前市场，逐步过渡到"发电侧报量报价、用户侧报量报价"方式。综合考虑负荷预测、西电、外来电、机组出力曲线、发输变电设备检修计划、发电机组运行约束条件、电网安全运行约束条件等边界，以社会福利最大化为优化目标，采用

SCUC、SCED 方法进行集中优化计算，出清得到运行日的机组开机组合、分时发电出力曲线以及分时节点电价。

2) 实时市场

根据发电侧在日前市场中的申报信息，基于最新的电网运行状态与超短期负荷预测信息，以社会福利最大化为优化目标，采用 SCED 方法进行集中优化计算，出清得到各发电机组需要实际执行的发电计划和实时节点电价。

3) 安全校核

现货电能量及调频等辅助服务市场的安全校核与市场出清同步进行，市场出清结果应严格满足国家、省和行业的政策、标准要求，并确保电网安全稳定运行、电力供需平衡以及清洁能源消纳。同时，通过市场机制进行必要的阻塞管理和运行考核。

4. 辅助服务交易

初期，以南方区域调频、备用辅助服务市场与现货电能量市场分开独立运行起步，逐步建立省内备用、爬坡等辅助服务交易品种，条件成熟时，实现与现货电能量市场联合优化出清。辅助服务市场采用日前预出清、实时正式出清的方式开展，通过集中竞争方式形成出清结果。

7.1.4　中国输配电价改革

近年来，输配电价的公开透明化一直是国家发展改革委和社会关注的焦点。国务院于 2003 年 7 月出台了《电价改革方案》（国办发〔2003〕62 号），决定对电价进行改革。2015 年 3 月 15 日，国务院下发了《中共中央国务院关于进一步深化电力体制改革的若干意见》（中发〔2015〕9 号），提出了推动电价改革的任务：逐渐推动电价改革和厘清输配电价的核算机制，包括单独核定输配电价、妥善处理电价交叉补贴等。同时强调，电价改革应该有序、有效、稳妥地推进，并且要逐渐扩大输配电价改革试点地区及省份。

新一轮电力体制改革的基本思路是"管住中间（输配电）、放开两头（发电和售电）"，也就是要对电力产业链中间的输配电部分进行单独核定输配电价。

1. 目前的输配电价体系

目前，我国的输配电价按服务类别进行分类。其中，跨区电网只有专项服务价格，包括专用工程输配电价加联网价、租赁费加售电量加价等多种形式；跨省电网只有共用网络服务价格，包括分摊费用、售电量加价、输配电价、购销价差、租赁费等形式；省级电网只有试点的直购电大用户有独立的输配电价，省级电网和独立县级电网均没有独立、完整的输配电价，而是通过购销价差的形式体现。专用工程输配电价的电价结构为单一制，联网价有单一制也有两部制，省级电网直购电大用户输配电价有的执行单一制，有的执行两部制。

根据电网结构和经营管理体制，目前我国电网输配电价分为三个层次，价格形成机制有所区别。

（1）跨区电网。主要包括联网工程（如华中-华北联网工程）和专项输电工程（如三峡输变电工程),主要由国务院价格主管部门定价。

(2)跨省电网。目前没有统一的定价机制,除部分线路由国务院主管部门制定输配电价外,主要依据政府确定的定价原则,实行企业协商定价和费用分摊。

(3)省级电网。国家发展改革委以各省购销价差为基础,核定并公布了暂行的输配电价标准,以后又陆续调整公布。

2. 输配电价改革需解决的主要问题

输配电价体系的建立牵涉面广,情况比较复杂,涵盖了电网庞大的资产、长期的政府定价、多重的行政审批、社会化用电矛盾、地方性用电差异等方面,主要面临以下 5 个方面的问题。

1)电价交叉补贴问题

长期以来,我国销售电价实行政府定价,各类电力用户的价格水平与实际供电成本有差距,形成了结构复杂、数额庞大的电价交叉补贴机制。输配电价改革如果不能同步研究电价交叉补贴的计算方式、申报流程、回收途径和平衡账户机制等问题,势必影响可交易售电市场的规模,使居民、农业等管制用户电价水平产生波动。

2)分电压等级电量传导问题

电力市场改革要求建立分电压等级的输配电价,逐步制定体现位置信号节点的输配电价。核定分电压等级输配电价的关键是将应回收的费用合理分摊至各电压等级,使输送过程中的各级线路损耗、输送电量与相应的输配电价对应。

3)特高压电网资产成本传导问题

特高压投资主体众多,既有电网公司总部投资,也有电网区域公司投资,还有省内自身投资、其他省市投资,特高压资产在省内需要传导的代为维修费用较多,但是,特高压部分资产存在资产设备在省内,资产产权归属于电网总部或其他公司,不能核定为所在省电网的有效资产,导致代为维修费用无法传导。各省将特高压形成的资产纳入省内共用网络,通过输配电价疏导存在一定的分歧。

4)有效资产范围确定问题

国家发展改革委要求确定的有效资产是直接提供输配电服务必不可少的各类电网资产。但电网公司附属公司,如经济技术研究院(经济技术研究中心)、电力科学研究院、送变电公司、检修公司、信通公司、物资公司、培训中心、综合服务中心等是否应该纳入输配电定价有效资产范围;若不将无偿接收的用户资产纳入有效资产,将带来后续维护成本来源问题;电气化铁路配套供电工程、可再生能源接入工程、农网改造资产、上划的农电资产等有效资产如何确定等问题都需要深入研究,并做出针对性处理,否则电网企业接收政策性有效资产越多,经营就越困难,阻碍了托底供电的积极性。

5)电网投资方面的问题

从国外经验看,"成本加收益"方式下,电网企业有了准许收入的保障,会有通过增加投资来扩大有效资产,进而提高输配电价的冲动。这将与电力改革期望的合理投资,提高资产运营效率和管理水平,降低用电成本的愿望背离。为稳定输配电价水平,价格管理部门会控制电网投资规模,在核价过程中会对电网投资计划提出更严格、更细致的要求。地方政府希望加大电网投资来拉动经济增长，却不希望电价上涨，这样很可能出现压低输配电成本核价参数的情况，从而引发各类矛盾。

3. 输配电价改革主要内容

1) 省级电网输配电价

按照国家发展改革委 2020 年 1 月发布的《省级电网输配电价定价办法》，省级电网输配电价在每一监管周期开始前核定，监管周期为三年。核定省级电网输配电价时，先核定电网企业输配电业务的准许收入，再以准许收入为基础核定分电压等级和各类用户输配电价。以下简要介绍相关计算方法。

(1) 准许收入的计算方法。

电网企业输配电业务的准许收入按照"准许成本加合理收益"的方法进行核定，具体计算公式为

$$准许收入 = 准许成本 + 准许收益 + 税金$$
$$准许成本 = 基期准许成本 + 监管周期预计新增(减少)准许成本$$
$$准许收益 = 可计提收益的有效资产 \times 准许收益率$$

基期准许成本，是指根据输配电定价成本监审办法等规定，经成本监审核定的历史成本，包括区域电网分摊的容量电费和按销售电量分摊到各省级电网的电网总部调度中心、交易中心费用。

监管周期预计新增(减少)准许成本，是指电网企业在监管周期前一年及监管周期内预计合理新增和减少的准许成本。

可计提收益的有效资产，是指电网企业投资形成的输配电线路、变电配电设备以及其他与输配电业务相关的资产，包括固定资产净值、无形资产净值和营运资本。

税金，是指除增值税外的其他税金，包括所得税、城市维护建设税、教育附加费，依据现行国家相关税法规定核定。

(2) 输配电价的计算方法。

依据不同电压等级和用户的用电特性和成本结构，分别制定分电压等级、分用户类别输配电价。电压等级分为 500 kV(750kV)、220 kV(330kV)、110 kV(66 kV)、35 kV、10 kV(20 kV) 和不满 1 kV 等 6 个电压等级。用户数较少的电压等级电价标准，可与相邻电压等级归并核定。用户类别分类，以现行销售电价分类为基础，原则上分为大工业用电、一般工商业及其他用电、居民用电和农业用电类别，有条件的地方可实现工商业同价。

分电压等级输配电价的计算公式为

$$各电压等级输配电价 = 该电压等级总准许收入 \div 本电压等级的输配电量$$

某一电压等级总准许收入由本电压等级准许收入和上一电压等级传导的准许收入构成。各电压等级准许成本由总准许成本按固定资产原值、输送电量等因素归集、分摊而得；各电压等级准许收益和税金由总准许收益和税金按固定资产净值等因素归集、分摊而得。

分用户类别输配电价，以分电压等级输配电价为基础，综合考虑政策性交叉补贴、用户负荷特性等因素统筹核定。

2) 跨省跨区专项工程输配电价

跨省跨区专项工程是指以送电功能为主的跨区域电网工程，以及送(受)端相对明确、潮流方向相对固定的区域内跨省输电工程。跨省跨区专项工程输配电价是指电网企业通过跨省跨区专项工程提供跨省跨区电能输送，电网互济和安全保障等服务的价格。

按照国家发展改革委 2021 年 10 月发布的《跨省跨区专项工程输电价格定价办法》，跨省跨区专项工程输配电价实行单一电量电价制，按经营期法核定，即以弥补成本、获取合理收益为基础，按照资本金内部收益率对工程经营期内年度净现金流进行折现，以实现整个经营期现金流收支平衡为目标，核定工程输配电价。

3) 区域电网输配电价

区域电网输配电价，是指区域电网运行机构运营区域共用输电网络提供的电量输送和系统安全及可靠性服务的价格。按照国家发展改革委 2020 年 1 月发布的《区域电网输电价格定价办法》，区域电网输配电价在每一监管周期开始前核定，监管周期为三年。核定区域电网输配电价时，先核定区域电网输电业务的准许收入，再以此为基础核定输配电价。以下简要介绍相关计算方法。

(1) 准许收入的计算方法。

区域电网准许收入由准许成本、准许收益和税金构成。具体计算方法参见《省级电网输配电价定价办法》。

(2) 输配电价的计算方法。

区域电网准许收入通过容量电费和电量电费两种方式回收。容量电费与电量电费比例计算公式为

$$容量电费：电量电费 = (折旧费+人工费)：运行维护费(不含人工费)$$

电量电费按照区域电网实际交易结算电量收取，由购电方支付。容量电费按照受益付费原则，向区域内各省级电网公司收取。

各省级电网公司向区域电网支付的容量电费，以区域电网对各省级电网提供安全及可靠性服务的程度为基础，综合考虑跨区跨省送(受)电量、年最大负荷、省间联络线备用率和供电可靠性等因素确定。计算公式为

各省级电网承担的容量电费比例 = R1 × [该省级电网跨区跨省结算送(受)电量 ÷ Σ区域内各省级电网跨区跨省结算送(受)电量] + R2 ×(该省级电网非同时年最高负荷 ÷ Σ 各省级电网非同时年最高负荷)+ R3 × Σ(该省级电网与区域电网各联络线的稳定限额 − 实际平均负荷)/[2 × Σ(区域电网各省间联络线稳定限额 − 实际平均负荷)]

其中:

R1=(区域电网统调机组跨区跨省结算送电量 + Σ区域内各省级电网统调机组跨区跨省结算送电量)÷(区域电网统调机组发电量 + Σ区域内各省级电网统调机组发电量)或者 Σ区域内各省级电网跨区跨省结算受电量÷Σ区域内各省级电网省内售电量

R2 =(1 − R1)÷ 2 × 区域电网紧密程度调整系数。区域电网紧密程度调整系数反映各区域内省级电网联系的紧密程度。计算公式为

(区域内跨省交易电量 ÷ 区域总用电量)÷(Σ 各区域内跨省交易电量 ÷ Σ 各区域总用电量)

$$R3 = 1 - R1 - R2$$

当区域电网紧密程度调整系数过大导致 R3 为负时，R3 取 0，相应 R2 = 1 - R1。

7.2　美国电力市场建设与实践

7.2.1　美国电力市场发展历程

1. 改革背景

改革前，美国各州的电力供应主要由垂直一体化的民营电力公司提供，电力工业面临的主要问题是：

(1) 由于存在许多不同类型的电力公司和机构 (主要是民营企业)，在电网区域相互连接增加的情况下，系统可靠性问题增加。此外，存在潜在的违反公平竞争的问题，尤其是由于没有自己的输电网，独立发电厂在供电竞争中处于明显劣势。

(2) 美国在 20 世纪 70 年代以前电价逐年降低，下降幅度惊人，每 10 年下降 20%，这种降价幅度在 70 年代之后已经无法达成。

(3) 美国许多电力基础设施已非常陈旧和老化，基本上接近淘汰边缘，需要多方大量投资电力基础设施，对老化或超龄的电力设备进行更新换代。

在这样的环境下，传统的美国电力工业模式成为改革的绊脚石，寻求新的电力生产运行模式，打破传统的电力垄断经营，建立开放的竞争性电力市场，在当时成为美国电力行业的共识。

2. 电网开放与相关政策

1992 年，美国国会通过《能源政策法 (EPA92)》(Energy Policy Act，EPA) (简称 92 法案)，奠定了美国电力市场的基本形态。该法案在发电市场和输电市场开放两个方面都出台了极为重要的政策，主要内容包括打开竞争大门和扩大发电趸售市场范围。将非电力公司机组 (即独立发电商) 从热电联产机组和可再生能源机组扩大到所有发电机组，不再对容量和类型进行限定，不再强制要求电力公司购买独立发电商的电力，电力公司与非电力公司开展公平竞争，FERC 要求电力公司开放电网转运业务。

1996 年，FERC 发布 888 号令和 889 号令。888 号令的主要要求是：①输电和发电功能分离。功能性分离指在不改变公司法人的前提下，从财务上将输电、发电、售电业务分开，目的是减少同一电力公司内发电和输电之间的内部交易。②实行无歧视输电费率 (Open Access Tariffs，OAT)，即要求电力公司在趸售电力买卖中，对系统内外一视同仁，执行同样的输电服务和辅助服务价格。③输电运行权的让渡。推荐电力公司组建非营利性质的 ISO 以行使输电网的调度权，实现"网运分离"，并向 FERC 申请输电网开放监管费率。889 号令要求建立一个电网开放实时电子信息系统 (Open Access Same-time Information System，OASIS)，为所有的输电用户提供输电系统信息，保证输电用户与输电公司的信息对称，从而为确保 888 号令的执行提供技术手段。

1999 年 12 月，FERC 发布了 2000 号令，在 ISO 的基础上提出鼓励成立区域输电组织

(Regional Transmission Organization，RTO)，RTO 主要解决以下三个关键问题：①输电独立性是基本原则。2000 号令进一步强化了对输电独立性的要求，鼓励从公司架构上分离发电和输电，而不是仅仅财务上的独立。②RTO 管理跨州区域电网，必须具有较大规模。FERC 认为 ISO 必须运行控制较大规模的电网，才能有效管理互联电网的潮流，解决由于控制区太多而产生的环流和并行流问题，有效解决电网输电阻塞，消除输电服务的多重收费，提高电网运行的可靠性。③RTO 必须具有电网调度权。这一制度意味着 RTO/ISO 既是趸售电力市场的组织者，也是电网的调度运行中心，调度市场一体化运作，从体制上确保安全性和经济性的统一。

FERC 推动 RTO 建设的措施主要有三个方面：①支持具备条件的 ISO 成为 RTO。②鼓励构建大规模的 RTO。FERC 曾经设想在美国最终形成四个大 RTO，分别管理东北部、中西部、东南部和西部区域市场。③以 PJM 的市场设计为蓝本，出台了 RTO/ISO 的标准市场设计。标准市场设计提供了一个符合经济学原理和电力系统规律的电力市场框架，其核心是 SCUC 和 SCED。SCUC 和 SCED 建立在电力系统经济调度、动态/静态安全分析、最优潮流等理论的基础上，是经济调度理论的逻辑发展，具有深厚的理论依据和丰富的实践经验。

FERC 虽然提出了技术上堪称完美的市场建设方案，但低估了政治上的阻力，随后发生的加利福尼亚州电力危机使四大区域市场的目标变得更加遥不可及，美国电力市场发展的速度降了下来。

3. 电力市场的形成

1) 批发电力市场

1996 年 8 月，得克萨斯州电力可靠性委员会(Electric Reliability Council of Texas，ERCOT)成为第一个 ISO。1997 年 3 月 1 日，PJM 获 FERC 正式批准成为 ISO(PJM 现在是美国最成功的电力市场)。之后美国相继成立了加利福尼亚州 ISO(CAISO，1998 年)、中西部 ISO (Midwest Independent System Operator，MISO，1998 年)、纽约州 ISO(NYISO，1999 年)、新英格兰 ISO(ISONE，1999 年)和西南 ISO(Southwest Power Pool, SPP，2004 年)。其中 MISO 为跨国市场。

早期的 RTO/ISO 采用了不同的市场组织形式和定价机制。例如，加利福尼亚州最初采用了调度、交易分设的模式。CAISO 辅助调度运行，成立独立的交易所负责日前和实时交易，采用分区定价模型进行阻塞管理。PJM 则集调度、交易于一身，采用节点定价模型进行市场结算和阻塞管理。

通常 ISO 负责组织日前市场竞价、实时市场平衡、辅助服务市场、输电权拍卖和发电容量市场，完成基于节点边际定价的市场出清和结算，发布市场信息和进行市场秩序监督。ISO 同时负责电网运行监控，发布可用输电容量进行电网阻塞管理，确保市场交易中的电网安全。除了 ISO 外，市场中也出现了很多电力交易所，充当电力公司间双边交易的中间人角色，利用不同市场的价差从事电力买卖进行套利。

美国各州的电力市场改革存在很大的地区性差异。已建立的 7 个电力市场位于高电价发达地区，市场化改革较为顺利。而在东南、西北和西南地区，由于当地电价低，独立发电商缺乏参与竞争的动力，州监管机构也担心市场放开会推高当地电价水平，导致市场化进展缓慢。7 个电力市场发育程度也不相同，PJM 市场运行平稳、交易品种多，被 FERC 视为美国标准市场设计的样板。加利福尼亚州的市场设计缺陷导致了 2001 年的加利福尼亚州电力危机，近年逐步向 PJM 模式靠拢。

2) 零售电力市场

美国电力零售改革由各州主导，基本模式是配售分离。配电仍由电力公司垄断经营，价格由监管机构核定。零售侧放开竞争，用户可以选择电力零售商。一体化电力公司的配电业务和零售业务在功能上分离，组建零售业务子公司独立参加零售市场竞争。目前已有 24 个州不同程度地开展了零售竞争，其中较为成功的得克萨斯州共有 40 多家电力零售商提供 240 多种电力零售套餐供用户选择。在大部分开展零售竞争的州，允许用户和发电商之间直接签订双边合同，在此情况下，用户只需向配电公司支付电力输送费，市场中也出现了大批代表小用户集体购电的中间商。从统计分析看，除得克萨斯州外，大部分州的零售侧竞争并不很成功，选择更换供应商的用户比例很小。

零售侧市场另一个重要内容是需求响应。在 PJM、SPP、NYISO、ISONE 等市场中，大用户还可以作为虚拟电源参加批发市场投标。需求响应的关键是零售侧电价能够反映市场供求关系变化，用户也有实时掌握价格变化的能力。智能电表的普及使更多用户参与需求响应成为可能。

7.2.2　美国电力市场运营模式

888 号令的实质是通过电网开放进一步促进竞争，受限于职权，该法案并未强制分拆一体化电力公司的发电、输电、配电业务，也并未强制要求设立 ISO，实际上并未对电网开放后采用何种市场模式做出硬性要求。因此不同州以不同的方式响应了 888 号令，采用了不同的市场模式，目前美国主要存在单一买方、批发竞争和零售竞争 3 种市场模式。区分不同的市场模式主要依据以下内容：①谁可以拥有发电机组？发电卖给谁？②谁制定日前发电计划、安排备用和输电容量？谁进行电网实时控制？③用户是否可以从发电商或电力交易商直接购电？哪种用户只能从配电公司购电？④采用哪种市场机制保证电力供应的充足和系统运行的安全？

一般来讲，对前 3 个问题的回答决定了市场架构，对第 4 个问题的回答决定了市场的交易机制。不同的市场架构，往往需要采取不同的交易机制，同一种市场架构，也可能存在不同的交易制度安排。市场架构与交易机制共同决定了具体的市场形态。本节介绍美国现存的 3 种市场架构，下节着重讨论交易机制。

1. 单一买方模式

对于那些希望保留一体化电力公司的州，大部分采用了单一买方市场模式。在这种模式下，电力公司仍然拥有输电、配电及自身的发电。电力公司通过设立电力购买机构，代表所有终端用户，以竞争方式购买发电，购买对象包括其自身发电和独立商业发电。

单一买方模式只是有限度地引入了发电侧竞争，电力公司在保证系统安全的基础上以最低成本购电。由于其自身的发电设施固定成本已在监管费率中回收，可以较低的价格参与发电竞争，所以此模式下，州电力监管机构需监管电力公司的购电行为，确保其符合电力用户的利益。有些州的单一买方模式以电力公司与独立发电商签订长期购电合同的方式实现，也有些州单一买方电力公司以公开竞价的方式购电。

在 1978 年公共事业规制政策法（Public Utility Regulatory Policies Act，PURPA）法案引入独立发电商以来，单一买方模式就开始在美国出现。888 号令颁布后，系统运行仍由单一买方电力公司负责，电力公司在 FERC 监管下制定和执行输电费率，主要通过过网交易的方式，实现输电网的开放。同时，888 号令要求电力公司至少要在物理上将调度运行与电力公司购电机构分离，保证调度对所有交易商一视同仁。目前仍基本实施单一买方市场的有西北部华盛顿州、俄勒冈州及东南部北卡罗来纳州、南卡罗来纳州、密西西比州等。

2. 批发竞争模式

对于东北部、加利福尼亚州、得克萨斯州等经济发达、电价较高的地区，希望在电力行业中引入更充分的竞争，降低购电成本，因而在执行 888 号令上迈的步子更大，在 1996～1997 年建立了较为完备的批发电力市场。首先，市场中的买家不再仅仅是电力公司，大商业用户和工业用户（具体标准各州不同）也允许进入市场与发电商签订购电合同，或者从批发交易商购电。批发交易商组织电力交易，从独立发电商购电，向大用户售电。由于交易商不是电力的最终用户，其购电行为称为趸售（即生活中常说的批发）。在此模式下，电力公司的发电部门也作为独立发电商参与购电竞争。

调度机构在批发市场中不仅要保证电网安全，还要将输电资源在批发交易间分配，以及调度发电资源满足辅助服务的需要，所以它需要独立于市场参与者才能保证其公平。采用批发竞争模式的各州均采用 ISO 的形式实现调度独立，对已存在电力联营体的地区，如 PJM、纽约州和新英格兰地区，则直接把联合调度机构转化成 ISO；对不存在传统电力联营的州，如加利福尼亚州和得克萨斯州，采用了新设立 ISO 的方式。

值得注意的是，新成立 ISO 的加利福尼亚州和得克萨斯州采用了分散式交易方式，而有电力联营的地区，如 PJM，都采用了集中式交易方式。目前来看，集中式交易方式运作较为成功，主要原因是在现有的技术水平下，集中交易更符合电力系统的运行实际，电力市场运营更容易取得成功。

批发竞争模式之所以只允许大用户参与市场，小用户仍然由配电公司供电，其逻辑是在市场建立初期，大用户从市场交易中获益较为明显，因此参与市场的动力也就较强。在此模式下，配电公司可以仍然属于电力公司，允许大用户参与市场，增加了买方的数目，降低了分拆配电公司的必要性。从实践的角度讲，小客户参与市场需要全新的、复杂的记账和结算系统，采用批发竞争模式可以在市场建设初期，把注意力集中到建立一个可以良好运作的批发市场框架上。而建设一个全面竞争、自由选择的零售电力市场，也必须以建立成熟的批发市场为前提，从这个方面看，批发竞争模式是一种很好的过渡模式。部分州也允许小用户从市场中直接购电，但配电公司提供保底供电服务，即对不愿意从市场中购电的用户，仍由电力公司提供配电和用电服务。

3. 零售竞争模式

1998 年，美国部分州开始允许用户自由选择供电商，发电商可以向任何人售电，小用户通过零售商购电,即零售竞争模式。在这种模式下,监管机构必须确保用户有保底的供电服务,一般按比例分配给交易商,由交易商提供托底服务,也可指定一家交易商按照监管价格提供保底服务。

选择进行零售竞争改革的州,其监管机构相信市场竞争可以使用户达成最佳交易,但零售竞争以批发竞争为前提,具有充分竞争的成熟批发市场,零售竞争才能有效降低零售成本和价格。

零售竞争模式的主要工作是为小用户建立结算系统(包括结算、计量、记账程序等)以及对用户的培训。由于用户数目巨大,与批发竞争模式下的大用户数目往往不是一个数量级,工作量巨大,需要在批发模式的基础上进一步发展。零售竞争模式需要增加的投资取决于结算系统多大程度上仍然可以使用批发模式中的记账和结算软件。尽管很多州允许用户自由选择供电商,同时允许用户继续从电力公司购电,但小用户切换供电商的很少。只有很少的州实现了完全的零售竞争模式,电力公司彻底放弃售电业务;而大部分州采用零售竞争和批发竞争的混合模式,电力公司和供电商都可以为小用户供电。

因为电力是单质商品,用户并不能通过零售竞争获得更优质的电力或更可靠的服务,所以零售竞争不是一项特别有利可图的业务,但近年来新能源发展、智能电网发展、能效服务等为售电侧提供增值服务开拓了广泛的空间。

表 7-1 总结了三种市场模式的特点,并与传统一体化电力公司的相应功能进行了比较。

表 7-1　不同市场模式比较

功能	一体化电力公司	单一买方	批发竞争	零售竞争
发电	电力公司	电力公司/独立发电商	独立发电商	独立发电商
购电	电力公司	电力公司	电力公司/大用户	终端用户/零售商
发电计划和调度	电力公司	电力公司/ISO	ISO	ISO
输电计划	电力公司	电力公司/ISO	ISO	ISO
日前市场	电力公司	电力公司/ISO	ISO	ISO
实时平衡	电力公司	电力公司/ISO	ISO	ISO
配电	电力公司	电力公司	电力公司	电力公司
供电	电力公司	电力公司	电力公司/交易商/发电商	交易商/发电商
长期规划	电力公司	电力公司	电力公司/ISO	ISO

7.2.3　美国电力市场交易模式

1. 两级市场体系

能量市场充分借鉴了电力系统的运行调度经验,形成了日前市场和实时市场,两个市场分别出清和结算,因此也称为两级结算体系。

日前市场根据机组投标、负荷报价和双边交易计划,运行基于 SCUC 和 SCED 的软件,计算次日每小时的发电计划,安排日前市场电价,并以此对日前市场进行结算。实时市场根据系统实际运行工况,每 5min 运行 SCED 软件,进行一次实时发电调度并计算实时电价,根据实时调度结果与日前计划的偏差和实时电价进行实时市场结算。日前市场电价和实时市场电价都是 LMP，包括能量价格、阻塞费用和网损费用三个分量。

ISO 市场为双向市场，即发电和负荷都可参与日前市场竞价。RPM 下，在发电侧，承担容量责任的机组必须参与日前市场报价，其余机组可以选择是否报价；在需求侧，负荷服务商(Load Serving Entities，LSE)提交负荷需求计划及其报价；输电用户提交其双边合同信息，明确是否愿意承担阻塞费用或者在电网阻塞时缩减输电计划。

日前市场本质上是合约购买。市场出清后，日前发电计划和 LMP 即成为财务承诺，必须以此量和价进行日前市场结算，交易导致的电网阻塞和网损也将以日前 LMP 中阻塞费用和网损费用分别结算。对输电交易而言，电源点和负荷点的 LMP 阻塞分量的价差，即为输电交易的阻塞费用，作为阻塞风险对冲工具的金融输电权(FTR)，也将以日前市场 LMP 的阻塞分量结算。

电网实时运行时，通过实时市场来出清和结算。在日前市场中没有中标的机组和负荷，可以调整其日前市场投标，参与实时市场。对于没有调整投标的市场参与者，其日前市场投标将自动延续到实时市场，实时 LMP 将根据实时市场中的投标和状态估计提供的电网实际运行情况计算。

实时市场为平衡市场，仅仅结算实时市场与日前市场的偏差。对供电商来讲，如果其实时负荷超出日前市场负荷，将会以实时 LMP 为超出部分付费，反之将得到补偿。对发电商来讲，如其实时发电少于日前市场计划，减少部分将以实时 LMP 从市场中购买，反之得到补偿。由实时电力买卖所导致的电网阻塞和网损，将以实时 LMP 结算，输电用户根据其与日前输电计划的偏差，支付实时阻塞费用，或者得到补偿。

2. 日前市场

日前市场在时序上分为报价、出清和发布 3 个阶段。

1) 日前市场报价过程

市场参与者通过交易系统提供市场报价，此阶段一般延续 4～5h。报价数据包括静态数据和动态数据两类，其中静态数据包括发电机组的最大/最小输出功率水平、负荷所处分区、母线相关信息等，此类信息不能经常变化。动态信息是发电、负荷及外部交易提交的日前市场报价信息。ISO 对这些信息进行检查和有效性校验，校验的内容包括所有权检查、完整性检查、合理性检查、数据关联性检查等。如果某一市场参与者的报价信息未能通过校验，交易系统将会通过其通告功能告知该市场参与者，使之在日前市场关闭前，有机会修正并重新提交报价。交易系统的信息可以用来做市场调查与审计。

2) 日前市场出清过程

报价阶段结束后，ISO 通过 SCUC 和 SCED 系统完成市场出清。计算过程中要从相关系统中获得输电检修、负荷预测、调频及备用需求、固定双边交易、发电报价、负荷投标、非固定交易报价、虚拟报价等数据。市场出清结果需满足以下要求：

(1)组织足够的发电容量满足日前市场中投标购电的电力购买者的需求。

(2)组织足够的发电容量满足日前市场的预测负荷。

(3)组织足够的发电容量满足本地可靠性要求约束。

(4)为日前市场组织足够的辅助服务。

(5)满足双边交易的要求。

为此，需要进行多次 SCUC 的滚动计算。以 NYISO 为例，图 7-1 是其 4 次计算过程，历时 6h(上午 5:00～11:00)。

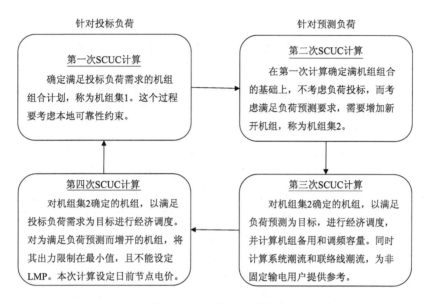

图 7-1　日前市场出清过程

3)日前市场发布阶段

市场出清后，公布相关信息，主要包括总可用输电容量(Total Transfer Capability，TTC)更新、固定和非固定可用输电容量、日前市场起作用输电约束、机组组合和发电、负荷、运行备用、调频、区外交易计划、日前 LMP、运行备用和调频市场清算价、分区负荷预测等。

表 7-2 列出了各 ISO 日前市场中投标、信息发布的时序以及日前市场之后可能需要额外进行机组组合时考虑的因素。

表 7-2　各 ISO 的日前市场时序

ISO	投标结束时间点	发电计划和价格发布时间点	日前市场之后的机组组合考虑因素
CAISO	10:00AM.	1:00PM.	最小开机机组约束
ISONE	10:00AM.	1:30PM.	特殊约束的机组
MISO	11:00AM.	3:00PM.	电网可靠性机组组合
NYISO	5:00AM.	11:00PM.	日前可靠性机组和局部可靠性要求的机组
PJM	12:00AM.	4:00PM.	电网可靠性机组组合
SPP	11:00AM.	4:00PM.	输电网安全和局部可靠性约束

注：AM.表示上午；PM.表示下午。

3. 实时市场

ISO 负责发电与负荷的实时平衡、快速机组的启停、设定组 AGC 的基点功率，根据系统的实际运行状态计算实时 LMP，以及对发电计划与日前市场的偏差进行结算。

1）实时市场投标

在日前市场发布阶段后，会进入实时市场投标阶段，在日前市场中没有竞标成功的发电商有机会参与实时市场。在 PJM 市场，运行日前一天的 16:00～18:00 为实时市场投标窗口；而在纽约州，从日前市场发布到运行时段前的 75min，市场参与者都可以向实时市场投标。发电机组可以根据日前市场中标情况调整实时市场投标价格，也可选择保持其日前市场投标，但是已经在日前市场中标的机组，其启动费用、最小发电容量等参数不能超过其在日前市场中的投标。

2）实时机组组合（日内市场）

日前市场发布后，系统的运行条件仍在不断发生变化，为了保障运行可靠性，需要运行机组组合程序调整机组发电计划，此时的调整是建议性质，并不改变其日前市场结算结果。此过程将延伸至运行日，PJM 称为日内调整，而在 NYISO，由于有较多的快速启动燃气机组，此过程被设计成更严密的实时机组组合过程（Real-Time Commitment，RTC），每 15min 运行一次。

3）RTC 信息发布

每次 RTC 运行后，将公布电网最新的可用输电容量信息、本小时的 LMP 信息。同时向有关的市场参与者发布下列私有信息：联络线经济交换计划和 RTC 计算时段内机组组合计划。需要指出的是，除了第一个时段的机组启停是强制命令外，此过程计算的发电计划和 LMP 为指导性的，不作为结算依据。

4）实时调度

当运行时段逐渐逼近实时时，ISO 每 5min 将会运行一次 SCED 程序，做出实时调度决策，确定机组实时输出功率水平，为发电机组发送基点功率信号，计算实时市场能量、调频、备用价格，及实时调度安排。实时经济调度（Real-Time Dispatch，RTD）不安排机组的启停，因此也不考虑机组的启停费用。除了计算 5min 调度计划，实时调度将会考虑未来 20min 的调度安排，但只作为运行参考。RTD 从状态估计中获取最新的系统运行信息，但使用与 RTC 计算同样的投标信息和约束条件。

5）实时市场信息发布

5min 市场计算结束后，将发布下列市场公开信息：①未来 5min 节点电价；②未来 5min 辅助服务价格，包括 10min 旋转备用、10min 非旋转备用、30min 运行备用和调频容量。对市场参与者单独发布的数据是未来 25min 每个 5min 时段的机组基点功率。最近一个时段机组的基点功率自动发送给 AGC 程序，其他时段的信息为市场参与者提供运行参考的提前量。

7.2.4　美国辅助服务市场

FERC 888 号令规定了 6 种辅助服务：①电网调度服务；②无功输出功率和电压控制服

务；③调频/频率响应服务；④不平衡电量服务；⑤旋转备用服务；⑥运行备用服务。各 ISO 市场提供的辅助服务名称和具体内容不尽相同，以下以 PJM 为例进行介绍。

1. 电网调度服务

发电计划、系统控制、实时调度等功能只能由系统调度运行机构提供，严格来说不能算是一种辅助服务，但是调度机构是系统安全运行和市场平稳运行的核心，其付出的成本需要得到补偿，特别是 PJM 的独立调度交易机构是财务独立的非营利机构，调度费为其唯一收入来源，且调度费用应根据其运行费用核定。PJM 主要向其用户收取以下费用。

(1) 控制区管理服务费。为 PJM 保障电网可靠性和提供输电服务付费。每年 PJM 根据费用需求和输电系统使用预测，制定控制区管理费率。工作量与每月每个成员的输电系统使用量挂钩，包括网络输电服务和点对点服务，用总输电系统使用电量乘以控制区管理费率计算用户的费用。

(2) 金融输电权服务费。工作量核定包括两部分：一是每月逐小时 FTR 的总容量之和 (MW)；二是所有 FTR 投标的小时数(如果是期权型 FTR，时间按 5 倍计算)。金融输电权费率根据 PJM 依据预算、FTR 总量以及投标小时预测每年制定一次。

(3) 市场支持服务费。用来补偿调度交易机构保证市场运行的费用，收取的对象是输电服务用户、发电商和在市场中投标参与竞价的市场参与者。对于输电用户，以其为本地负荷输送的总电量(包括网损)及外售电量为基准核定工作量；对发电商，以其上网电量为基准；对市场竞价的参与者，以其投标的标段数量为基准。服务费率由 PJM 按年度核定。

(4) 调频服务费。补偿 PJM 为确保调频容量和频率控制发生的工作量，收取的对象为负荷供应商和发电商，分别依据其调频需求和已确认的机组调频容量核定。费率由 PJM 按年度核定。

(5) 发电容量服务费。补偿 PJM 为确保市场中有足够的发电容量的工作量，收取的对象是负荷供应商，依据每一市场参与者每天的最大发电容量(MW)需求核定。费率由 PJM 按年度核定。

(6) 结算服务费。此项服务旨在收回 PJM 市场结算工作的成本，对象是输电服务用户、发电商、市场投标竞价参与者。输电服务用户和发电商对应的工作量核定与市场支持服务费相似，但市场竞标参与者对应的工作量以在市场中清算的投标量(MW·h)核定。

(7) 市场监督部门费。回收市场监督部门的运行费用，其核定依据与结算服务费类似。

2. 无功输出功率和电压控制服务(简称无功服务)

PJM 的无功服务执行典型的费用分摊监管定价模式。首先由各无功供应商提交其年度无功收入需求，并提交 FERC 批准，然后将年度收入需求均分到月度，无功服务按月度结算。费用的分摊依据是输电用户占总输电容量的比例。总输电容量包括网络输电服务容量和点对点输电服务容量。网络服务用户按区域分摊无功费用，每个输电用户对输电系统的使用以其所在分区内的最大负荷占比计算(当月逐日的最大负荷叠加)，对每个分区的无功收入需求分别进行分摊；对点对点服务而言，分摊取决于为其保留的输电容量占总输电容量的比例(将其当月每日的输电容量需求逐小时叠加后除以 24)。

3. 调频/频率响应服务

PJM 调频/频率响应服务的最大特点是不单独设立调频电厂，而将调频义务分配给每个负荷服务商（LSE）。LSE 可以利用自己的发电资源或通过与第三方签订合同来履行自己的调频义务，也可以从 PJM 购买这项服务。调频机组分为三个类别：基础类、边际类和高峰类。每个类别的调频成本将根据历史的清算价由互联办公室决定。在发生冲突的情况下，调频调度命令优先于能量调度命令。调频服务必须由 PJM 电气范围内的发电机组提供。

4. 不平衡电量服务

当用户实际传输的电能与计划传输的电能存在差异时，PJM 必须调用能量不平衡服务。能量不平衡的计量单位为 MW·h，且峰荷时段和非峰荷时段分开计算。如果能量不平衡在 ±1.5% 的偏差范围之内，传输用户（传输用户指接受点对点传输服务的电力用户）可以选择在以后的峰荷时段或非峰荷时段消除这种能量不平衡，也可以选择用现金结算。应该支付给 PJM 的金额按照能量送达 LMP 的 120% 计算，应该支付给传输用户的金额按能量送达 LMP 的 80% 计算。对于超过 ±1.5% 偏差范围的能量不平衡必须用现金结算。应该支付给 PJM 的金额按照能量送达节点 LMP 的 150% 或 100 美元/(MW·h) 中较高的价格计算，应该支付给传输用户的金额按照能量送达节点 LMP 的 70% 计算。

5. 运行备用服务

PJM 备用获取的最大特点是不指定机组作为备用，而是规定每个供电企业必须承担备用义务，义务量根据其负荷的比例来确定。供电企业完成备用义务的方法可以是自己拥有提供备用的机组，也可以是签订双边合同或者从 PJM 备用市场购买备用。备用需求加上合理的补偿方法，形成了 PJM 备用市场的供需杠杆。PJM 备用的结算周期为 1h，每天分为 24 个运行小时，备用的计算和获取按小时为单位操作。

6. 黑启动服务

经 PJM 确认符合北美电力可靠性委员会标准的黑启动机组，可以提交其年度黑启动收入需求，并均分到月取得服务收入。黑启动费用一般包括黑启动机组固定成本、黑启动机组可变成本、培训和燃料存储成本等，年度收入需求会在 PJM 网站上发布。黑启动费用由输电用户承担，其分摊比例与方式与前述无功电压服务相似。

7.2.5　美国容量市场

1. 容量市场类型

美国在市场化改革后，竞争性的零售商不拥有特许经营权，其拥有的用户会经常性变动，容量责任难以界定，原来的容量获取方式将会导致对零售竞争的阻碍。美国东部各 ISO 市场都引入了容量市场以解决这一问题，本质上这些容量市场是自愿的平衡市场，以市场机制帮助负荷服务商弥补其容量要求的不足。目前，美国探索建立的容量市场主要有两种类型：一是容量信用市场(Capacity Credit Market, CCM)；二是 RPM 容量市场。

1) CCM

CCM 是 PJM 最初采用的容量市场模式，为容量市场的建设取得了宝贵经验，奠定了良好的基础。CCM 分为月度市场和日市场，市场成员有两类：负荷服务商和容量拥有者(Resource Owner)。容量拥有者指 PJM 区域内的现有机组、规划机组、可削减的电力负荷、合格的输电网升级项目(Qualifying Transmission Upgrades)及区域外机组。是否参与 CCM 遵循自愿原则，负荷服务商和容量拥有者都可以在市场外通过双边交易买卖容量信用(Capacity Credit)，通过容量市场购得的容量信用不得以任何借口进行调整。负荷服务商购买容量信用，以满足全部或部分机组容量义务。

在月度市场中，负荷服务商和容量拥有者可以根据自己未来的容量需求预期和对市场情况的判断来买卖容量信用。而在日市场中，如果参与者不能满足其规定的容量义务，PJM仅接受其不足部分的买盘；如果参与者在满足其规定的容量义务的基础上有多余的容量信用，PJM 仅接受多余部分的卖盘。在月度市场和日市场的参与者完成报价后，PJM 根据买卖双方的申报组织出清，出清价格等于边际成交卖盘的报价，所有成交的交易都按照同一市场出清价格成交。如果市场成员在月容量信用市场上卖了过多的容量信用，以致无法满足自己最终的机组容量义务，则必须通过日容量信用市场或双边交易获得足够的容量信用，否则将根据 PJM 的运行规则和可靠性保障协议进行处罚。

从 CCM 实施的结果来看，主要存在两个问题：一是容量价格偏低，除了少数几个尖峰时段以外，容量价格平均低于新增容量的边际成本和一些机组继续运行的成本；二是可靠性未能得到有效保障，原因是市场拍卖中没有考虑区域内部受电约束地区对容量的需求。

2) RPM 容量市场

CCM 设计缺陷导致实际运行结果不理想，2007 年 PJM 引入 RPM 代替 CCM。RPM的设计目标是提高容量市场价格的稳定性和系统的可靠性，并促使现存的电源与未来规划中的电源进行竞争。相较于原来的 CCM 模式，RPM 的主要特点有 4 个方面：一是提前 3 年的前瞻性容量拍卖市场(CCM 模式下为提前 1 年)；二是采用倾斜的容量需求曲线代替原来垂直的容量需求曲线；三是除了允许发电机组参与市场外，也允许规划中的资源参与竞争；四是考虑区域内的输电约束，进行分区定价。这些特点解决了原有容量市场收入不足和未能考虑地区可靠性差异问题。虽然各 ISO 容量市场的设计细节不同，但都包括 5 个基本设计元素：斜坡形需求曲线、期货拍卖市场、容量产品定义、市场绩效要求和市场力消除措施。以下主要以 PJM 为例介绍其中最重要的两个基本元素，即需求曲线和拍卖市场。

2. 容量需求曲线

容量市场需求是为了满足可靠性管理要求，所有的负荷服务商必须满足其最大负荷预测加上一定备用裕度的发电容量，因此总发电容量需求就构成了容量市场中的需求曲线。由于新建机组容量一般很大，如果采用竖直的需求曲线，很可能从不满足容量需求跳跃到超出容量需求的状态，使得容量价格可能从最大值下降到接近 0。为了避免价格的剧烈变动，一般在容量市场中采用向右下方倾斜的需求曲线。需求曲线的形状取决于系统可靠性需求和新建机组净成本(即新建机组在容量市场中回收的成本)，并且对市场清算价格有重要影响。

图 7-2 以 PJM 的基础容量拍卖市场需求曲线为例，说明需求曲线的具体形状。曲线形状由 A、B 和 C 三个关键点决定，其中 B 点最为重要，其对应的横坐标为 1.01 倍系统可靠性需求，纵坐标价格等于新建机组净成本；A 点对应 0.97 倍可靠性需求，价格为 1.5 倍新建机组净成本；C 点对应 1.05 倍可靠性需求，价格为 0.2 倍新建机组净成本。由此可见，B 点是一个中间点，在这个点上系统的容量正好满足可靠性需求且略有盈余，因此此时的容量价格是新建机组需在容量市场回收的成本，即净成本。当系统容量小于 B 点的容量时，系统容量开始紧缺，则容量价格开始上升。在容量比较紧缺时，为了防止出现价格尖峰，在 A 点设置了容量价格帽。当系统容量大于 B 点的容量时，系统容量开始充裕，容量价格开始下降。在 C 点，容量已经非常充裕，不再对过多的容量资源支付费用，以此抑制过度的容量投资。

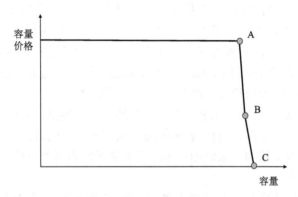

图 7-2　PJM 容量需求曲线

3. 容量拍卖市场

容量市场以拍卖形式组织，拍卖市场设计要考虑两个时间周期：一是拍卖提前量，即从拍卖到容量需求调用的时间间隔；二是拍卖结果的有效期。美国各 ISO 市场对此有不同的设计，如 NYISO 拍卖提前量为 3 个月，有效期为 6 个月。而 PJM 和新英格兰 ISO 提前量为 3 年，有效期为 1 年。不同的市场设计对容量市场价格稳定性和竞争性具有重要影响。以下以 PJM 为例介绍拍卖市场的具体内容。

1) 拍卖市场的参与者

PJM 规定，在 PJM 区域内有可用自然容量(Unforced Capacity, UCAP)的现有机组必须作为电源提供者参与基本拍卖市场，区域外的机组、规划筹建的机组、现有或规划中的负荷资源，获得审批的输电网改造项目，可自愿选择是否参与基本拍卖市场。不仅现有的机组参与市场竞争，而且潜在的新容量资源也可以参与市场竞争，有利于增强市场竞争性，抑制市场力。

2)容量拍卖

PJM 将提前 3 年的拍卖市场定义为基本容量拍卖(Basic Residual Auction, BRA),并将每年的 6 月 1 日至次年的 5 月 31 日,定义为一个容量交付年,BRA 在每个容量交付年前 3 年的 5 月举行。PJM 预测 3 年之后的峰值负荷,通过 BRA 获得足够的容量,并将容量购买费用按负荷大小分摊给区域内的各负荷服务商。BRA 的容量清算价格给了电源投资者一个长期稳定的价格信号,有利于电源投资者规避市场风险,鼓励电源投资,保证发电容量的充裕性。

在 BRA 之后,随着时间的推移,可以获得更加准确的预测负荷、强迫停运率等系统运行信息。PJM 还分别在容量交付年之前的 20 个月、10 个月和 2 个月,进行 3 次增量拍卖,根据市场变化对基础拍卖进行修正。第 1 次和第 3 次增量拍卖中,允许容量市场参与者提交需求曲线,获取新的容量来替代由于项目延迟、取消或由于强迫停运等原因不能在容量交付年交付的部分 BRA 市场中标容量。第 2 次增量拍卖则重新进行负荷预测,如果高于 BRA 市场预测负荷 100MW 以上,则通过第 2 次增量拍卖来补足容量差额,需求曲线由 PJM 提供。

3)市场出清

容量市场的出清由基于 SCUC 的优化软件实现,在给定供给曲线、需求曲线和地区输电容量约束的基础上,以最小化容量购买费用为目标计算而得。在计算过程中,输电约束来自输电扩展规划,从而保证容量拍卖的结果与输电扩展规划相协调。出清结果包括系统边际容量电价(未受约束部分)、各受约束地区出清电价以及各市场参与者的出清容量。

7.3 英国电力市场建设与实践

7.3.1 英国电力市场发展历程

为了提高电力工业的效率和效益,降低电价水平,满足社会需求,更好地为用户服务,英国议会 1989 年通过了关于英格兰、威尔士和苏格兰电力工业重组和私有化的计划,并批准了《1989 年电力法》。1990 年该法规生效,在英格兰和威尔士,原中央发电局分成 4 个部分:国家电力公司(National Power)、电能公司(Powergen)、核电公司(Nuclear Electric)和国家电网公司(National Grid Company, NGC)。地区供电局被新成立的 12 家地区电力公司(Regional Electricity Company, REC)所取代,主要负责配电系统,并向电力用户售电。在苏格兰,成立了苏格兰电力公司和苏格兰水电公司,统一经营发电、输电、配电和售电业务,各部门独立核算,各企业间按合同运营。

英国在电力工业重组私有化的同时,开始引入竞争机制,建立电力市场。英国的电力市场建设主要分为 4 个阶段:电力库(Pool)模式阶段、NETA 模式阶段、BETTA(British Electricity Trading and Transmission Arrangements)模式阶段和低碳化模式阶段。

1. 电力库模式阶段(1990~2001 年)

在电力库模式阶段,NGC 负责运营电力交易市场,组织所有发电企业和售电商通过电力库进行交易。NGC 既负责电网传输和调度,又负责结算等资金流业务。NGC 根据交易日前一天发电机组申报的未来 48h 的电价和电量，依次排出用以满足次日预测负荷的机组，其中每一时段最后一台计划调用的机组报价即为该时段的系统边际电价(SMP)。售电商在市场中按 SMP 结算，发电机组在市场中按联营购入价(Pool Purchase Price, PPP)结算。PPP = SMP + LOLP(VOLL − SMP)，其中，LOLP 为机组的失负荷概率(Loss of Probability)，当系统中所报的可用发电量相比于负荷预测量低时，该值增加，反之减少；VOLL 为失负荷价值，反映用户为避免切负荷愿付的代价，一般由政府定价。

这一阶段的主要成果是建立竞争性电力库，电力输出超过 5 万千瓦的电厂都需要通过电力库竞价上网。供电公司、批发商、零售商均须通过电力库来购买电力，有限度地允许用户自由选择供电商。到 1998 年，英国的全部电力用户实现了供电商的自由选择。这一阶段的特征可以概括为"管住中间、放开两端"，国家监管部门确定合理的输电费用，其他如批发电价、零售电价完全由市场来决定。

该模式阶段主要存在以下 3 个方面的问题：

(1)发电企业更容易操纵市场。据统计，电力市场约 90%的报价被两大煤电公司操控。20 世纪 90 年代，新建电厂投资降低 40%，联合循环燃气发电厂增加 10%以上，现货市场天然气价格降低 50%，而电力库电价却增长了 10%。

(2)电价波动浮动增大。1997~1998 年，每 0.5h 最高峰和最低谷的电价波动范围为日均价的 180%，远高于煤炭、天然气等资源价格的变化幅度。

(3)市场出清价由发电企业单侧竞价产生，用户侧只能被动接受，无法参与市场定价。

2. NETA 模式阶段(2001~2005 年)

针对电力库模式存在的定价机制不合理、缺乏竞争、市场操纵等问题，英国议会于 2000 年批准了新的公共事业法案，对电力市场的框架和结构进行了调整，建立了新的管理机构天然气电力市场办公室(Office of Gas and Electricity Market，OFGEM)和新的用户组织 Energwatch。2001 年，在英格兰和威尔士地区，开始运行新电力交易机制(NETA)。这一阶段的特征是促进竞争，引入供需双边交易机制。

NETA 模式相对于电力库模式有以下特点。

1)构建了以双边合同为主，辅之以不平衡电量结算的新市场体系

NETA 模式主要以双边交易为基础，由发电商自行调度所属机组，不再由 NGC 进行集中调度。市场体系包括中长期市场、短期市场(双边交易)、平衡市场三级交易系统，外加一个结算中心。

(1)中长期市场。

中长期市场的交易品种包括远期、期货和期权。远期合同可以是双边金融合同，也可以是物理合同，它占交易的大部分，对稳定电价起着决定性作用；期货和期权市场可以确定提前数年的电能贸易及价格，从而更好地指导市场成员的投资决定，刺激技术革新，降低投资成本，也为交易双方躲避经济风险创造条件。合同交易由社会上的商品交易中心负责。

(2)短期市场。

短期市场的特点是：①可通过交易方、交易中心及日前现货市场进行电能买卖；②标准化产品交易(0.5h 或基于 0.5h 的简单组合)；③市场参与者很多，但大多数交易量不大。

(3) 平衡市场。

平衡市场在实时运行前 4h 开市，到相应运行时段结束时为止，滚动进行。用户可自由选择参与合同市场或平衡市场。若选择平衡市场，则无论供方还是需方，都只能与 NGC 签订平衡合同。NGC 不具有直接控制发电机组的权利，只能根据不同位置的发电商或供电商的竞价来增加或减少出力以维持系统的平衡，并负责结算。平衡市场体现发电机和用户在短时间内的反应能力，电能交易量有限。

2) 通过平衡市场和不平衡结算机制维持能量平衡和系统安全运行

平衡市场完成实时调度、阻塞调度及平衡合同的任务。平衡调度的目的是使系统调度员能够按照收到的增减出力(负荷)及报价，调整发电和负荷水平，从而维持能量平衡和电力系统安全运行。与传统意义上的市场概念不同，在平衡调度机制中只有 NGC 才能接收增加出力及其报价。因此，它并不是一个真正的完全自由竞争的市场。平衡服务合同实际上是一种期权合同。通过签订期权合同，NGC 可以只提前很短的时间通知参与平衡市场的成员调整其出力或负荷。

不平衡结算分为信息不平衡结算和能量不平衡结算。信息不平衡结算的设置是鼓励平衡机制单元的实时运行水平(电能表读数)与其计划运行水平(最终交易通报上被接收的上调、下调量)保持一致。信息不平衡量就是平衡机制单元在某一交易时段内的电能表读数与计划运行水平之差。能量不平衡结算是指对系统操作机构接收的卖家报价和买家报价进行结算，采用两部制的电价结算办法。实时交易中出现的不平衡量，分别按系统买电价格和系统卖电价格进行结算。

3) 开放各类市场，扩大用户参与范围

电力库模式下用户不参与竞争，NGC 仅利用发电报价和负荷预测结果，用网络约束修改发电计划实现供需平衡。NETA 模式下，各类市场均对用户开放，实行自由贸易。

3. BETTA 模式阶段(2005～2011 年)

由于英国岛屿地理性质特征，20 世纪 90 年代的电力市场主要是在英格兰和威尔士地区进行的。2005 年 4 月，英国政府决定将新电力交易模式推广到苏格兰地区乃至全国，称为 BETTA 计划，即全英国电力交易与传输安排制度，一套在全英国范围内的电力贸易、平衡和结算制度安排，实现全英国电力系统的统一运营。不仅如此，英国还把电力贸易扩展到法国、爱尔兰、荷兰等三个国家，既有进口也有出口。因此，英国的电力市场既是本国的，也与周边国家联网，进一步扩大了市场。在这一阶段，行业呈现出明显的一体化趋势，本土电力企业丧失市场主导地位，德国发电企业成为电力市场的主力军，监管力度充满了新的挑战。

BETTA 模式的特点如下：

(1) 以 NETA 模式为基础，建立了全国统一的电力交易、平衡和结算系统，统一了输电定价方法和电网使用权合同，制定了《英国电力平衡与结算规范》和《联络线与系统示范》，在全国范围内实行单一的交易、平衡和结算机制，使电力市场扩展、运行、管理、监管更为容易，运营成本更低。

(2) 建立了唯一的国家级系统操作机构——英国系统运营商(Great Britain System

Operator, GBSO)，负责电力调度，保证系统安全和供电质量。

(3)修订《国家电网公司电网规范》和《苏格兰电网规范》，制定了新的、独立的《英国电网规范》。

(4)制定新的《系统运行机构与输电网拥有者协议》，明确界定了系统运行机构与输电网拥有者的职责范围。

(5)消除了跨大区电网的使用障碍，建立了新的英格兰-苏格兰高压电力输送网络，市场范围扩大，对参与者更加开放。

4. 低碳化模式阶段(2011 年至今)

为应对全球气候变化和能源供给安全的需求，英国 2011 年 7 月 12 日发布了《规划我们的电力未来：关于发展安全、价格适宜的低碳电力的白皮书》，揭开了英国新一轮电力改革的序幕。此次改革的目标是在推动低碳电源发展和确保电力安全的同时，抑制电价过快上涨。为此英国电力市场进行了基于差价合同的上网电价机制、容量市场机制、碳价格支持机制和碳排放标准等内容的改革。

1)基于差价合同的上网电价机制

为了确保低碳电力生产商的积极性，促进低碳发电投资，实行针对低碳电源的基于差价合同的上网电价。这是一个双向的长期合同，保证发电厂可以在不同卖电价格时得到固定的价格。为此，政府成立了专门机构与低碳发电企业签订长期差价合同。合约价格的设定原则是与可再生能源、低碳能源的扶持力度一致，保证对新能源工业的持续投资。合同时间长度已经标准化，但是也可根据技术因素灵活调整。目前新能源项目的合同期为 15 年，生物质能发电所有合同到 2027 年都结束。

2)容量市场机制

为了应对旧电厂关闭和新建电厂的间歇性和灵活性较差的问题，在现有的电量市场外单独设置容量市场，以吸引发电设施建设的投资和需求侧参与市场。容量市场机制由政府指定机构或售电商作为购买方，交易方式为集中竞价或双边交易，并可采用物理交易或金融交易。

3)碳价格支持机制

为减少投资者的顾虑，保证碳的价格公正合理，更有力地激励投资者投资于低碳发电，英国政府设立了碳交易价格下限。当欧盟碳排放交易市场的成交价格低于政府规定的价格下限时，由政府补偿其差价部分。

4)碳排放标准

为了使英国能达到碳减排目标，限制高碳电源的发展，对在英国建立的任何新电厂，都要限制碳排放量，明确禁止新建碳排放超过 450g/(kW·h)的煤电厂。这个排放标准只要求新建机组必须满足，对过去已建成的机组并不追溯。新的碳排放标准意味着未来所有新建燃煤机组必须安装碳捕捉与封存装置。

7.3.2　英国电力市场运营模式

英国电力市场主体包括政府宏观管理部门(能源和气候部)、监管部门(天然气和电力市场办公室)、电力企业和用户。电力企业由系统运营商,以及发电、输电、配电和售电企业组成。英国电力市场允许投资者通过投资入股、设立公司等形式参与发电、输电、配电、售电各环节的业务,但全英国电力市场的调度由 NGC 的系统运行部负责。子公司可分别承担发电、输电、配电、售电各环节的任何业务,但必须实行独立核算。电力用户包括大用户、居民用户和非居民用户。在英国电力市场规则中,任何用户都可自由选择购买售电公司的电力服务或在电力市场中直接购电,不允许歧视任何用户。但实际上,由于在电力市场直接购电的用户必须具备 0.5h 电量的计量装置,同时考虑到效益等因素,只有一部分用户直接参与购买电力的交易,而这些用户通常是大用户。大用户可以直接与发电企业交易,其直接购电仅为大用户与发电企业间的合同关系,不允许物理直接连接。售电商是其他用户的代理,无电网资产,除大用户外,其他用户必须通过售电商购电。

电力市场监管部门的监管范围包括:

(1)市场竞争。确保电力供应市场完全放开,所有用户或购电商可以自由选择供电商。

(2)发电环节。加强电力产业的环境保护,要求售电公司每年必须购买一定比例的新能源。

(3)售电环节。监管售电商的不正当竞争行为,维护用户和消费者的权益。

(4)输配电环节。对输电、配电网公司的输送业务实行价格控制,限制输配电的垄断利润。

英国电力市场由 3 个主要环节组成:合同市场、平衡机制和不平衡结算,如图 7-3 所示。合同市场也称为批发市场,全社会总电量的绝大部分是在合同市场中通过发电商、售电商和大用户三个市场主体交易完成的,其交易量占总量的 95%~98%,种类包括中长期合同和现货合同,而剩余的市场交易量则通过平衡机制解决。中长期合同允许提前一年或几年签订,主要通过大用户及售电商与发电商双边自行组织完成,而短期现货交易主要通过电力交易中心集中撮合完成。在发电前 1~24h,售电商及大用户与发电商可以在现货市

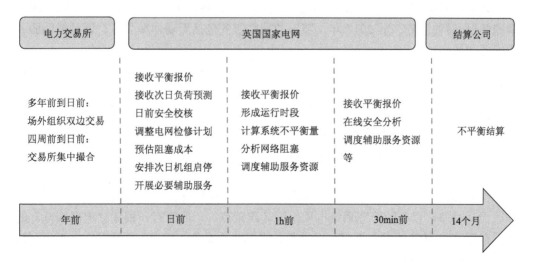

图 7-3　英国电力市场的调度过程

场买卖电量进一步细化交易。另外，还可以有期货交易，这是在发电前 24h，通过期货交易的形式来买卖 0.5h 的电量，以修正长期合同交易中多余或不足的电量。

电力交易所的交易活动停止后，英国国家电网作为系统调度机构将接收市场主体的平衡报价与发用电曲线，进行负荷预测、日前安全校验、电网检修计划调整、阻塞成本预估、次日机组启停安排等。同时组织并签订必要的辅助服务合约，以供在平衡机制阶段调用。在实际运行 1h 前，通过平衡机制获得频率响应、无功功率和备用等服务，以解决输电约束问题，维持系统的供需平衡。参与平衡机制的市场主体将以有偿形式提供平衡服务。

在调控完成后，按照机组的实际发电曲线来进行不平衡结算，由此激励市场成员尽量按签订的合约进行发电，以减小不平衡量。

英国电力市场的主要市场成员分为发电商、零售商、交易商和经纪商四类。根据其是否参与平衡机制又分为平衡机制单元和非平衡机制单元。平衡机制单元是能量平衡市场中能够独立计量结算的最小设备组合交易单位，企业可拥有多个平衡机制单元。根据系统的构成，平衡机制单元主要分为输电网平衡机制单元、配电网平衡机制单元、联络线平衡机制单元、供应商平衡机制单元和其他平衡机制单元等。

平衡机制单元以购售价格对的形式参与能量平衡市场，一般在运行前 1h 进行交易；而非平衡机制单元则以平衡服务调整数据的形式参与能量市场，交易的时间不受限制，灵活性较强，属于平衡机制以外的平衡措施。

7.3.3 英国辅助服务市场

英国国家电网公司对市场的电力电量平衡、电力系统的安全稳定运行，及电能的质量负有很高的责任，这些都是靠辅助服务实现的。该公司从 1990 年开始在英格兰和威尔士成立辅助服务营业部(Ancillary Service Business，ASB)。1996 年，辅助服务交易占电力库(Pool)交易的不到 2%，当时辅助服务主要分为两种：系统辅助服务(包括频率响应和无功功率服务)和商业服务。至 2017 年，英国的辅助服务包括无功功率服务、调频辅助服务、备用服务和黑启动。

1. 无功功率服务

英国电力市场缺乏以市场为基础的无功辅助服务，因为其提供的无功容量是强制性的而不是自愿的，包括强制型无功功率服务(Obligatory Reactive Power Service，ORPS)和增强型无功功率服务(Enhanced Reactive Power Services，ERPS)。

1) ORPS

ORPS 提供强制型可变无功功率输出。在任何给定的输出端，发电机可能被要求产生或吸收无功功率，以帮助管理系统电压接近其连接点。一般而言，根据"电网规范"的规定，所有超过 47MW 的发电机组都必须具备提供此项服务的能力，通常发电机组收到指示后必须在 2min 内达到目标水平。

2) ERPS

ERPS 与 ORPS 的区别在于 ERPS 不是强制性要求的，对任何能够产生或吸收无功功率的工厂或设备的供应商都是开放的。ERPS 是一种商业服务，补充而不能取代 ORPS。

ERPS 每 6 个月进行一次招标采购，ERPS 提供者可以选择最短的 12 个月，然后以 6 个月为增量，如 18 个月、24 个月、30 个月、36 个月等。若投标成功，则签订市场协议；若投标不成功，且发电机组需要提供 ORPS，那么将继续按照默认协议完成强制性要求。

2. 调频辅助服务

在英国电力市场，调频辅助服务由各种发电机提供。一般而言，NGC 与发电商和大用户签订双边合同，提供这些服务。除个别发电机组外，发电厂为了提供频率响应服务而选择最经济的发电机组合，需要考虑与调频服务相关的成本以及相关的机会成本(重新调度成本)。因此，发电厂提交的调频服务价格将受到能量市场价格的影响。

调频服务主要分为动态频率响应和非动态频率响应(静态频率响应)。动态频率响应是指对系统实时变化提供连续的服务，而非动态频率响应通常是由超过规定的频率偏差所触发的。英国国家电网公司通过如下 3 种不同的平衡服务来控制频率：强制型频率响应(Mandatory Frequency Response，MFR)、固定频率响应(Fixed Frequency Response，FFR)和增强型频率响应(Enhanced Frequency Response，EFR)。

1) 强制型频率响应

强制型频率响应是指发电机组对系统频率变化的自动响应。强制型频率响应服务确保电力系统频率保持在运行限制(49.8～50.2Hz)范围内。连接到电网的所有大型发电站都有义务进行强制型频率响应。

参与强制型调频服务的用户在成功完成服务后，将收到以下两种付款：

(1) 容量支付(英镑/h)：用于支付对应机组被指定为频率响应模式时，机组提供的响应能力。

(2) 能量支付[英镑/(MW·h)]：用于支付对应机组在提供频率响应时提供的调节能量。

2) 固定频率响应

与强制型频率响应相比，固定频率响应向所有可以提供响应的电厂开放。固定频率响应支付结构包括多个部分，具体如下。

(1) 可用性费用(英镑/h)：调频供应商的可用小时数。

(2) 提名费用(英镑/h)：机组被提名指定参与调频服务的提名费用。

(3) 窗口启动费用(英镑/窗口)：调频提供商被指定的每个固定频率响应窗口费用。

(4) 投标窗口修改费用(英镑/h)：电网公司提前通知获得窗口的被提名提供商，得到提供商的允许，后续如果 NGC 修改此提名，则应支付此款项。

(5) 响应能量费用[英镑/(MW·h)]：此项适用于非平衡服务机制的提供商，基于提名窗口提供的实际响应能量付费。

3) EFR

EFR 的服务提供商的响应容量范围为 1～50MW，可以为单个或聚合多个单元，并且需要在 1s 内响应频率偏差。EFR 的服务提供商可以是发电机组、储能装置或聚合需求响应资源。此外，EFR 服务为自动调度，只有在招标书中规定的运行范围和相关限制内以频率就绪模式运行的 EFR 才能自动被调度。完成 EFR 服务后，提供商将收到可用性费用[英镑/(MW·h)]。

3. 备用服务

备用服务可分为快速备用(Fast Reserve)、平衡机制启动(BM Start-up)、短期运行备用(Short Operating Reserve，STOR)、需求响应。

1)快速备用

能够在接到指令后的 2min 内开始，每分钟提供 25MW 或更高的备用功率，累计提供至少 50MW 的功率。快速备用可以作为固定服务或可选服务提供，可由平衡机制和非平衡机制参与者提供。另外，最短交付时间需要提供操作的灵活性，因此快速备用提供商必须有 5min 的最大承诺时间。此外，如果有功功率交付情况在任何一分钟内低于合同额的 90%，则认为提供商提供的服务失败。

2)平衡机制启动

平衡机制启动服务包含平衡机组启动(BMU Start-up)和热备用(Hot Standby)。平衡机组启动是指使平衡机组处于可以在平衡机制时间尺度内同步的状态。而热备用则指发电机启动准备之后，能在"准备就绪状态"下保持一段时间，以便在短时间内进行发电。在这种情况下，将使用燃料来维持这段准备状态。这就是"热备用"。

3)短期运行备用

短期运行备用仅限于合同中约定的时间，称为"可用性窗口"，即服务供应商有义务提供指定服务的时间段。这通常通过 NGC 向供应商提供的电子指令进行。短期运行备用服务可以由平衡机制服务提供商和非平衡机制服务提供商提供。

短期运行备用的要求根据年、周、日的时间尺度而不同，与当时系统需求成函数关系。该服务的最低要求如下：

(1)提供至少 3MW 的功率或稳定的需求减少量。

(2)根据电网的指示，最长响应时间为 240min。

(3)能够连续不少于 2h 交付合同的有功功率。

(4)提供不超过 1200min 的备用后，有一个恢复期。

(5)能够每周至少交付 3 次。

4)需求响应

需求响应是 2016 年推出的辅助服务，旨在鼓励大型能源用户和发电商在发电量过剩的情况下(通常在夜间和周末下午)增加需求或减少发电量。

4. 黑启动

NGC 首先寻求通过适当的竞争过程或市场机制来获得服务。如果没有足够的竞争者来参与黑启动服务招标，NGC 则单独接触潜在提供者，并在双边谈判基础上评估和签订相关服务合同。NGC 可能会同时与一个或多个潜在供应商讨论提供黑启动服务，以确保最经济高效的解决方案。

根据发电机组的类型、寿命或状态，包括但不限于以下费用：

(1) 可用性费用，该费用将在每个结算周期(0.5h)结算。

(2) 使用价格，发电机单元用于黑启动测试时获得收入，单位为英镑/(MW·h)。

7.3.4　英国容量市场

英国(北爱尔兰除外)容量市场的结构设计包含容量定额、资格及拍卖、交易、交付、支付 5 个阶段，如图 7-4 所示。英国政府在容量定额和交付阶段进行市场引导，资格及拍卖和交易实现完全市场竞争。

图 7-4　容量市场阶段图

1. 容量定额

容量定额是由系统运营者(System Operator，SO)根据可靠性指标确定容量交易额度的过程。英国主要包括目标容量和需求曲线制定两部分内容。

1) 目标容量

为满足预期可靠性标准(电力不足时间期望值(Loss of Load Expectation, LOLE)≤3h/a)，SO 分析并建议亟待拍卖的容量总额，经技术专家组独立审议后由国务大臣决定拍卖目标容量。影响目标容量的主要因素是负荷预测、发电构成和电网互联水平。

2) 需求曲线

根据目标容量、新进入者成本(Cost of New Entrant，CONE)、价格上限(1.5 倍的 CONE)和波动范围(2015 年为 1.5GW)绘制需求曲线，如图 7-5 所示。

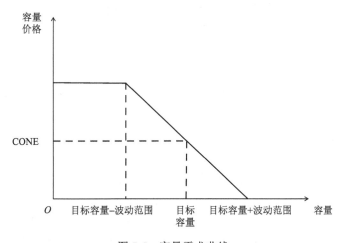

图 7-5　容量需求曲线

2. 资格及拍卖（主市场）

1）资格

英国容量市场坚持"技术中立"原则，供给容量根据建设类型分为已有、翻修和新建容量。资格不符的容量包括差价合同支持容量、小范围上网电价补贴容量、可再生能源义务容量和互联容量。互联容量因市场规范待定，暂无资格参与。其余容量均因已在其他机制中补贴，因此无资格再获取容量收益。

2）主市场拍卖

主市场拍卖是先于交付年 4 年的拍卖，满足绝大部分的容量交易需求。预审合格的容量进入该阶段出价，容量主市场采用荷兰式拍卖：自始拍价起，每轮价格递减叫拍。当中拍容量满足目标容量时，拍卖停止，此时获得出清价格。拍卖总时长不超过 1 周。中拍容量签署容量协议，协议中明确供应商给予容量提供者稳定的报酬，容量提供者则应在交付年必要时刻交付相应电能，否则将受到同负荷损失相关的惩罚。

已有容量适用于 1 年期容量协议；已有容量发生重大翻新时，可申请 3 年期容量协议；新建容量最多可申请长达 15 年的容量协议。

3. 交易（二级市场）

交易是先于交付年 1 年的拍卖，实现容量调整。该阶段发生于主市场和交付之间，这是预审合格但未签署协议的部分容量替代主市场签署却无法兑现的容量的交易进程。

4. 交付

容量提供者将在交付年收到报酬。SO 至少提前 4h 预警电力短缺，此时容量提供者须按照容量协议交付电能，超出协议的额外供给和未能交付的不足电能将受到相应的奖励和惩罚，惩罚不会超过容量提供者在容量市场中获得的总收益；如果 SO 没有提前预警，即使容量提供者未能按时按约交付电能，也不会受到惩罚。

5. 支付（结算）

容量协议费用由供应商承担，依据其交付年在电力市场中所占份额进行结算。当正常支付（包括奖励情况）时，资金流将从供给商开始，流经容量市场结算机构，最终抵达容量提供者；当容量提供者面临惩罚时，资金逆向流动。

7.4　北欧电力市场建设与实践

北欧电力市场是国际上第一个真正意义上的跨国电力市场，经过多年的完善，目前已形成以现货市场为基础的区域电力市场。北欧的电力批发市场包括 4 个部分：①柜台交易市场；②双边市场；③北欧电交所，包括北欧电力现货市场、北欧电力平衡市场和北欧电力金融市场；④北欧电力实时市场。北欧现货市场在交易规模、物理模型、价格机制等方面的机制设计都介于美国 PJM 和英国电力市场之间。

7.4.1　北欧电力市场发展历程

1. 北欧电力系统简介

北欧地区包括挪威、瑞典、芬兰、丹麦和冰岛 5 个国家，除冰岛外，其他 4 个国家(简称北欧四国)均已实现电网互联，形成了统一运行的北欧电力市场。北欧四国水力资源丰富，水电主要分布在北部，而这些地区地广人稀，负荷较小；火电主要集中在人口密集的南部地区，负荷也集中。在丰水季节，北部廉价丰富的水电流向南部；在枯水季节，南部高价火电流向北部。具体到各国，其发电构成具有以下特点：在丹麦和芬兰的装机容量与发电量中，火电所占比重较大；挪威几乎完全依靠水力发电；瑞典的水电、火电和核电的装机容量与发电量均占一定比重。因此从电源结构上看，北欧四国间具有一定的互补性，国与国之间存在电力交换的潜在需要。

2. 北欧电力市场发展过程

北欧四国在电力市场的建设时间上先后不一，但在立法实施市场化改革时均颁布了电力体制改革相关的法案，并进行了行业结构重组。四国的行业结构重组各有特色，最终都实现了发电、输电、配电、售电、系统运行(调度)、交易中心的相对独立。

现在的北欧统一电力市场是逐步建立发展起来的。最早是挪威在 1991 年建立了国家电力市场，瑞典 1996 年 1 月率先加入，两国成立了挪威-瑞典联合电力交易所(Nord Pool)，各拥有 50%的股份，其总部设在挪威首都奥斯陆，在瑞典首都斯德哥尔摩设立了办事处。1998 年 6 月，芬兰加入 Nord Pool，瑞典国家电网公司和芬兰国家电网公司联合拥有 EL-EX 交易所，运营北欧电力交易平衡调节市场，与北欧电力交易所紧密配合，互为补充。EL-EX 交易所于 1999 年改为 Elbas 市场。之后，丹麦西部和东部分别于 1999 年 7 月和 2000 年 10 月加入 Nord Pool，历时近 10 年建立了包括北欧四国的统一的北欧电力市场。2010~2013 年，爱沙尼亚、立陶宛和拉脱维亚等相继加入北欧电力市场，同意现货市场联合出清。2014 年，来自欧盟的 14 个成员国加上挪威的电网运营商和电力交易所就电力联合交易正式达成协议，建立统一的日前电力批发市场。目前由上述 14 个国家的输电系统运营公司(Transmission System Operator, TSO)和交易中心组成的协会负责协调，通过统一算法计算出不同区域的价格及跨国电力交换的电量。这标志着北欧电力市场与欧洲中西部(法国、德国)及南部资源实现联合优化配置，为未来欧洲电力市场的联合奠定了基础。

北欧电力市场的交易类型也是一个逐步发展的过程。1993 年的挪威电力市场还只是一个电力远期合同市场，只允许市场主体进行物理合同的交易，而且合同时间最长为 6 个月。从 1997 年开始，北欧电力市场引入金融期货合同，1999 年允许期权合同上市交易，2000 年又引入差价合同，规避分区电价和系统电价的价差。2002 年，北欧电力交易所将其现货市场业务拆分并转到新设立的北欧电力市场现货交易所。2003 年，由于挪威清算许可证的法定要求，北欧电力交易所的清算业务从电力交易所独立出来，由全资子公司——北欧电力交易清算所负责。2008 年，金融市场、清算所和 Nord Pool Consulting 被 Nasdaq-OMX 统一收购。

3. 北欧电力市场主体结构

北欧电力市场主体包括发电商、电网运营商、零售商、交易商和用户。电网运营商包括 Nord Pool、国家电网公司和本地电网公司。国家电网公司即为各国的 TSO。本地电网公司主要实现对用户的配电供应，也称为配电网运营商（Distribution System Operator，DSO）。交易商一般是没有发电机组的中间商，通过合理的购电策略购电并出售给零售商。交易商的存在增加了市场的活跃度，也存在一定的市场风险。零售商直接面向用户，除开展售电业务外，一些零售商还兼具平衡职责，称为平衡供应商（Balance Responsible Party，BRP），其主要任务是负责某些区域内的电力平衡交易。

7.4.2 北欧电力市场运营模式

北欧电力市场主要采用日前市场、日内平衡市场与实时平衡市场互为补充的市场模式，三个市场有着不同的功能定位，三者协调运行，有序开展，共同形成了一个贴近实时运行的交易计划。

1. 日前市场

北欧日前现货市场建立于 1993 年，是北欧电力市场的主要组成部分，由 Nord Pool 负责运营，采用"集中竞价，边际出清"的方式。日前市场有 360 个市场成员，大部分每天参与市场交易，一天产生大约 2000 份交易合同。

现货市场在每一天的 12:00 之前，电能买卖双方对第二天每小时的交易时段提供报价，即申报量价曲线，售电曲线单调上升，购电曲线单调下降。Nord Pool 依据发用双方提交的报价形成发电曲线和用电曲线，将买电和卖电曲线交汇于一点，形成系统电价，然后以系统电价作为买方和卖方的共同交易电价。如果遇网络约束受限，将会分割为更小的市场，产生不同的分区电价。

日前市场主要运行流程如下：

（1）每个季节开始前，TSO 根据电力市场及电网运行实际情况，确定市场价区和各区间的线路输送限额。2012 年，北欧市场分为 12 个市场价区（挪威 5 个、瑞典 4 个、芬兰 1 个、丹麦 2 个）。随着北欧电力市场范围的扩大和阻塞程度的加重，价区逐步增多。2016 年，北欧电力市场已增至 17 个价区。

（2）每周开始前，TSO 根据设备检修安排对各分区间线路输送限额进行复核。

（3）每天 8:00～12:00，买卖双方市场成员通过交易系统向 Nord Pool 提交申报量价曲线，市场成员最多可提前 12 天申报，到交易日 12:00 前均可修改。

（4）每天 10:00 前，TSO 向市场提供各市场分区间线路输送限额。

（5）每天 12:00～12:45，Nord Pool 基于市场申报量价、输电限额计算次日每小时成交的电量和电价，其中包括无约束出清和带网络约束的分区出清。

（6）每天 12:45，Nord Pool 向市场成员发布成交结果。

（7）每天 12:45～15:00，Nord Pool 根据成交量价向买卖双方开具发票，其间市场成员可在收到交易结果 30min 内向 Nord Pool 提出质疑，若确有错误，则 Nord Pool 会重新发布正确结果，然后基于最终结果开具票据，14:00 为质疑截止时间。

从上述分析可知，Nord Pool 负责管理各国之间的跨国输电线，同时平等公正地对待每一个参与国，这为 Nord pool 能够传达正确价格信号的日前市场提供了基础。而传达正确的价格信号，在供给中取得平衡，使活跃的买卖双方均能通过市场竞价平衡自己的电力出力组合，这就是物理日前市场饰演的角色。

北欧电力市场这种价格决定机制能够在保证价格机制反映国家差异的同时，保持其中立性与公正性。这种价格机制考虑了运营成本、潮流状况、发电系统的限制和地区与国家之间的输电容量。在大量使用化石能源的国家，决定价格的因素还会包括油价、煤价、气价甚至是二氧化碳的价格。跨区跨国的交易并不容易，跨国输电线不仅是电能的传输线路，还是价格的重要联络线。要使价格保持中立，就必须保证各国之间有足够的输电容量，让便宜的电力能够传输到价格高的地方。除此之外，Nord Pool 获得所有的买卖双方的出价信息，各国的输电网对所有用户平等开放，管控部门严格管理各国传输限制的问题，这也是保证中立价格的重要因素之一。

2. 日内平衡市场

日内市场由 Nord Pool 芬兰公司组织，在日前电力市场关闭后 14:30 开启，持续滚动出清直到实时运行前 1h。日内平衡市场是一个撮合交易市场，遵循"先来先得，高低匹配"的交易原则，为市场成员提供一个调整日前市场交易计划的平台，以此来应对负荷预测偏差、设备突然故障等问题。早期的北欧电力市场，由于大部分市场成员不愿意投入高额的成本，因此日内平衡市场开展的交易量很少，2012 年交易电量仅为 32 亿 kW·h（包括与德国和爱沙尼亚的联合日内平衡市场）。但随着新能源的不断接入，日前风电预测的误差量变大，日内平衡市场的重要性也逐步凸显。2013 年，日内市场交易电量为 61.392 亿 kW·h，相比 2012 年增加了近一倍。

3. 实时平衡市场

实时平衡市场由北欧各国 TSO 共同负责，出清时会考虑各个区域的实际物理模型与安全约束，实现交易计划的再调整。实时平衡市场为北欧电网 1h 内的实时电力平衡提供了市场平台与调节手段，同时根据实时平衡市场电价为各市场成员在实际运行中产生的不平衡电量进行结算。参与实时平衡竞价的市场成员主要是那些发电商和能迅速对负荷做出较大调整的电力用户。在实时平衡市场开展前，各平衡供应商（BRP）需要提供报价，报价可一直修改、调整直到实时运行前 45min，但对于报价的容量和价格是有限制的（报价最低的容量为 10MW，最大为 50MW）。TSO 会对各平衡责任提供者提供的报价进行优化排序，得到增出力报价序列（高于现货价格）和减出力报价排序（低于现货价格）。实时运行时，TSO 作为单一购买者按照总费用最低的原则调用平衡资源，最终形成上调/下调边际价格（双价格体系，挪威除外）。2013 年，北欧平衡调节市场的交易量为 41.97 亿 kW·h，相较于 2012 年的 44 亿 kW·h 有所下降，这是由于日内市场交易电量增加，减少了平衡调节市场的再调度电量。

北欧实时平衡市场的组织形式与英国类似，主要的差别在于调用平衡资源结算时，英

国是按报价支付,而北欧是按边际价格结算。实时平衡市场运作主要流程如下:

(1)每天下午日前市场结束后,15:00～19:30,市场成员针对次日 24h 各时段向各国 TSO 申报量价曲线。

(2)每天 19:00 前,参与次日现货市场的所有发电商根据在现货市场中的出清结果编制次日发电计划,并报送给 TSO。

(3)每天 22:00 前,TSO 完成次日负荷预测,做好相关的潮流分析,并将各发电商报送的次日发电计划与次日的负荷预测情况进行对比分析,得出次日 24h 各时段的预计不平衡量,据此估算出次日实时平衡市场各时段的市场空间。同时对各市场成员的实时平衡市场报价进行优化排序,得到增出力报价(包括增加发电出力和减少用电负荷)序列与减出力报价(包括减少发电出力和增加用电负荷)序列,最终形成次日 24h 报价序列表。

(4)TSO 在电网实时运行过程中,根据频率波动情况,按照各市场成员在实时平衡市场中的本时段报价排序表依次进行调用。

(5)在结算过程中,将参与实时平衡市场的市场成员每小时的表计实测电量数据与在现货市场中已出清的该小时合同电量成交数据进行比较,两者的偏差值为不平衡电量,这部分不平衡电量将参照该小时的实时平衡市场电价进行结算。

7.4.3　北欧辅助服务市场

1. 辅助服务种类

北欧辅助服务分为一级备用、二级备用、平衡服务、无功备用以及其他辅助服务等 5 大类型。

(1)一级备用(基本控制)包括频率控制的正常运行备用、频率控制的干扰备用、电压控制的干扰备用等。瑞典和挪威主要由水电提供一级备用;丹麦东部由火电提供,丹麦西部由风电参与;而芬兰则利用水电和火电联合及直流联络线共同参与。

(2)二级备用(AGC)作为二级调节不适用于北欧电网(Nordel),仅适用于丹麦西部电网。

(3)平衡服务包括快速有功扰动备用、快速有功预测备用、慢有功扰动备用、峰值负荷备用。

(4)无功备用要求就地提供,容量充足,并且在各个子系统之间不能交换。

(5)其他辅助服务包括减负荷、负荷跟踪、系统保护、黑启动、辅助服务的平衡结算及金融服务等。

从市场主体来看,符合条件的发电商以及各国的 TSO 都可参与一级备用和平衡服务,但是用户作为需求侧并未参与,具体情况见表 7-3 和表 7-4。

2. 辅助服务规则

北欧各国对辅助服务的获取和定价没有统一的规定。一般来讲,对于黑启动、无功补偿等辅助服务,各国 TSO 通常会采用长期合同的方式购买,价格由双方协商或公开竞标的方式确定。对于旋转备用(响应时间为 15min),各国 TSO 一般会在周前和日前开展备用

表 7-3　北欧四国的一级备用

内容	挪威	瑞典	丹麦		芬兰
			西部	东部	
约定方式	容量大于或等于 50MW 的机组强制投标	最小规模 20MW/Hz 的自愿投标	规模在 1～10MW 的自愿投标	自愿投标	通过测试决定由提供最大备用容量的自愿投标；附加的发电商和需求应邀提供可用容量到备用银行
合同期限	1 年期合同	在周、小时购买市场中销售的小时合同。周市场有白天、夜间及周末之分，包括 TSO 需求量的 60%～70%；其余部分在小时市场中按日购买	6 个月	年度合同	3 年期合同
价格选择	固定价格	容量价格	容量价格	容量价格	已通过测试的提供容量价格
调度准则	频率有偏差时自动控制	频率有偏差时自动控制	频率有偏差时一级备用自动反应	频率有偏差时自动控制	频率有偏差时自动控制

表 7-4　北欧四国的平衡服务

内容	挪威	瑞典	丹麦	芬兰
约定方式	(1)快速备用：自愿投标；(2)电力调整：自愿市场	(1)快速备用：自愿投标；(2)电力调整：自愿市场及由瑞典 TSO 拥有的发电商参与；(3)调峰备用：自愿市场	(1)慢备用：自愿投标；(2)快速备用：自愿市场；(3)电力调整：自愿市场	(1)快速备用：自愿投标及由芬兰电网公司拥有的发电商参与；(2)电力调整：自愿市场
合同期限	(1)快速备用：周合同；(2)电力调整：日合同	(1)快速备用：年度合同；(2)电力调整：日合同；(3)调峰备用：月度合同	(1)慢备用：年度合同；(2)快速备用：年度合同；(3)电力调整：日合同	(1)快速备用：年度合同；(2)电力调整：日合同
价格选择	(1)快速备用：价格(边际价格)+供应和负荷间的平衡+地理位置；(2)电力调整：能量价格(边际价格)，特殊调节的竞标价格	(1)快速备用：最小总成本；(2)电力调整：能量价格(边际价格)	(1)慢备用：能量价格；(2)快速备用：容量价格+能量价格；(3)电力调整：能量价格(竞标价格)	(1)快速备用：竞争性竞价购买；(2)电力调整：能量价格(边际条件)
调度准则	(1)快速备用：用于即刻投入恢复频率控制干扰备用；(2)电力调整：当由于需求预测出现偏差需要补偿时即投入	(1)快速备用：用于即刻投入恢复频率控制备用；(2)电力调整：当由于需求预测出现偏差需要补偿时即投入	(1)慢备用：用于即刻投入恢复快速干扰备用；(2)快速备用：用于即刻投入恢复频率控制干扰备用；(3)电力调整：当由于需求预测出现偏差需要补偿时即投入	(1)快速备用：用于即刻投入恢复频率控制干扰备用；(2)电力调整：当由于需求预测出现偏差需要补偿时即投入

容量市场，买卖双方提交自己愿意提供的备用的数量和价格，最终 TSO 根据报价确定备用的提供者。为保证平衡调节市场容量的充裕性，在备用容量市场中中标的发电商必须在平衡调节市场中报价，如果该发电商没有报价或被调用时不能满足要求，则会受到惩罚。

因此，备用容量市场中出清的产品实际上是一种期权，最终 TSO 根据系统实际运行情况选择是否调用。

各国的具体规定如下。

(1)挪威：频率控制、电压控制和旋转备用通过协商合同购买，而长期备用则在开放市场中购买。辅助服务的价格通过协商或依据市场确定，通过系统使用费（System Tariff）收回。

(2)瑞典：电压控制、无功和黑启动是强制性的。频率控制、旋转备用和长期备用通过协商合同购买。TSO 通过系统使用费从市场参与者中收回成本。长期备用的成本从供应商和发电商支付的系统不平衡成本中收回。

(3)丹麦：丹麦电力监管机构负责管理、确定和监管辅助服务价格。旋转备用的市场份额不考虑完全开放，而且申报价格严格控制在普通市场的市场价格的高限。辅助服务的成本通过系统使用费从用户和发电商收回。

(4)芬兰：辅助服务的补偿由私人合同基于成本回收法确定。成本回收是基于基本投资和折旧成本从用户中通过系统使用费收回。对旋转备用、长期备用及紧急事故备用的补偿是基于可调容量补偿和依据现货市场价格的能量补偿。电压控制、无功、黑启动、远程自动发电控制的费用是可调的。

3. 辅助服务的跨国交易

辅助服务在某种程度上易受竞争的影响，更需要合作和服务交换。是选择市场机制还是协商补偿取决于特定的辅助服务。为鼓励竞争，决不能依赖服务的投入地点，但是与有功和无功相关的服务会有所差别。无功平衡主要影响电网连接点的电压，与无功相关的服务一定要就地提供；而有功平衡发生在一个同步电网内，除了有功损耗和潜在瓶颈外，有功可以在任何地方进行平衡。人工切负荷和黑启动部分取决于地理位置，更适合于采用协商的方式进行补偿。基于市场的方案更适合于正常运行和干扰备用的频率控制。

北欧系统运行协议中列出了一级备用交易的主要原则：

(1)系统服务的交易不能妨碍现货市场或电力调节市场的交易商；

(2)系统运行员能在每日现货市场关闭后，彼此通知能提供给其他系统运行员的调节电力的盈余量；

(3)调频交易包括正常运行和干扰备用的频率控制；

(4)如果总的需求比供应大，首先要保证正常的运行备用；

(5)系统运行员间应进行双边交易；

(6)如果备用被卖给几个系统运行员，则所有的都应支付相同的边际价格。

7.4.4 分区定价与阻塞管理

1. 分区定价

分区定价指不考虑约束计算出一个无约束的系统电价，然后考虑区间约束得到各区间的分区电价，如果两个区间没有阻塞，则其分区电价相同。北欧电力市场选择分区定价是由市场特点以及社会基础所决定的：一方面，欧洲各国辅助服务市场相对独立，可再生能源补贴政策差异较大；另一方面，欧洲注重社会公平，区域模型因其价格阶层更少，且鲜有极端情况出现而更受欢迎。

分区的划分考虑两方面因素：首先是政治因素，一个国家有统一的电价在某种程度上减轻了政府管理的工作量；其次，定义竞价分区更多是经济上的考虑，分区越大，市场流动性越大，市场力越小能优化出的社会福利越大。然而，大的分区也带来基础设施成本的增加和遇到阻塞时再调度成本的增加。因此分区大和小之间有一个最优平衡。如果某区阻塞有时严重，有时不严重，就通过分区分裂来尽力实现无阻塞时大分区追求流动性，有阻塞时分裂成下一级更小的分区。北欧电力市场的逐步扩大使得区域间资源合理配置的优势凸显，区域间能量的交换逐步增多。

2. 阻塞管理

电网阻塞管理是针对输电功率超过输电线路容量上限而采取的安全校核措施，通过合理地调整发电机和负荷，可以确保系统安全可靠运行。电网阻塞管理主要包括消除网络阻塞和阻塞收益再分配两个方面。Nord Pool 负责协调各国 TSO 消除网络阻塞，并在收到阻塞收益后将其分配给 TSO。

北欧电力市场平衡与阻塞管理流程如下：

(1) TSO 提前一周向 Nord Pool 提供区域间可传输容量(Available Transfer Capability, ATC)，且在每天 10:00 之前对第二天联络线可传输容量进行复核。

(2) 发电商和用户根据其发电计划，在每天 12:00 前向日前现货市场提交报价。

(3) Nord Pool 根据报价进行无约束市场出清，得到系统电价。

(4) 根据 TSO 提供的联络线可传输容量，如遇区域间输电阻塞，Nord Pool 开展阻塞管理，此时以联络线为界分割成两个区域，两区域之间的电价不相等，从而形成阻塞收益。这一阶段的阻塞管理方式称为"隐形拍卖"。北欧电力市场规则规定，阻塞收益归电网公司所有，而阻塞产生的额外费用也由电网公司承担。北欧各国电网公司不会故意利用阻塞赚取额外收益，因为电网公司投资回收主要依靠输电费用的收取，监管机构每年 8 月开始核定各输配电网公司次年输配电价，电网的运行及利用情况是核定时需要考虑的主要因素，如某公司电网利用率低，则该公司核定的收益将相应抵消。

(5) 日前现货市场结束后，14:00 日内平衡市场开启，市场成员开始报价，有效时间截止至合同执行前 1h；19:30 之前，市场成员向次日实时平衡市场报价，为 1h 内平衡调节之用。如果系统发生特殊情况，引起平衡偏差，TSO 利用日内平衡市场、实时平衡市场报价调节平衡，进行阻塞管理。当区域 A 向区域 B 输电产生阻塞时，为保持系统平衡，TSO 将调增区域 B 机组的出力，调减区域 A 机组的出力。而规则规定市场成员向日内平衡市场、实时平衡市场报价时，调增出力报价必须大于该区域的系统价格，调减出力报价必须小于该区域的系统价格，这样就导致了 TSO 购买区域 B 的高报价机组出力，同时以低价出售区域 A 机组出力，其中的调节费用由 TSO 承担，这种交易行为称为"对销交易"(Counter Tending)，这种阻塞管理方式也称为"显性拍卖"。与"隐性拍卖"获得的阻塞收益相比，TSO 支付的阻塞费用较少。总体来说，TSO 将获得阻塞收益。

(6) 当系统扰动引起不平衡时，首先由发电机组的一次调频进行调节，同时调度员根据系统实际情况通过各类备用容量市场调节电力供需平衡，保障电能质量。TSO 可用部分阻塞收益维护和建设区域间的输电线路，扩大区域间可传输容量，但这需要分析比较阻塞与投资的经济性，确保投资的必要性。北欧电力行业普遍认为在区域间电网中存在合同的阻塞是系统经济运行的表现。北欧电力市场自运行以来，充分利用区域间通道优化资源配置，并且引入用户侧报价，增强需求侧弹性，电网得以充分利用，整个区域新增装机速度明显减慢，社会效益显著。

7.4.5　电力金融市场与风险管理

1. 金融市场

北欧电力金融市场始于 1993 年挪威电力远期合同市场，早期主要交易的是物理合约，后来使用现金结算代替物理交割，并陆续引进了期货合同、差价合同和期权合同等。北欧电力金融市场早期由 Nord Pool 负责，2008 年转由纳斯达克交易所(Nasdaq OMX)运行。远期和期货合同均为未来数年内的电能交易，无须进行物理交割，只需要在合同规定的时间内进行现金结算。需要物理执行的远期、期货和双边合同将在现货市场申报，统一出清。远期合同可以以月、季和年为单位，最长交易时间可达 6 年，期货合同可以日、周和几周为单位。合同参考价格为现货市场的系统价格。

值得注意的是，早期北欧电力市场与英国类似，双边物理合约占据较大的比例，现货市场交易的电量较少，但随着现货市场交易机制的不断完善，现货价格趋于稳定，交易费用的降低，市场成员更倾向于去现货市场中购电，以避免双边交易的协商、物理合约校核等程序。据统计，1996 年，北欧电力市场物理合约交易量占比为 90%，现货市场交易量占比为 10%，而 2013 年，现货市场交易量占 90%，物理合约交易量仅占 10%。

北欧电力金融市场与现货市场紧密联合，协调运行，两者相互促进。现货市场的高效运作、价格稳定提高了金融市场的流动性，金融市场的交易活跃及品种多样也帮助市场成员规避了现货市场价格波动的风险。2012 年，北欧电力金融市场交易量为 16620 亿 kW·h，是现货市场交易量的 5 倍，交易量远大于英国。

2. 风险管理

北欧电力金融市场成员众多，交易品种多样，为参与主体提供了很好的价格对冲与风险管理的手段。北欧的差价合同与传统的差价合同有所差别，是专门为规避阻塞产生的差价风险而设置的，以区域价格和系统电价的差价作为参考电价进行结算。因此，如需较好地规避价格风险，市场参与者一般会选用远期或期货合同加差价合同的方式。

价区差价合同于 2000 年引入北欧电力市场，主要目的是规避因出现联络线阻塞而导致分区电价不等于系统电价的风险，这相当于是一种以系统电价和分区电价的差价为参考价格的期货合同。发电商和用户是按照其所在的分区电价结算的，而期货合同是按照系统电价结算。如果发电商和用户位于不同的价区，且阻塞使得两个价区的分区电价不同，那么他们将会面临金融风险，所以要引入价区差价合同规避这一风险。

小　结

英国是第一个进行电力市场建设的国家,自 1990 年以来,电力市场历经了电力库模式、NETA 模式、BETTA 模式和低碳化模式 4 个阶段,主要交易方式也从最初的集中交易过渡到了目前的双边交易,并建立了与 PJM 类似的容量市场。

美国的电力市场建设起于 1992 年国会通过的《能源政策法》,从 1996 年开始陆续建立了得克萨斯州、PJM、加利福尼亚州、中西部、纽约州、新英格兰和 SPP 等 7 个区域电力市场,其中 PJM 是最成功的区域电力市场。PJM 主要采用集中交易模式,形成了日前市场加实时市场的两级市场体系,并在容量市场建设方面探索了 CCM 和 RPM 两种市场类型。

北欧电力市场是国际上第一个真正意义上的跨国电力市场,始建于 1996 年,是一个以现货市场为基础,提供多种金融交易品种的区域电力市场。北欧现货市场在交易规模、物理模型、价格机制等方面的机制设计都介于美国 PJM 和英国电力市场之间。

中国于 2002 年全面启动电力市场建设,目前已初步形成全国统一电力市场体系,成立了北京、广州两个国家级电力交易中心以及 33 个省级电力交易中心。各级市场都包括中长期市场和现货市场,采用分散或集中方式进行交易。

英国、美国和北欧电力市场的辅助服务交易品种相对完善,从功能上看基本相同,而在具体的交易类型划分上有所区别。英国的辅助服务类型分为无功服务、调频辅助服务、备用服务以及黑启动 4 大类;美国(以 PJM 为例)的服务类型包括电网调度服务、无功输出功率和电压控制服务、调频/频率响应服务、不平衡电量服务、运行备用服务以及黑启动服务;北欧辅助服务分为一级备用、二级备用、平衡服务、无功备用以及其他辅助服务(含黑启动服务)等 5 大类型;中国目前开展的辅助服务主要是调峰和调频服务。

思 考 题

7-1　总结中国、美国、英国以及北欧电力市场建设与实践的共同之处,并分析原因。

7-2　美国、英国、北欧电力市场建设各有何特点,可为我国电力市场建设提供哪些借鉴经验?

7-3　结合当前电力市场的建设情况,分析我国电力市场目前面临的挑战及发展的方向。

7-4　美国大部分州都在零售侧引入了竞争机制,但除了得克萨斯州以外,大部分州的零售侧竞争并不很成功,请分析具体原因。

7-5　试分析比较美国容量市场与英国容量市场的共同之处和各自的特点。

第8章 电力交易虚拟仿真实验

本章主要介绍贵州大学电气工程及其自动化专业自主开发的"电力市场"课程配套虚拟仿真实验——基于电力系统运行约束的电力交易虚拟仿真实验。该实验获第二批国家级虚拟仿真实验教学一流课程、2022 年度贵州省级"金课"虚拟仿真教学实验一流课程。

8.1 概　　述

8.1.1 实验的意义

虚拟仿真实验教学项目是推进现代信息技术融入教学和实验项目，拓展教学和实验内容的广度和深度，延伸教学和实验的时间和空间，提升教学和实验的质量及水平的重要举措。

"基于电力系统运行约束的电力交易虚拟仿真"实验项目的建设坚持立德树人，强化以能力为先的人才培养理念，坚持"学生中心、产出导向、持续改进"的原则，突出应用驱动、资源共享，将实验教学信息化作为高等教育系统性变革的内生变量，以高质量实验教学助推高等教育教学质量变轨超车，助力高等教育强国建设。

"基于电力系统运行约束的电力交易虚拟仿真"实验聚焦我国能源革命中电力行业市场化改革，以经济调度的分析计算方法为运行计算基础，以满足电力系统安全运行和良好的电能质量为约束，以全社会购电成本最低为目标，进行电力市场各种交易类型的三维高仿真度的虚拟仿真，揭示电力系统运行与电力市场交易的金融物理交互过程。

实验突出以学生为中心的实验教学理念，以准确适宜的实验教学内容、创新多样的教学方式方法、先进可靠的实验研发技术、稳定安全的开放运行模式、敬业专业的实验教学队伍和持续改进的实验评价体系，以问题导入、任务驱动，采用游戏闯关的方式，多种引导和提示方式全程陪护，适合不同层次的学习者自主完成实验任务，实现显著示范的实验教学效果，使学习者巩固电力系统与市场专业知识，掌握分析系统运行与市场交易的方法与策略，养成从事电力市场的相关研究和应用开发的职业素养；同时培养学习者的职业规范、职业道德、科学精神与家国情怀，达成"电力市场"课程教学目标。

8.1.2 实验的基本情况

1. 实验学时

"基于电力系统运行约束的电力交易虚拟仿真"实验由贵州大学电气工程及其自动化专业自主研发，属于电气工程及其自动化专业个性化选修课程"电力市场"的课内实验。共3 学时，完成实验的合理时间为 80～150min。

2. 实验对象

实验主要面向电气工程专业学生、对电力系统的运行与电力市场的交易感兴趣的学习者和电力系统市场交易从业人员与各方参与者。

3. 实验教学网络及安全要求

"基于电力系统运行约束的电力交易虚拟仿真"实验已在国家虚拟仿真实验教学课程共享平台——实验空间上线。在平台首页通过搜索该实验名称可链接到实验首页。

在实验首页右上角可以单击查看实验简介视频和实验教学引导视频，单击页面中部"实验介绍"的次级标签了解实验相关信息，单击页面中部"实验必读"的次级标签了解实验系统的网络、硬件和用户操作系统要求。实验系统已经按要求完成国家信息安全等级三级认证，单击"我要做实验"按钮，进入注册登录页面，通过添加手机号、填写账户信息、设置密码三个简单步骤，完成注册并登录后，任何人都可以进行实验。

4. 实验教学计算机设备软硬件配置与网络要求

"基于电力系统运行约束的电力交易虚拟仿真"实验系统对实验计算机设备的操作系统、其他软件、硬件配置、网络支持均为常规需求，接入简单。

(1) 计算机操作系统与版本要求。

仿真程序客户端操作系统采用 Windows 7 及以上版本，管理平台服务器操作系统采用 Windows server 2008 r2 及以上版本。

(2) 非操作系统软件要求。

使用谷歌浏览器、IE 浏览器、360 浏览器或火狐浏览器等主流浏览器均可登录实验网址，无须下载任何特定插件，也无其他计算终端非操作系统软件配置要求。

(3) 计算机硬件配置要求。

虚拟仿真系统对计算机硬件的配置要求主要有：CPU Intel core i5+；显卡显存 2GB+，推荐 4GB；内存 8GB+，推荐 16GB；硬盘 500GB+。无其他特殊外置硬件和其他计算终端特殊外置硬件要求。

(4) 客户端到服务器的宽带要求与在线人数要求。

要求带宽 2 Mbit/s 以上即可，支持同时在线人数为 1000 人以上。

8.1.3　实验的特点

1. 实验的必要性

虚拟仿真实验教学借助于虚拟现实、计算机仿真、多媒体和人机交互等先进技术手段，将逼真的具有视、听、触等多种感知的虚拟实验环境融入实验教学，突破传统实验教学时间、空间以及实验台套数的限制，拓展实验教学内容的广度和深度，延伸实验教学的时间和空间，使学习者身临其境，增强实践能力的训练，提升教学效果。在"电力市场"课程中增设实践环节，开设"基于电力系统运行约束的电力交易虚拟仿真"实验的必要性主要包括以下 3 个方面。

1)电力市场化改革对我国能源革命意义重大

电力工业是能源领域的支柱行业,更是国家未来能源战略的重中之重。随着可再生能源、储能、微电网、需求响应等新技术的广泛应用,我国多年来以煤为基础的能源供应体系正发生结构性巨变,逐步快速向绿色低碳转型,随之而来的就是电力行业市场化改革的加速深化,交易规模和覆盖范围、交易品种的丰富,交易类型的复杂程度均在快速增加,对从业人员的数量与专业素养的提升需求在急剧增长,通过市场化的交易机制与手段认可电能价值、发现电能价格,提高电力系统效率和安全可靠供应水平的需求在迅速扩大,在学习阶段增强实践环节训练的必要性凸显。因此有必要针对电力市场和电力交易开设实验。

2)电力交易与电力系统密不可分

电力交易与普通商品交易存在的最本质区别就是电力系统物理网架是电力交易的载体,离开物理系统,电力交易将无法进行。电力系统的商品传输速度远高于其他商品市场,电力市场的交易交割计算过程及结果与电力系统运行的潮流情况的关联性、实时性和互动性强,但电力金融交易与物理运行的关联是肉眼不可见的,往往容易被非电气专业从业人员忽略,在交易中只考虑经济规律,忽略电力系统运行规律。这种不考虑系统运行规律的市场机制和交易行为很可能会破坏系统平衡,增加系统崩溃和大停电的可能性,威胁电力系统的安全乃至社会运行的稳定。

电力系统的生产、传输与消费需时刻保持平衡,实时性要求极其严格,作为基础工业,其产品电能与国民经济各个方面都有着非常紧密的联系。一旦系统负荷波动、设备越限都有可能引起停电、系统崩溃,以及引发设备损坏、经济损失和人员伤亡等一系列严重后果,系统运行危险性大、操作不可及、不可逆。因此有必要针对电力交易开设基于系统运行约束的实验。

3)电力系统是规模最大、结构极复杂的实体工业系统

电力系统运行电压极高、电流极大,主设备运行的环境危险性极高。任何以实际系统为基础进行的实验都必须依赖模拟系统或虚拟仿真系统,才能避免造成系统破坏,避免停电损失、设备损坏乃至人员伤亡。虚拟仿真系统不受设备规模和场地的限制,画面美观、情景生动直观、操作便捷、交易可重复可再现,可以弥补传统的电力系统专业造价高、操作危险性高、物理过程抽象和实验破坏性巨大等不足,且计算规模、交易模式、交易功能的扩展更加便捷。实际系统建设成本、运行费用非常高,在高校没有建设和开展实物实验的可能性,学生也无法参与实际交易。如果利用实际系统进行破坏性实验,实验结果将破坏系统的稳定运行。本实验在系统物理结构上模拟实际 220kV 与 500kV 省级主网架,在交易形式上构造区域节点,此规模的系统停运不仅会导致市场电能交易无法进行,而且会造成整个地区停电,以及非常恶劣的社会和经济影响。因此有必要针对电力交易开设基于系统运行约束的虚拟仿真实验。

2. 实验与理论教学的关联性

"基于电力系统运行约束的电力交易虚拟仿真"实验服务于"电力市场"课程具有创新性、高阶性和挑战度的课程目标。该实验在内容、结构和呈现上均契合课程教学目标的分

层分级结构，体现专业知识和技能的基本要求及在此基础上进一步的研究和探索要求。

在实验内容上，体现"电力市场"课程理论教学内容的重点和难点。实验内容与理论教学内容安排一致，实验中反复训练的内容就是教学中的重点和难点，例如，电能商品的特殊性，不同市场机制的交易模式、价格机制和结算流程，输电服务、阻塞管理与边际节点电价等。

在实验结构上，遵循由易到难、从知识到能力、挑战高阶性的原则，设计了系统与市场基础知识认知学习、基于系统约束的交易验证实验和基于系统约束的交易探索实验三个模块，从基础概念和专业知识的巩固到各类交易技能与分析能力的强化，再到多人协作的市场博弈探索的挑战，分成低阶、中阶和高阶三个层级，要求与难度逐步提升，逐步实现知识、技能与情感素养三个方面的教学目标。

在实验呈现上，抓住系统物理运行与金融运营的相互制约关系，重点强调电力系统运行和电力市场交易的交互性，在各种交易的模拟中通过三维图像显示现实中不可见的市场行为给系统带来的影响。

3. 实验的实用性与先进性

"基于电力系统运行约束的电力交易虚拟仿真"实验具有很高的实用性。主要体现在：首先，实验为学习者提供学习巩固电力市场的基础知识，掌握交易机制、模式与流程的场景，明确在交易过程中经济行为是如何影响物理系统，物理系统又是怎样制约经济行为的；其次，实验可以为电力系统市场交易从业人员与各方参与者提供模拟交易场所，优化交易策略，进一步研究完善市场机制等服务；另外，实验可以为电力市场研究方向的教师和电气工程专业的研究生探索电能交易策略、市场交易机制以及阻塞管理方法提供科研实验平台。

"基于电力系统运行约束的电力交易虚拟仿真"是首个将电力系统的运行过程和电力市场的交易运行过程作为一个整体的虚拟仿真实验。实验系统从实验设计理念、实验教学目标、实验操作过程和实验开发技术共 4 个方面全面体现了先进性。

(1)对电力系统与市场的参数、规则、计算进行高度仿真的实验原理，分层分级、高度包容的教学目标、实验设计与评价方法。

实验以省级电力系统网架和市场规则为底层数据与算法支撑，以经济调度的分析计算方法为运行计算基础，并以此分析在满足安全和电能质量的前提下，模拟全社会购电成本最低目标的电力市场的各种交易类型，使实验满足提升专业知识技能与素养教学深度的需求。

实验从专业知识、技能与情感素养三个方面进一步将课程教学目标分为初阶、中阶、高阶三个层级，基础好、程度较高的学习者，可以在认知阶段将各学科知识、技能与素养融会贯通，在探索创新任务中实现自我挑战；基础较薄弱的学习者，也可以在认知和验证任务中重拾对学习的信心和对学科的热爱，使实验满足不同基础学习者的自主学习需求。

实验全过程的操作步骤与客观题分析评估均由系统自动给分。操作步骤根据操作正确率、操作时间、操作重复次数等维度进行得分赋值，学习者在认知学习和不同阶段交易实验后均需完成客观题对交易结果进行分析，系统自动匹配数据评分，使实验满足大规模在线开放项目的评价需求。

(2) 问题导入、任务驱动，采用游戏闯关式的任务安排，高挑战度、全程陪护的实验过程。

分层级、分难度、分阶段完成实验任务，兼顾课程学习、专业知识融合、兴趣认知的需求，遵循兴趣引导、由浅入深、由简到难、循序渐进的教学规律。

中阶与高阶实验均不存在绝对固定的操作步骤和唯一交易结果，引导学习者分析交易结果形成原因，探索交易优化策略。实验任务和内容与理论教学紧密结合，交易机制模拟中长期集中竞价机制和现货交易机制，可以选择交易中心管理员、发电方、用电方等不同角色，以 90 个节点的系统规模实现中长期和现货交易，采用电力库、集中竞价和边际节点电价等结算模式，模拟电力交易全过程及与物理系统运行造成的相互影响。此外，实验三维画面仿真度高，对系统构成主要环节、电力交易中心、交易与运行的交互过程展示十分形象。

(3) 大数据可视化、高仿真度 Maya 建模、智能化云平台的实验开发技术。

实验系统模拟典型交易类型和大数据可视化技术，采用竞价算法、SCUC 与 SCED 方法，借助三维虚拟仿真大厅，搭建仿真度超高的电力交易仿真环境，致力于对电力交易的模拟，填补了电力系统与电力交易相结合的仿真教学的空白。实验模式分为单人模式和多人在线模式。单人模式下，每一个学习者可以体验多个角色，分别为电力交易中心、发电企业、售电公司以及电力用户；多人在线模式可以 4 人以上分别扮演不同的角色共同进行交易，使实验更加趣味化，激发学习者的兴趣。

实验系统采用 B/S 架构，采用 WebGL 技术、Unity3D 引擎、基于浏览器载体的框架，包含前端、后端、数据库。通过 B/S 架构，用户可以访问管理平台，查看相关功能，并启动平台和 3D 仿真。

实验运行依托于虚拟仿真实验教学云平台的支撑，通过数据无缝对接，保证用户能够随时随地通过浏览器访问项目，服务器稳定保证并发数 1000 以上。网络云平台以计算机仿真技术、多媒体技术和网络技术为依托，采用面向服务的软件架构开发，集创新设计、在线指导、智能批改以及教学管理为一体，具有良好的交互性、自主性和可拓展性。教师可以通过平台组织仿真考试和理论考试；学习者可以通过该平台与老师互动，分享学习经验，做课程笔记，参加考试；教师和学习者可方便地开展资源共享、仿真操作，并进行统一的人员与成绩管理，使教学工作网络化、信息化、智能化。

实验单场景模型总面数达到 8000000 面；贴图分辨率为 1024×1024；显示帧率高于 30 帧/秒；刷新率高于 30Hz；正常分辨率为 1024×768，从而呈现精美、真实的实验场景和界面。

8.2 实 验 原 理

实验以电力市场、电力系统分析、微观经济学、电气一次部分课程的原理、方法和技术为理论基础进行实验任务定位与设计。实验的理论基础知识及关联结构如图 8-1 所示。

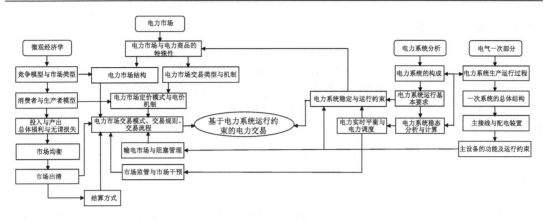

图 8-1　"基于电力系统运行约束的电力交易虚拟仿真"实验理论基础结构

1. 电力市场课程中相关理论基础

实验以电力市场相关知识体系为核心理论基础，以电力市场与电力商品的特殊性为抓手，通过实验内容展现不同类型的电力市场结构、交易类型与机制、定价模式与电价机制，交易模式、规则与流程，结算方式，交易过程中模拟市场监管与市场干预、输电市场与阻塞管理等内容。课程核心理论包括交易模式、价格机制、交易规则、交易流程，是实验市场交易规则制定和市场管理的理论基础，也是学习者通过实验可以得到反复训练并掌握的重要知识与技能。

2. 其他课程中的相关理论知识

除电力市场本身的知识体系外，实验项目还通过展现物理系统在电力经济交易中不可分割的重要地位，促使学习者加深对电力系统分析、微观经济学和电气一次部分等相关课程理论知识的理解和掌握。

1) 电力系统分析课程中相关理论知识

电力系统分析课程是电气工程及其自动化专业的主干核心课程。课程内容是电力系统的基本概念、基本理论、基本知识和基本技术及电力系统正常运行、故障运行和稳定运行时的基本分析方法和计算方法。实验与之相关的理论知识主要包括电力系统的构成、运行基本要求、系统稳态分析与计算、电力实时平衡与调度、系统稳定与运行约束等内容。

在实验中凸显物理系统密不可分的载体地位，展现交易与运行相互制约的过程，是实验教学的重要特色。

2) 微观经济学课程中相关理论知识

微观经济学是经济类、管理类本科专业必修的基础核心课程，主要研究社会中单个经济单位的经济行为，以及相应的经济变量的单项数值如何决定的经济学说。实验与之相关的理论知识主要包括竞争模型与市场类型、消费者与生产者模型、投入与产出总体福利与无谓损失、市场均衡、市场出清等内容。

在实验中呈现整个经济流程，展现电力交易价格体系的特殊性与电力市场化改革的必要性，是实验教学的重点。

3）电气一次部分课程中相关理论知识

电气一次部分课程是电气工程及其自动化专业一门主要的专业核心课程。课程理论与实际结合紧密，主要讲述电力系统各重要环节与设备的工作原理和基本结构，电力工业运行理论及电力工程的设计方法。实验与之相关的理论知识主要包括电力系统生产运行过程、一次系统的总体结构、主接线与配电装置、主设备的功能及运行约束等内容。

电力系统以保证安全可靠性为前提来满足用户的用电需求。垄断时期电能的价格由政府决定，所有环节的运行都按照调度部门统一计划进行，首要关注系统安全稳定，发输电设备需留出很高的安全裕度，主要经济指标是发电煤耗，设备利用率低下、网损高，电能资源的合理化配置未得到足够重视。随着电力市场改革深化和推进，系统运行目标变为保证系统安全情况下使全社会购电成本最低，这必然提升发输电设备利用率，降低安全裕度；同时价格机制放开，价格和市场供需关系相互影响，从而带来电能供需的短期波动也对系统的安全稳定运行带来影响。

在实验中结合系统认知和系统分析，突出电力市场的金融运营与物理运行密不可分的特征，是实验教学的重点和难点。

3. 实验核心知识点

实验呈现了系统运行与金融运营的交互作用，相关核心知识点共 6 个。

（1）电力系统基本知识，包括能源、电力、网架概况相关知识及各环节主要功能、各环节主要设备等具体知识点。

（2）电力市场基本知识，包括电力市场交易的基本概念和市场改革现状等具体知识点。

（3）电力市场交易类型与不同交易类型的交易规则与交易流程。

（4）电力市场主体及不同市场主体包括交易中心、发电企业、售电商或用户在不同机制下的市场行为。

（5）电力市场的交易模式与价格机制，包括电力库交易、集中中长期交易、日前与现货交易等模式，SMP、集中竞价挂牌摘牌和边际节点电价机制。

（6）金融系统和物理系统的相互影响，即金融交易的发起对物理系统和电气设备运行的影响以及系统和设备参数与运行状态对交易的限制。

8.3　实　验　内　容

实验设定了"理论学习-实验实践-分析总结-进阶实践-分析总结-重复实践……"的学习路径，使学习者以学习环的形式进行所知到所行的循环实践（基本流程如图 8-2 所示）。

图 8-2　"基于电力系统运行约束的电力交易虚拟仿真"实验基本流程

　　实验由三个不同难度的实验阶段组成，分别是系统与市场基础知识认知学习、基于系统约束的交易验证实验、基于系统约束的交易探索实验。三个阶段以不同结构的实验步骤与模块，引导学习者完成相应的认知、验证和探索实验内容，运用多种实验方法，由浅入深逐步实现三阶段层级的实验教学目标，实验的总体结构如图 8-3 所示。下面分别对三个阶段的实验目标和实验方法进行介绍。

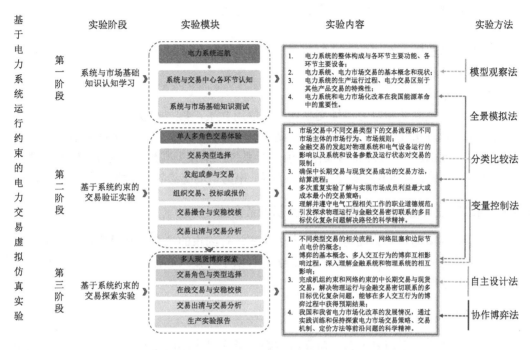

图 8-3　"基于电力系统运行约束的电力交易虚拟仿真"实验总体结构

8.3.1　第一阶段实验：系统与市场基础知识认知学习

　　系统与市场基础知识认知学习是"基于电力系统运行约束的电力交易虚拟仿真"实验的起始阶段，属于低阶自由观摩实验，主要形式是巡航电力系统三维场景、与 NPC(Non Player Character，非玩家控制角色)交互并根据提示完成基础知识学习与答题。

　　1. 实验目标

　　在知识水平上，学习者能够了解系统所模拟的电力系统的整体构成，包括能源概况、电力概况、网架概况等，以及电力系统各环节主要功能与主要设备、电力市场交易的基本概念和现状；在能力水平上，学习者能够对省级电力系统的基本情况、电力系统的生产运行过程、电力交易区别于其他产品交易的特殊性有所了解并进行总结；在情感素养水平上，学习者能够理解电力系统和电力市场化建设在我国能源革命中的重要性，了解我国电力工业发展中自主研发的先进技术和示范工程，形成强烈的职业理想、民族自豪感和家国情怀。

2. 实验方法

在认知学习部分，全景模拟和模型观察是主要的实验方法。通过引导视频、实验简介、NPC 任务发布、操作指引、弹窗提示等方式明确实验任务与操作步骤，引导学习者能够清晰了解任务目标与进程，自主实现实验任务。跟随实验同步完成关键知识点的学习与问题回答，建立系统与市场密切联系的认知，提高学习兴趣。

1) 全景模拟法

实验基于省级电力系统结构数据与市场交易规则虚拟交易场景。学习者可以身临其境地认知和体验系统运行对电力交易的约束和相互影响。

2) 模型观察法

以省级电力主系统和电力市场交易规则为应用背景，第一阶段实验从了解系统全貌导入，对主系统地理接线情况、主要发电类型、变电环节、交易中心等进行全面细致展示。学习者可以按照 NPC 任务发布与操作指引进行系统三维模型观察，对电力系统的整体构成与各环节主要功能、各环节主要设备、电力系统、电力市场交易的基本概念和现状进行认知。

8.3.2　第二阶段实验：基于系统约束的交易验证实验

基于系统约束的交易验证是"基于电力系统运行约束的电力交易虚拟仿真"实验的中段，属于中阶规定操作实验，主要形式是学习者以单人模式选择不同的交易角色和交易类型，多次重复参与并完成交易。

1. 实验目标

在知识水平上，学习者能够逐步熟练掌握市场交易中不同交易类型下的交易流程和不同市场主体的市场行为，掌握市场规则，初步认知金融交易的发起对物理系统和电气设备运行的影响，以及系统和设备参数及运行状态对交易的限制；在能力水平上，掌握能够确保中长期交易与现货交易成功的交易方法，熟练掌握结算流程，并通过多次重复实验了解与实现市场成员利益最大或成本最小的交易策略；在情感素养水平上，能够理解并遵守电气工程相关工作的职业道德规范，引发探求物理运行与金融交易密切联系的多目标优化复杂问题解决路径的科学精神。

2. 实验方法

在验证实验部分，全景模拟、分类比较、自主设计和变量控制是主要的实验方法。

1) 全景模拟法

实验基于省级电力系统结构数据与市场交易规则虚拟交易场景。学习者可以身临其境地认知和体验系统运行对电力交易的约束和相互影响。

2) 分类比较法

学习者以单人角色，体验不同角色(交易中心、发电企业、售电公司、大用户)在不同交易类型(中长期交易、现货交易)下的规则约束、市场行为、市场信息发布等关键环节的差异，明确不同层级实验的差异和应对策略，逐步对电力交易实现全面理解和掌握。

3) 自主设计法

学习者可以分别对交易角色、交易时段、交易时长、交易节点进行选择，从而构建不同的交易，每个学习者都可以用不同的市场主体身份，多次重复建立或选择进入其自身想充分了解的交易规模、类型和模式中，从而深刻认知不同交易角色在市场交易中由于交易目标的差异带来的交易行为的区别。

4) 变量控制法

学习者在单人-系统随机分配其他角色的模式下，在交易角色、交易时段、交易时长、交易节点选择确定后，对交易的电量、交易的价格等进行赋值，从而在同一类型和规模的交易中形成不同的交易结果。交易的电量是影响系统安全稳定运行的核心变量，所有市场成员提出的交易电量的组合，在当前交易的系统发电出力和线路传输容量的约束下，必须经过安全校核才能允许交易成功，否则将破坏系统的安全稳定运行；交易的价格是影响市场经济效益的关键变量，合理的交易价格才能保证在交易成功的同时全社会购电成本最低及机组经济运行。学习者可以控制相关变量重复进行实验，力求逼近最优交易结果，使其角色收益最大化。

8.3.3　第三阶段实验：基于系统约束的交易探索实验

基于系统约束的交易探索实验是"基于电力系统运行约束的电力交易虚拟仿真"实验的最终阶段，属于高阶、自由搭建、自由操作实验，主要形式是多名学习者同时参与一个时段的交易，分别选择不同的交易角色和交易类型，多次博弈并完成交易。

1. 实验目标

通过探索实验阶段的实践，在知识水平上，学习者能够逐步熟练掌握不同类型交易的相关流程，理解网络阻塞和边际节点电价的概念，了解博弈的基本概念，理解多人交互行为的博弈互相影响过程，更深入地理解金融系统和物理系统的相互影响；在能力水平上，能够完成机组约束和网络约束的中长期交易与现货交易，在金融系统和物理系统的相互影响的基础上，能够解决物理运行与金融交易密切联系的多目标优化复杂问题，能够在多人交互行为的博弈过程中获得预期结果；在情感素养水平上，能够了解我国和我省电力市场化改革的发展情况，通过实践训练和保持探索电力市场交易策略、交易机制、定价方法等前沿问题的科学精神。

2. 实验方法

在探索实验部分，全景模拟、变量控制、自主设计和协作博弈是主要的实验方法。

1) 全景模拟法

实验基于省级电力系统结构数据与市场交易规则虚拟交易场景。学习者可以身临其境地认知和体验系统运行对电力交易的约束和相互影响。

2) 变量控制法

学习者在交易过程中依旧需要对交易的电量、交易的价格等进行赋值，重复进行交易，从而在同一类型和规模的交易中形成不同的交易结果，并评估自身角色交易目标和交易结果的偏差。

3) 自主设计法

学习者参与探索实验的交易目标自主制定、交易约束条件自主调整、交易角色自主选择、交易策略自主制定、交易结果自主评估，并自主进行策略优化。

4) 协作博弈法

学习者以四人以上的多人模式组队参与探索实验进行交易，按照自身交易角色的交易目的，追求通过竞争合作增进各方个体利益以及实现整个社会的利益最高(成本最低)，在交易过程中实现策略的制订、评估与选择，思考竞价和交易策略的优化，力求逼近最优结果。从而对市场交易策略、交易机制、定价方法等前沿问题进行更深程度的思考。

8.4 实 验 步 骤

8.4.1 总体说明

"基于电力系统运行约束的电力交易虚拟仿真"实验操作共 8 部分 48 个步骤，其中与实验过程和结果相关的实质性实验交互性步骤共 45 步，详见实验网页中的"操作指引"。实验满分 100 分，教学管理功能按照目标达成度赋分模型，根据操作正确性、数据填写合理性、操作用时等对学习者的实验操作进行自动评分。

实验操作中，部分步骤并没有严格的先后顺序。例如，实验第一阶段的巡航过程及与 3 个 NPC 角色的互动学习与答题没有严格的先后顺序，只需全部完成巡航系统重要环节、NPC 交互学习与答题即可获得分数；第二阶段实验基于系统约束的电力市场交易验证，可以先选择交易中心角色进行相应交易操作，也可以先选择发电企业、售电公司或电力用户角色进行相应交易操作。这并不会引起系统扣分。

实验项目主要辅助资源包括实验项目操作指导书、实验页面右上角"操作指引"提示、实验页面两侧对应选择内容简介等；实验过程的提示信息包括对应按钮闪烁或异色提示点击、实验页面右上角"操作指引"提示和"通知"提示、实验仿真场景中标记符号"☆"提示、操作过程弹窗提示、实验页面左侧操作指引标签、实验页面下方与 NPC 对话框和提示操作按钮、实验页面右上方第三视角切换窗口等；实验项目"在线智能客服"按钮在屏幕右侧下方，全程引导实验；还可查看实验引导视频中对实验操作的讲解示范。

8.4.2 步骤目标要求

1. 进入实验

首先登录网站进入实验。

按照 8.1 节中描述的方法、流程注册和登录即可进入实验首页，单击页面正下方"进入平台"标签进入实验平台，即可点击查看实验项目简介，并通过单击对应的实验标签进入不同阶段实验。

2. 电力系统与电力交易认知

电力系统与电力交易认知部分是第一阶段实验，需要在实验简介页选择进入该模块的按钮，进入电力系统与电力交易认知实验部分，阅读实验简介，查看实验要求与实验目的，开始记录实验操作步骤进行评分。

进入省级电力系统 220kV 及以上主网架地理接线模型，进行各主要环节的巡航与观察认知。依次单击网络架构中的发电厂和变电站标记符号"☆"，认知火电、水电、风电、光伏不同类型发电厂及不同电压等级输变电系统，学习巩固电力系统基本知识，通过地理接线图了解熟悉省级 220~500kV 主网架结构、各类型发电厂与输变电系统；单击网络架构中的电力交易中心标记符号"☆"，进入 3D 交易中心场景中巡航漫游，根据操作指引，依次找到 NPC 电力交易员，学习巩固电力系统相关知识并进行试题测试。熟悉电力系统基本情况及其重要性、电力市场交易概况和现状、电力交易与其他产品交易的区别，理解电力系统和电力市场化改革在我国能源革命中的重要性，了解实验项目操作指导书及实验页面右上角"操作指引"提示和"通知"提示。

3. 基于系统约束的电力市场交易验证——交易中心组织中长期集中竞价交易

完成系统与市场基本知识认知后，实验进入第二阶段，在实验简介页选择"基于系统约束的电力市场交易验证"进入实践与探索实验，仅可选择单人模式，选择不同角色及节点进入交易。通过选择不同的实验模式参与交易，了解电力市场主体交易模式、交易角色(发电企业、电力用户、售电公司、交易中心)等，理解不同主体在市场中的权限和市场行为的差异。以选择交易中心角色为例：

每次交易中有且仅有一个交易中心角色，其并不存在于物理系统中，因此该角色无须选择对应所在节点。

不同角色在交易中的权限存在差异。交易中心角色可以查看了解市场主体构成，了解发电企业、电力用户、售电企业的分布情况以及参数。

通过中长期集中竞价交易的管理与创建、发起与结束、查看与出清、安全校核、审核与发布、结算与交易情况统计分析，了解和掌握中长期集中竞价交易的完整流程，对交易情况和结果做出对应统计、分析与评价，了解交易中心在中长期集中竞价交易中的权限和行为，加强对电力市场中长期集中竞价交易模式的认知和理解。

4. 基于系统约束的电力市场交易验证——发电企业参与中长期集中竞价交易

第二阶段实验中发电企业参与中长期集中竞价交易，包括切换角色、选择节点、参与交易流程等步骤。通过模拟交易流程了解和掌握以火电厂为代表的卖方市场主体在交易中的权限和行为，加深理解和掌握中长期集中竞价交易。

当前交易规则仅可以选择火电厂，其他形式电能暂不允许参与中长期集中竞价交易。根据机组出力约束和边际成本自定义填写意向并提交，火电厂在交易中提交意向交易的电量和价格，电量、价格均在出力约束与边际成本约束范围内，则成功提交交易意向。若申报电量越限，则引起发电机组过载、锅炉无法稳定燃烧、机组转速下降等事故，威胁电力系统安全，导致交易失败，需重新进行交易。若申报价格越限，则交易亏损。交易成功后，发电企业可以了解自身中标量价情况，获取统计分析数据。

发电企业可重复多次交易，制定交易策略，熟练掌握交易流程，使交易结果逐渐接近最优交易情况，发电企业交易利润最大。通过反复进行竞价交易并对交易情况与结果进行分析，优化交易结果，总结交易规律。

5. 基于系统约束的电力市场交易验证——售电公司或电力用户参与中长期集中竞价交易

第二阶段实验中售电公司或电力用户参与中长期集中竞价交易，包括切换角色、选择节点、参与交易流程等步骤。通过系统切换角色与节点功能，以售电公司或电力用户为代表的买方市场主体在集中竞价模式中，按照既定市场规则下的投标方式与约束条件参与交易，获取中标信息与统计分析数据、交易结算等权限和行为，并重复同角色交易，交易结果逐渐接近最优交易情况，售电公司或电力用户购电成本趋向最低，从而进一步深入掌握中长期集中竞价模式交易。

6. 基于系统约束的电力市场交易验证——交易中心组织现货交易

以交易中心角色组织集中现货交易，完整流程需完成：①管理交易成员；②逐步创建、发起和结束现货交易；③汇总交易并在交易撮合后对初步交易结果进行安全校核和最终结算；④对交易情况和数据进行统计分析。现货交易按步骤利用 SCUD 和 SCED 算法进行撮合并对交易意向进行安全校核，若交易通过校核，则交易达成；若未通过校核，则出现"交易电量越限、对应变压器与传输线路"警告提示和"三维故障"演示图，交易失败，需重新进行交易。

交易成功后可选择"交易结算"模块，查看交易总体情况和各市场主体交易数据与曲线，并作为基础进行交易分析和交易效果评价。

重复组织交易，交易结果逐渐接近最优交易情况，反复进行竞价交易并对交易情况与结果进行分析，逐步实现全社会购电成本最低。

7. 基于系统约束的电力市场交易验证——发电企业参与现货交易

第二阶段实验中发电企业参与现货交易，可使学习者掌握火电厂在现货交易模式中的报价方式与约束条件，理解交易与系统运行、发电机出力约束间的关系；进一步掌握现货交易模式的交易流程。

通过角色、节点与交易选择，发电企业角色确定系统位置和参数，进入现货交易，根据机组出力约束和边际成本，单击"意向申报"按钮，按页面所示步骤进行发电企业五段出力报价。

火电厂在交易中提交意向交易的电量和价格，电量、价格均在出力约束与边际成本约束范围内，则成功提交交易意向。若申报电量越限，则引起发电机组过载、锅炉无法稳定燃烧、机组转速下降等事故，威胁电力系统安全，导致交易失败。该情况下需重新进行交易。若申报价格越限，则交易亏损。交易成功后，发电企业角色对自身进行结算和交易情况分析。通过多次重复交易，发电企业制定现货交易策略，熟练掌握流程，使交易结果逐渐接近最优交易情况，使企业交易利润最大。通过反复进行竞价交易并对交易情况与结果进行分析，优化交易结果，总结交易规律。

8. 基于系统约束的电力市场交易验证——售电公司或电力用户参与现货交易

第二阶段实验中售电公司或电力用户参与现货交易，学习者通过系统切换角色与节点功能，以售电公司或电力用户为代表的买方市场主体在集中竞价模式中，自定义填写 24 个时间点负荷申报电量意向进行投标，售电公司或电力用户在交易中提交意向交易的电量合理，则成功提交交易意向。若申报量价超出合理区间，导致交易失败，则需重新进行交易。交易成功后，获取中标信息与统计分析数据、交易结算等权限和行为，并重复同角色交易，交易结果逐渐接近最优交易情况，售电公司或电力用户购电成本趋向最低，从而进一步深入掌握现货式交易。

9. 基于系统约束的电力市场交易探索

完成单人多角色中长期与现货交易验证后，实验进入第三阶段。系统以多人在线模式高度模拟真实交易情况，深度体验实际交易情境，持续巩固电力市场、电力系统相关知识；熟练掌握各类交易流程，优化交易结果，总结交易规律，深刻理解电力交易与电力系统运行之间的相互制约关系，制定并评估交易策略。

学习者以小组为单位，四人以上人数进行中长期交易和现货交易。模式必须选择多人在线模式，各个角色交易可参考单人模式下的交易操作交互，进行中长期交易和现货交易，在满足系统发变设备约束的前提下，按照交易规则实现各类型交易的达成与优化。通过反复进行竞价交易并对交易情况与结果进行分析，重复同角色交易，交易结果逐渐接近最优交易情况，全社会购电成本最低。

最后，单击左上角"得分明细"按钮，即可查看实验每个详细步骤的得分情况，如果实验成绩满意，即可单击"结束评分"按钮，获得最终实验成绩。若实验成绩不尽如人意，可按照步骤得分提示，重复完成低分步骤，优化分数。超时完成造成的扣分无法提升。

单击"生成报告"按钮，下载实验报告。

8.4.3　实验结果与结论

"基于电力系统运行约束的电力交易虚拟仿真"实验采用任务驱动、游戏通关的方式，3 个实验阶段逐步提升难度和要求，共有 12 个阶段性成果，其中认知阶段测试题、交易分析中的交易类型、交易量价、交易结果数据填报是客观答案，结果唯一。除此之外，所有交易的交易结果都是随交易角色选择、量价填报、交易目的的不同而变化的。实验进程阶段性成果整体结构如图 8-4 所示。图中发电企业角色现货交易、售电公司与电力用户中长期集中竞价和现货交易步骤与发电企业角色中长期集中竞价步骤相似，不再重复列出。

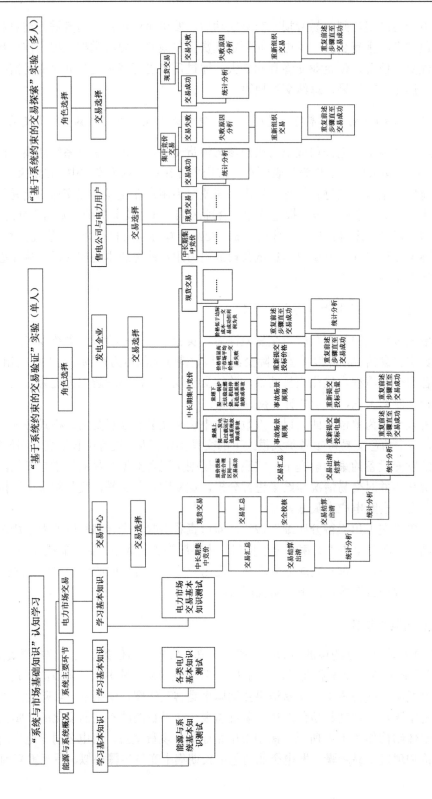

图 8-4　"基于电力系统运行约束的电力交易虚拟仿真"实验阶段性成果结构

实验各阶段任务均是追求当前进行的交易获得成功，在此基础上，发电企业追求销售电量成交及利润最高，售电公司和电力用户追求采购电量成交及购电成本最低，交易中心追求在系统确保机组合理出力和网络合理传输的安全稳定的前提下，达到全社会购电成本最低。若发电商投标电量超过发电机出力约束，则交易失败，若发电商投标价格低于机组自身边际价格，虽然交易可以成功，但交易会导致参与交易者利润为负。

学习者从进入实验开始，每一步操作均会由系统自动进行判定并给分。若该步骤操作与赋值正确合理，则获得满分，若赋值越限，则交易无法进行，将扣减相应分数，若遗漏步骤，则无法获得相应分数。交易成功或失败均需要学习者完成交易统计与分析，并获得步骤分。

以下详细说明实验各阶段结果及结论包括的主要信息。

1. 系统与市场基础知识认知学习结果与结论

实验初级阶段，通过三个步骤的三维场景巡航及相关知识学习与测试，储备后续交易所需的能源系统、电力系统与电力交易的相关基础知识。其实验阶段性结果及结论如表 8-1所示。

表 8-1　系统与市场基础知识认知学习结果与结论

实验阶段		实验结果	主要结论
系统与市场基础 知识认知学习	能源与系统场景巡航	完成三维场景巡航与知识点学习	对能源与系统概况加深认知和理解
	能源与系统概况答题	完成测试题	达成实验所需基础知识储备检验
	系统主要环节场景巡航	完成三维场景巡航与知识点学习	对能源与系统概况加深认知和理解
	系统主要环节概况答题	完成测试题	达成实验所需基础知识储备检验
	电力市场交易场景巡航	完成三维场景巡航与知识点学习	对能源与系统概况加深认知和理解
	电力市场交易概况答题	完成测试题	达成实验所需基础知识储备检验

2. 基于系统约束的交易验证实验结果与结论

实验中级阶段，学习者以单人-系统随机分配角色的形式参与中长期集中竞价与现货两种模式的交易。每位学习者需要在实验过程中分别选择所有角色并从不同角色、不同权限的角度，多次重复体验各类型交易，实验结果呈现与结论如表 8-2 所示。

3. 基于系统约束的交易探索实验结果与结论

实验高级阶段，学习者以多人形式共同参与中长期集中竞价与现货两种模式的交易。每次交易中，多名学习者可选择任意角色，多次重复体验交易，每位学习者的实验结果呈现如表 8-3 所示。

表 8-2　基于系统约束的交易验证实验结果与结论

实验阶段		交易角色	实验结果	主要结论
基于系统约束的交易验证实验	单人中长期集中竞价	交易中心	交易发起(填写交易 ID(Identification, 身份信息)、交易名称、交易方式、交易开始和结束时间等)、交易汇总(查看各方交易申报信息)、安全校核(根据交易申报进行潮流计算)、交易结算出清、统计分析,多次重复交易	理解并熟练掌握交易中心角色在完整的中长期集中竞价中的交易流程、交易与物理运行的相互制约、角色在交易中的权限和所起到的作用,初步形成优化思路,多次重复交易结果,逐步趋于总体购电成本最低
		发电企业	交易参与(填写交易 ID、交易名称、交易方式、电量、价格等)、交易结算(明确出清电量、价格)、交易情况统计分析,多次重复交易	理解并熟练掌握发电企业在完整的中长期集中竞价中的交易流程、发电机出力约束对申报电量的影响、角色在交易中的权限、交易形成的经济结果,初步形成优化思路,多次重复交易结果,逐步趋于企业售电利润最高
		售电公司与电力用户	交易参与(填写交易 ID、交易名称、交易方式、电量、价格等)、交易结算(明确出清电量、价格)、交易情况统计分析,多次重复交易	理解并熟练掌握售电公司与电力用户在完整的中长期集中竞价中的交易流程、角色在交易中的权限、交易形成的经济结果,初步形成优化思路,多次重复交易结果,逐步趋于购电成本最低
	单人现货交易	交易中心	交易发起(填写交易 ID、交易名称、交易方式、交易开始和结束时间等)、交易汇总(查看各方交易申报信息)、安全校核(根据交易申报进行潮流计算)、交易结算出清、统计分析,多次重复交易	理解并熟练掌握交易中心角色在完整的现货交易中的交易流程、交易与物理运行的相互制约、现货交易与中长期集中竞价交易在规则和算法上的区别、角色在交易中的权限和所起到的作用,初步形成优化思路,多次重复交易结果,逐步趋于总体购电成本最低
		发电企业	交易参与(交易 ID、交易名称、最低技术出力、最高技术出力、五段出力、价格等)、交易结算(明确出清电量、成交价格)、交易情况统计分析,多次重复交易	理解并熟练掌握发电企业在完整的中长期集中竞价中的交易流程、发电机出力约束对申报电量的影响、现货交易申报与中长期集中交易方式上的不同、角色在交易中的权限、交易形成的经济结果,初步形成优化思路,多次重复交易趋于申报不越限、成交量最大的结果
		售电公司与电力用户	交易参与(交易 ID、交易名称、24 点电量等)、交易结算(明确出清电量、成交价格)、交易情况统计分析,多次重复交易	理解并熟练掌握售电公司与电力用户在现货交易中的交易流程、现货交易申报与中长期集中交易方式上的不同、角色在交易中的权限、交易形成的经济结果,初步形成优化思路,多次重复交易趋于申报不越限、现货需求量得到最大满足的结果

表 8-3　基于系统约束的交易探索实验结果与结论

实验阶段		交易角色	实验结果	主要结论
基于系统约束的交易探索实验	多人中长期集中竞价	交易中心	交易发起(填写交易 ID、交易名称、交易方式、交易开始和结束时间等)、交易汇总(查看各方交易申报信息)、安全校核(根据交易申报进行潮流计算)、交易结算出清、统计分析,多次重复交易	熟练运用角色权限参与中长期集中竞价交易,协调交易各方合作博弈,成功实现交易并多次重复,逐步达成满足系统约束的全社会购电成本最低交易
		发电企业	交易参与(填写交易 ID、交易名称、交易方式、电量、价格等)、交易结算(明确出清电量、价格)、交易情况统计分析,多次重复交易	熟练运用角色权限参与中长期集中竞价交易,与交易各方合作竞争,成功实现交易并多次重复,逐步达成满足机组约束的售电收益最高交易
		售电公司与电力用户	交易参与(填写交易 ID、交易名称、交易方式、电量、价格等)、交易结算(明确出清电量、价格)、交易情况统计分析,多次重复交易	熟练运用角色权限参与中长期集中竞价交易,成功实现交易并多次重复,逐步与交易各方合作竞争,达成购电成本最低交易
	多人现货交易	交易中心	交易发起(填写交易 ID、交易名称、交易方式、交易开始和结束时间等)、交易汇总(查看各方交易申报信息)、安全校核(根据交易申报进行潮流计算)、交易结算出清、统计分析,多次重复交易	熟练运用角色权限参与现货交易,协调交易各方合作博弈,成功实现交易并多次重复,逐步达成满足系统约束的全社会购电成本最低交易
		发电企业	交易参与(交易 ID、交易名称、最低技术出力、最高技术出力、五段出力、价格等)、交易结算(明确出清电量、成交价格)、交易情况统计分析,多次重复交易	熟练运用角色权限参与现货交易,与交易各方合作竞争,成功实现交易并多次重复,逐步达成满足机组约束的售电收益最高交易
		售电公司与电力用户	交易参与(交易 ID、交易名称、24 点电量等)、交易结算(明确出清电量、成交价格)、交易情况统计分析,多次重复交易	熟练运用角色权限参与现货交易,与交易各方合作竞争,成功实现交易并多次重复,逐步达成购电成本最低交易

小　结

　　本章详细介绍了贵州大学电气工程及其自动化专业自主开发的"基于电力系统运行约束的电力交易虚拟仿真"实验系统的实验内容、实验方法、实验步骤和实验结论,凸显了虚拟仿真实验与理论教学的密切联系以及实验的独创性和先进性。

　　通过本章的学习,学习者可以了解实验系统的基本情况与特点,掌握实验的内容、方法与步骤,理解实验的意义与重要性。通过本章内容辅助实验实践,加深对电力市场理论知识、实际运行机制的认知和理解,对交易方法和策略的熟练运用和掌握,对我国电力市场改革、电力工业发展和能源革命的关注和认同。

思　考　题

8-1　请结合你以交易中心角色参与仿真的实验过程及结果,回答以下问题:

(1)此次你发起的交易是何种类型和模式?

(2)此次参与交易的发电企业、售电公司和电力用户的数量分别是多少?

(3)此次交易是否顺利出清?若交易成功,此次交易成交的总电量、总金额和平均交易价格分别是多少？请分析申报与成交量价的偏差，并提出优化此次交易、降低购电成本的策略。

(4)若交易失败，请分析交易失败的原因。

8-2　请结合你以发电企业角色参与仿真的实验过程及结果，回答以下问题：

(1)此次你参与的交易是何种类型和模式？

(2)此次交易若顺利出清，你代表企业申报的电量与价格、成交的电量与价格各是多少？交易收入和利润如何？申报与成交的量价之间是否存在偏差？交易的获利是否达到你的预期？并提出优化此次交易、提高交易利润的策略。

(3)若交易失败，请分析交易失败的原因。

8-3　请结合你以售电企业或用户角色参与仿真的实验过程及结果，回答以下问题：

(1)此次你参与的交易是何种类型和模式？

(2)此次交易若顺利出清，你代表企业申报的电量与价格、成交的电量与价格各是多少？交易收入和利润如何？申报与成交的量价之间是否存在偏差？交易的获利是否达到你的预期？并提出优化此次交易、提高交易利润的策略。

(3)若交易失败，请分析交易失败的原因。

8-4　请分析"购电成本最低"的市场目标是如何在促进资源优化配置的同时满足各种市场角色的微观经济目标的。

8-5　请根据交易虚拟仿真情况和多次实验结果，分析电力市场交易是如何实现引入竞争机制、使电价形成机制合理化，从而促进电力工业的可持续发展的。

参 考 文 献

包铭磊, 丁一, 邵常政, 等, 2017. 北欧电力市场评述及对我国的经验借鉴[J]. 中国电机工程学报, 37(17): 4881-4892, 5207.

陈明灼, 2017. Opower: 跨界融合的用能管家[J]. 国家电网(8): 62-65.

崔锦瑞, 何川, 杨莉, 2021. 走进电力市场—安徽电力市场建设与运营实践[M]. 杭州: 浙江大学出版社.

代江, 姜有泉, 田年杰, 等, 2021. "双碳"目标下贵州电力调峰辅助服务市场设计与实践[J]. 华电技术, 43(9): 85-90.

丹尼尔, 戈兰, 2007. 电力系统经济学原理[M]. 朱治中, 译. 北京: 中国电力出版社.

杜松怀, 温步瀛, 蒋传文, 等, 2008. 电力市场[M]. 3 版. 北京: 中国电力出版社.

郭曼兰, 2018. 市场化环境下的需求侧响应策略研究[D]. 广州: 华南理工大学.

何永秀, 周丽, 庞越侠, 等, 2019. 新电改下基于引发责任的调频辅助服务成本分摊机制设计[J]. 电力系统自动化, 43(18): 88-94, 144.

亨特, 2004. 电力竞争[M]. 《电力竞争》编译组, 译. 北京: 经济科学出版社, 中国经济出版社.

侯孚睿, 王秀丽, 锁涛, 等. 2015. 英国电力容量市场设计及对中国电力市场改革的启示[J]. 电力系统自动化, 39(24): 1-7.

黄海新, 邓丽, 文峰, 等, 2016. 基于实时电价的用户用电响应行为研究[J]. 电力建设, 37(2): 63-68.

黄仁辉, 张粒子, 武亚光, 等, 2010. 中国电力金融市场的实现路径探讨[J]. 电力系统自动化, 34(11): 54-60.

姜勇, 李婷婷, 王蓓蓓, 等, 2014. 美国需求响应参与 PJM 批发电力市场运行及对我国的启示(上)[J]. 电力需求侧管理, 16(6): 60-64.

姜勇, 李婷婷, 王蓓蓓, 等, 2015. 美国需求响应参与 PJM 批发电力市场运行及对我国的启示(下)[J]. 电力需求侧管理, 17(1): 62-64.

康重庆, 杜尔顺, 张宁, 等, 2016. 可再生能源参与电力市场: 综述与展望[J]. 南方电网技术, 10(3): 16-23, 2.

黎灿兵, 胡亚杰, 赵弘俊, 等, 2007. 合约电量分解通用模型与算法[J]. 电力系统自动化, 31(11): 26-30.

李博, 2010. 北欧电力市场的市场力评估[J]. 中国电力, 43(12): 74-77.

李军徽, 孔明, 穆钢, 等, 2017. 电力系统黑启动关键技术研究综述[J]. 南方电网技术, 11(5): 68-77.

梁青, 许诺, 童建中, 2009. 美国 PJM 容量市场的新模式及其对华东电力市场的启示[J]. 华东电力, 37(7): 1148-1152.

林俐, 田欣雨, 2017. 基于火电机组分级深度调峰的电力系统经济调度及效益分析[J]. 电网技术, 41(7): 2255-2262.

林姿峰, 闵勇, 周云海, 等, 2002. 电力市场中的黑启动服务[J]. 电力系统自动化, 26(2): 9-13.

刘艇安, 魏长宏, 侯宝刚, 等, 2019. 电力系统调峰对火电厂脱硫系统水平衡影响的研究[J]. 东北电力技术, 40(5): 56-58, 62.

刘英军, 刘亚奇, 张华良, 等, 2021. 我国储能政策分析与建议[J]. 储能科学与技术, 10(4): 1463-1473.

沈运帷, 李扬, 高赐威, 等, 2017. 需求响应在电力辅助服务市场中的应用[J]. 电力系统自动化, 41(22):

151-161.

史普鑫, 史沛然, 王佩雯, 等, 2021. 华北区域电力调峰辅助服务市场分析与运行评估[J]. 电力系统自动化, 45(20): 175-184.

舒晗, 2018. 能源互联背景下区域广义需求侧资源接入模式研究[D]. 北京: 华北电力大学.

王弟, 黄志强, 陈庆兰, 2007. 需求响应在电力市场中的作用[J]. 电力需求侧管理, 9(2): 71-73.

王冬明, 李道强, 2010. 美国 PJM 电力容量市场分析[J]. 浙江电力, 29(10): 50-53.

王勇, 钟志勇, 文福拴, 等, 2005. 发电装机容量市场适当价格水平的确定[J]. 电力系统自动化, 29(9): 5-10, 71.

王玉萍, 刘磊, 李小璐, 等, 2019. 调峰辅助服务费用分摊机制[J]. 广东电力, 32(2): 1-7.

谢开, 2017. 美国电力市场运行与监管实例分析[M]. 北京: 中国电力出版社.

许诺, 文福拴, 颜汉荣, 等, 2003. 设置发电公司报价上限的一种启发式方法[J]. 电力系统自动化, 27(13): 19-23.

杨甲甲, 何洋, 邹波, 等, 2014. 电力市场环境下燃煤电厂电煤库存优化的 CVaR 模型[J]. 电力系统自动化, 38(4): 51-59.

姚刚, 赵翔宇, 张耀, 等, 2019. 考虑新能源波动性的调峰辅助服务成本定价研究[J]. 电力大数据, 22(7): 76-81.

于建成, 祁彦鹏, 刘树勇, 等, 2013. 基于积分营销和保险原理的需求响应实施机制初探[J]. 电气应用, 32(S2): 187-192.

袁红, 2021. 东北区域电储能调峰辅助服务经济性研究[J]. 中国电力企业管理(22): 47-50.

袁家海, 席星璇, 2020. 我国电力辅助服务市场建设的现状与问题[J]. 中国电力企业管理(7): 34-38.

张利, 2014. 电力市场概论[M]. 北京: 机械工业出版社.

张粒子, 张集, 2006. 电力市场中的价格上限管制[J]. 电力需求侧管理, 8(3): 15-18.

张钦, 王锡凡, 王建学, 等, 2008. 电力市场下需求响应研究综述[J]. 电力系统自动化, 32(3): 97-106.

张显, 王锡凡, 2005. 电力金融市场综述[J]. 电力系统自动化, 29(20): 1-10.

章良利, 李敏, 周晓蒙, 等, 2017. 深度调峰下燃煤机组运行方式对能耗的影响[J]. 中国电力, 50(7): 85-89.

赵筠筠, 2009. 基于风险的电力市场输电阻塞管理和电价控制策略研究[D]. 上海: 上海交通大学.

郑栾括, 王跃超, 赵毅, 等, 2014. 电力系统黑启动发电机自励磁仿真研究[J]. 沈阳工程学院学报(自然科学版), 10(4): 341-344.

钟慧荣, 顾雪平, 2010. 基于模糊层次分析法的黑启动方案评估及灵敏度分析[J]. 电力系统自动化, 34(16): 34-37, 49.

朱继忠, 2019. 多能源环境下电力市场运行方法[M]. 北京: 机械工业出版社.

朱继忠, 喻芸, 谢平平, 等, 2019. 美国稀缺定价机制及对我国现货市场建设的启示[J]. 南方电网技术, 13(6): 37-43, 75.

JIANG Y C, HOU J X, LIN Z Z, et al., 2019. Optimal bidding strategy for a power producer under monthly pre-listing balancing mechanism in actual sequential energy dual-market in China[J]. IEEE access(7): 70986-70998.

ZHANG Z, JIANG Y C, LIN Z Z, et al., 2020. Optimal alliance strategies among retailers under energy deviation settlement mechanism in China's forward electricity market[J]. IEEE transactions on power systems, 35(3): 2059-2071.